普通高校“十三五”规划教材·会计学系列

新编审计学

案例分析、职场考证与创业辅导

郭强华◎编　著

清华大学出版社
北　京

内容简介

本书有三个主要特色：一是最新实务反映国家审计、注册会计师审计和内部审计。突出了“国家审计与国家治理”的观点，介绍了近年来国家审计拓展各项业务，创新审计工作模式的情况；阐述了注册会计师执业新变化；反映了内部审计热点、难点问题，以及做好增值审计的内容和方法。二是突出案例教学、考证介绍与就业创业指导。每章设计有课前案例、课后案例，既介绍了中国CPA考试，又涉及国际注册会计师考试，如ACCA、CPA Canada、CIA和AICPA等考试内容，还有新型硕士类考试项目MPACC、Maud和全国会计硕士考试。三是增设审计诚信教育，开启“舞弊审计”内容。把审计诚信教育与职业道德的内容相结合，阐述“会计职业底线”的重要性。通过对近年经典案例的分析，使学生感受到审计前沿的硝烟，并解剖上市公司盈余管理、利润操纵、会计报表粉饰的手段，揭示假账识别方法。

本书适合作为会计、财务等经济管理类专业的本科教材，以及相关专业硕士研究生的参考教材，也适宜作为审计、会计等相关行业工作者的业务参考和资格考试的学习参考。

图书在版编目(CIP)数据

新编审计学：案例分析、职场考证与创业辅导/郭强华编著. —北京：清华大学出版社，2017
(普通高校“十三五”规划教材. 会计学系列)
ISBN 978-7-302-48706-7

Ⅰ. ①新…　Ⅱ. ①郭…　Ⅲ. ①审计学－高等学校－教材　Ⅳ. ①F239.0

中国版本图书馆CIP数据核字(2017)第265976号

责任编辑：陆浥晨
封面设计：汉风唐韵
责任校对：王荣静
责任印制：杨　艳

出版发行：清华大学出版社
网　　址：http://www.tup.com.cn，http://www.wqbook.com
地　　址：北京清华大学学研大厦A座　　**邮　　编**：100084
社 总 机：010-62770175　　**邮　　购**：010-62786544
投稿与读者服务：010-62776969，c-service@tup.tsinghua.edu.cn
质量反馈：010-62772015，zhiliang@tup.tsinghua.edu.cn
印 刷 者：北京富博印刷有限公司
装 订 者：北京市密云县京文制本装订厂
经　　销：全国新华书店
开　　本：185mm×260mm　　**印　　张**：15　　**字　　数**：345千字
版　　次：2017年11月第1版　　**印　　次**：2017年11月第1次印刷
印　　数：1～3000
定　　价：39.00元

产品编号：072568-01

前言

编教材容易，写教材难，写创新审计教材更是难上加难！

做学生讨厌学审计，做教师讨厌教审计。审计难学、难教都是因为审计内容发散枯燥。

前有注册会计师审计教材，后有各大高校自行编制的教材，如何创新突破？在苦恼中我向学生寻求灵感。2016年，我给学生布置审计学大型作业：自编一本符合学生愿望的审计教材。要求有两条：第一，自己设计封面、前言和目录提纲；第二，张扬个性，重在创新。

在批阅作业过程中，学生的创作给了我很大启发，光看书名就很醒脑：《郭教授带你学审计》《审计学那些事儿》，还有《审计三千问》，据学生说灵感来自儿童电视节目《蓝猫淘气三千问》，我给了她"优秀"！先不去评价内容、形式是否合适，单就她的创新勇气，就让我犹如醍醐灌顶，豁然开朗。原来审计教材可以这样写！我为什么不可以绕过注册会计师考试教材，而独辟蹊径呢？当前审计教材有四大硬伤：

- 越编越厚，教材像砖头；
- 内容非常多，教不完；
- 注重注册会计师审计，忽略国家审计与内部审计；
- 同质化现象严重，缺乏个性教材。

审计教材"制度+说明"写作模式，必然导致两个方面的"并发症"：一方面，教材的编写跳不出准则、制度的框框，你有的内容我写，你没有的我不敢越雷池半步，学术上的缩手缩脚导致教材平庸，结果是教材在内容和结构上大同小异，缺乏风格特色，不同审计教材只是署名不同而已。另一方面，这种僵化写法，又使许多作者对国内外审计实务发展熟视无睹，对学生考证愿望，以及职场辅导的需求不屑一顾，却去追求学科体系的完美和永恒。因此，当我着手写这本书的时候，这些理念和学生的鲜活创造，激发了我写本个性化教材的想法。

本书主打三张"概念牌"：

- 最新实务反映国家审计、注册会计师审计和内部审计；
- 突出案例教学、考证介绍与就业指导；
- 增设审计诚信教育，传授假账识别与审计。

本书有三层新意：

讲课式编写，方便教学。传统教材写作模式是从定义、分类到内容，教材的"死板"反映在课堂教学就是沉闷。摆脱审计教师的"传声机"形象，是不少教师渴望的。本教材从教师进入课堂开始，按照讲课顺序安排教材内容，构建章节新结构体系，即课前案例—导出课中知识点—知识点视野拓展—课后案例讨论分析和总结。安排课前案例，以便于教师一上课，就通过案例吸引学生的注意力，这样再让学生掌握知识点就相对容易了，课后巩固教学点，进行案例讨论，能取得较好的课堂教学效果。

体例新颖，具有很强的趣味性。除了有课前案例、课后案例以外，还有快速阅读、经典阅读、开胃阅读、小贴士和案例论文讨论栏目。内容从“国家审计如何侦破大案要案”到“奶奶为孙女规划职业人生路”，以及“二本、‘学渣’如何进四大”，可读性很强，具有很强的趣味性。

满足学生考证、就业需要。针对近年来掀起的会计考证热，本教材非常齐全地介绍了目前与学生相关的十三大考试项目：CPA考试、会计证考试、会计专业技术初级及中级考试、ACCA考试、CPA Canada考试、CMA考试、CIMA考试、AIA考试、澳洲CPA考试、CIA考试、MPAcc考试、Maud考试和全国硕士研究生入学考试。并指导学生需要考什么证，怎样考，以便学生作出选择。此外，突出学生审计职业规划和就业指导，包括审计职场兵法与攻略和审计简历制作等内容，加强学生进入审计职场的就业辅导。

本教材在体系内容上做了手术式改革，增加了很多新内容。同时考虑本科教学内容的合理分工，对审计理论结构、审计概念体系等内容进行了大胆压缩。因此，在同行眼里本教材就显得“支离破碎”了，这也许是本教材的不足之处。

如果要说有所创新的话，其实，我只是做了如下尝试：

- 描述当今国家审计深刻变革；
- 引导内部增值审计新理念；
- 点评注册会计师审计热点；
- 推介国内、国际会计考证；
- 泼墨国际“四大”与本土做比较；
- 辅导学生就业与创业全攻略；
- 注重舞弊防范与审计查账技巧。

我的学生曾经为本书做了如下广告，现稍作修改敬奉读者：

你知道审计界的研究热点吗？你能够将审计理论娴熟地运用于实务吗？你了解上市公司的舞弊手法吗？你是否掌握查找假账的七种武器？

如果你的回答是肯定的，请捂好你口袋中的钱。

如果你不能，但想用最短时间掌握注册会计师审计的理论与实务，而且作为学生，你又想报考注册会计师考试，应聘国际会计公司，那么，这本书将是你成功的阶梯！

做完广告，坦言不足。也许这本书的结构还不够完整，也许我的写作态度还不够严谨，也许我的“视野”还很狭窄，还有很多也许的不足。如果这本书在你手里能够保留五分钟的余温，我也就可以满足了！

郭强华

目录

入门篇

实 务 篇

入 门 篇

第一章

我们需要审计吗

课前案例：国家审计如何查处大案要案

党的“十八大”以来，中央出重拳反腐，截至 2014 年已有 30 名省部级及以上官员落马。备受关注的铁道部刘志军案、民航系统李培英案、国家开发银行王益案、邮储银行陶礼明案等重大案件的查处，都发端于审计①。审计本身并不具备查办案件的职权，那么被公众称为反腐“尖兵”和“利剑”的审计机关，是如何发现、处理案件线索的呢？

① 为国家治理打造“免疫系统”. 中国青年报，2013-10-30.

审计查处重大案件线索的
领域和环节

定准位

5大重点领域
财政+金融+企业+投资+资源环境

10个关注环节

- 重要项目审批
- 土地和矿产资源出让转让
- 项目招投标
- 重大物资采购
- 重大项目决策
- 公共工程建设
- 银行货款发放
- 债券交易
- 国有股份转让和国有资产处理
- 专项资金分配

10方面违法违规问题

违规操作 + 奢侈消费
利益输送 + 毁损资源
滥用职权 + 国资流失
贪污受贿 + 破坏环境
骗取侵占 + 损害群众利益

围绕权

加强对三类领导干部履行经济责任的监督检查：
1.经济活动复杂、资金资产量大的重点部门和重点单位的领导干部
2.掌握重要经济决策权、执行权、管理权和监督权等关键岗位的领导干部
3.管理重点项目、分配及使用重点资金的部门、单位和岗位领导干部

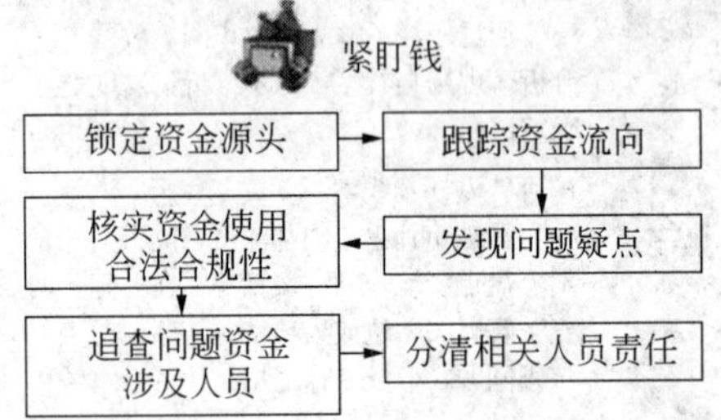

紧盯钱

锁定资金源头 → 跟踪资金流向 → 发现问题疑点 → 核实资金使用合法合规性 → 追查问题资金涉及人员 → 分清相关人员责任

2013年审计署在其网站公布了原铁道部部长刘志军案，公告全文如下：

审计署2009年至2011年在审计中发现，一些工程承包商通过虚列支出等手段套取资金，以“中标服务费”等名义转给丁羽心（又名丁书苗）等人控制的多家民营企业；丁羽心涉嫌通过其控制的博宥投资管理集团有限公司及其关联企业获取不正当利益。2009年11月至2011年1月，审计署将上述案件线索移送中央纪委查处。中央纪委并案调查，最终查出刘志军等人严重违法违纪问题。2013年7月，北京市第二中级人民法院以受贿罪、滥用职权罪判处刘志军死刑，缓期两年执行，剥夺政治权利终身，并处没收个人全部财产。①

① 国家审计故事系列报道之七：审计揭开丁书苗与刘志军间的黑色利益链. 中国青年报，2015-07-20.

第一节　我们需要审计吗

一、初学者疑问、Abacus CPA 解释、百度的欠缺及 CNKI 的回答

1. 初学者疑问

一位初学“审计学”的学生对老师说，“审计学”这门课程，既让人感到很陌生，又觉得没有多大意义。你看，会计学已包括会计核算、会计分析和会计检查三个部分了，会计检查就是查账，不就是审计嘛，那么何必还要审计呢？

初学者不理解，一些刚步入会计行业的小会计也发问，我们需要审计吗？我们公司是小规模纳税人，公司成立才半年，没有盈利，都亏损 20 000 元了，在年度报表中需要请会计师事务所的人审计吗？审计的话还要付费，唉！

有人跟帖：是不是每个企业都要请事务所做审计呀？

2. Abacus CPA 解释

键入“我们需要审计吗？”百度一下。

香港 Abacus CPA(安柏思会计师行)有一栏目叫“为什么需要审计”，下面是香港会计师事务所的回答：

- 所有在香港成立的有限公司，都必须对财务报表进行审计；
- 我们的审计增值服务包括以财务报表对公司股东解释公司的营运成果及财务状况；
- 在我们的协助下，工作进行得更具成本效益。此外，我们审计增值服务的目的是提醒客户在控制管理上的弱点。

这个回答说明，在港注册的所有公司均需审计！许多大陆投资者不知道在香港注册都要进行年审和报税。香港公司如果有经济往来，每年都必须提交由香港会计师出具的核数报告。如果客户申明的情况与实际不符，一旦被香港税务局发现，不仅要求补回原来漏作的核数报告和应缴纳的税收，而且还会针对违法的情况给予不同程度的罚款，严重者会被执行形势监控并冻结银行账户等一系列严厉制裁措施。所以，大陆投资者在香港公司审计的问题上，应认真对待。

香港会计师事务所企业审计范围要比大陆事务所广，因为大陆并非所有公司都需要审计。

3. 百度的欠缺

百度一下“我们需要审计吗？”，且看“百度知道”的回答。

百度回答一：这是外部对企业的监管，是对企业进行审查监管的重要步骤，由外部专业人员对企业的账务和经营等进行审查并出具意见，并与企业共同承担责任和风险，这样可以在更大程度上保证企业信息的真实有效。审计的目的是查错防弊，保护企业资产的安全和完整；审计的方法是对会计账目进行详细审计；审计报告使用人主要为企业股东等。

百度回答二：因为有人要看审计报告！

“百度知道”不是标准答案，因为这个回答是从注册会计师审计角度而言的。除了需要注册会计师审计帮助以外，企业发展还需要内部审计的管理服务，以及其他类型的审计服务。

4. CNKI 的回答

解决了企业需要审计的问题，那么不是企业的“我们”需要审计吗？这个命题中的“我们”范围很广。“我们”既可以是企业，也可以是非营利组织，比如医院、科研院校等，它们需要审计吗？

进入世界上中文信息量规模最大的“CNKI 数字图书馆”，键入“需要审计”，拉出一长串需要审计的文章标题。列示如下：

(1) 企业转型升级需要审计。

(2) 社会公共事业需要审计监督。

(3) 政府采购需要审计监督。

(4) 政府绩效需要审计。

(5) 政府投资工程项目需要审计。

(6) 农民呼唤审计，乡村需要审计。

(7) 发展农村经济需要审计监督。

(8) 越是放开搞活越需要审计监督。

(9) 建设透明政府需要审计支持。

(10) 防范金融风险需要审计。

(11) 环境保护需要审计。

(12) 新常态需要新审计。

从审计的需求者看，有企业、社会公共事业、政府部门、农村等。审计需要者已经超越了企业，向社会各个部门延伸。

经济越发展，审计越重要。

二、为什么需要审计：委托代理理论说

案例：合伙做生意需要审计吗

张三有 5 万元存款，打算开一家零售店，但是经过市场调查，张三发现 5 万元太少，正好李四手头上有闲置资金 3 万元，在征得李四同意的情况下，两人决定合伙做生意。两人将全部资金用于租房、购货以及广告等。不久张三出了交通事故，需要住院治疗三个月，在这三个月当中，零售店经营良好。年末李四向张三汇报零售店的利润情况，那么现在的问题是张三对李四的汇报可以相信吗？这就需要一个独立于两者的第三人来作鉴证，这时注册会计师出场了，审计也就应运而生了。

上述审计关系有三方面的关系人，包括审计委托人（通常是财产的所有者）、被审计人（通常是财产的经营管理者）以及审计人（独立于委托人和被审计人）。其审计关系可以描述为：审计委托人（所有者）委托被审计人（经营管理者）管理其财产，被审计人经营管理所有者的财产并定期报告财产管理状况，这种委托代理关系是审计活动的基础关系；审计

委托人委托审计人员审计被审计人以确定其受托经济责任的履行状况，审计人要按照审计契约的规定报告审计状况；审计人执行必要的审计程序对被审计人进行审计，以确立或解除被审计人的受托责任，被审计人要向审计人提供审计所需要的资料。

在这种主流的审计关系论中，表现出两种委托代理关系，即在财产所有者和经营管理者之间存在着财产的委托代理关系，这种委托代理关系所蕴涵的受托经济责任最终导致了审计的产生，同时在财产所有者和审计人之间也存在监督的委托代理关系，这种委托代理关系赋予了审计人代理监督的权利，这就是所谓的受托监督。也就是说在两权分离的状况下，所有者不止将经营权交给了经营者，同时因为本身专业知识的限制又将监督权交给了审计人员。在受托管理的状况下，所有者可以通过委托审计人员进行专业审查的方式对经营者的受托管理状况进行监督。

当然，上述审计三角关系也存在天然的缺陷，即所有者如何确定审计人员的监督效用呢？在审计关系中并没有表现如何保证审计人员的这种受托监督责任履行的公正性。

因此，当财产所有权与经营权分离，需要加强经济监督时，审计就产生了。那么财产所有者为什么需要审计呢？这是因为财产所有权和管理权分离后，财产所有者和财产管理者之间存在着严重信息不对称，为处理信息不对称问题，财产所有者通过委托审计的方式获得企业信息的透明度，以判断财产管理者经营成果的真实性和有效性。从另一个角度说，财产所有者需要的是审计对经济活动的鉴别证明，需要的是专业服务。

除了需要审计报表鉴定服务以外，企业管理需要审计，比如营销审计。以陕西盖天力的“白加黑”为例，在20世纪90年代中期，通过大量的广告创造了销售奇迹。但过于依赖广告、不注重终端建设、忽视营销管理，造成了企业有大量的应收账款，终端卖场难见踪影，最终导致市场占有率迅速下滑。在这个背景下，通过对销售渠道的审计，以及整体营销方案的审计规划，在随后的营销活动中，东盛取得了很大的成功。陕西东盛(盖天力)的“白加黑”的营销审计内容包括营销环境审计、营销战略审计、营销组织审计、营销系统审计、营销功能审计和营销成本效益审计。

企业发展需要审计，武钢总经理在回答记者提问(2004)时说：一流的企业需要一流的内审，我们审计的重点是风险、内部控制、治理程序和管理审计。

三、为什么需要审计：历史说

中国审计的过去，一如中国文化源远流长。

中国有五千年文明史，中国审计也有三千年文化之滥觞。

(一) 中国的审计制度起源于西周，几乎与我国会计同时诞生

我国的审计制度最早起源于西周时期。当时周王设三公和冢宰辅佐周王总理国务大事，冢宰负责主管王室事务和全国的监察工作。冢宰之下又设小宰和司会，小宰主管王室的财物保管，司会负责王室财政经济收支的会计核算。小宰的属官“宰夫”，则为执行具体的监察和审计业务的官吏。据《周礼》记载，宰夫之职，负责“掌治法以考百官府、郡、部、县、鄙之治，乘其财用之出入，凡失财用物辟名者，以官刑诏冢宰而诛之，其足用长财善物者，赏之”。又曰“宰夫考其出入，而定刑赏”。这就是说，宰夫掌管对百官府、诸郡都县鄙

的治理情况，考查群吏的功过得失，检查百官在财计方面有无欺诈等劣迹，并根据官吏的政绩优劣，上报冢宰而分别予以赏罚。西周的宰夫审计制度是我国国家审计制度的雏形。

我国审计几乎与我国会计同时诞生。“会计”一词，在我国首先出现于《周礼》。《周礼·天官》中写道：“司会掌帮之六典、八法、八则……而听其会计。”西周的司会就是中国会计最早的代名词，也就是我们称谓的“官厅会计”。司会为计官之长，级别为中大夫。司会负责勾考“以参互考日成，以月要考月成，以岁会考岁成”。参互、月要和岁会可以理解为现在的日报、月报和年报。可见，西周司会已有记录、计量和报告等内容了。而西周宰夫对司会和官员进行审计，同时要求官府定期报送账册和会计报告(日成、月要、岁会)，并对其进行核对、验证，经过宰夫审计后，逐级上报周王审查。

因此，西周时期我国审计与会计几乎是同时代的产物。其理由：一是关于审计与会计的最早记载同时出现在《周礼》上；二是既有“官厅会计”之说，也有“官厅审计”之言，二者服务对象都是周王室。

(二) 我国三千年审计史中，闪耀璀璨光芒的审计标志性事件

(1) 战国时期“上计”审计制度。战国时期，各诸侯国相继实行了上计制度，即地方官吏于年终向王室报告，国王考核地方官员政绩的一种考课制度。出现了负责审核上计报告的官吏，以保证上计报告的真实性。

(2) 秦汉时期“御史监察”审计制度。秦朝御史大夫，是全国最高监察长官，执掌监察，协助丞相处理全国政务并兼理审计。在御史大夫之下，设有侍御史和监御史，协助御史大夫专职监督全国的民政、财政和财物审计事项。汉代刺史，掌理对州郡的监察审计工作。秦汉时期审计的地位要比西周时期为高。

(3) 三国、隋唐时期“比部”审计制度。比部最早出现在曹魏政权，当时曹魏在中央政权组织尚书台下面，设25个办事机构，称二十五曹，比部便是其中之一。隋朝比部由尚书省都官尚书统领，后都官尚书改为刑部尚书，比部即归刑部。这样，审计由监察和行政性质向司法性质转变，比部的职权、地位和权威得到了进一步明确和加强。唐初沿用隋朝官制，审计监督大权仍由御史台、尚书省之比部和刺史分领。御史台是国家最高监察机构，它兼理部分审计工作。比部是中央审计机构，如在审计中发现重大问题，则与御史台共同处理。刺史则是地方各州掌理审计的官吏。隋唐时期“比部”审计制度标志着我国的审计监督制度初步形成。

(4) 宋朝时期设立审计司、审计院，“审计”一词正式出现。北宋时太府寺“掌邦国财货之政令及库藏、出纳、商税、平准、贸易之事”，下设25官司，其一为审计司。南宋时期在户部设立审计院，负责对军队和中央机关经费俸禄支出方面的审计。元、明、清时期为“都察”“户部”审计制度。元御史台掌管审计。明朝时期审计职权由都察院、六科和户部共同掌理。明代对我国审计的创新和发展之处在于审计机构的相互制约，即都察院、六科之户科对户部实施审计监察，同样，户部也掌有对都察院的财务审计权，户部和都察院共同对地方进行审计监察，体现了相互牵制的原则，开创了一代审计新制。

(5) 民国时期国家审计制度基本形成。北洋政府国务院成立中央审计处，隶属于国务总理，同时，改各省的地方审计机关为审计分处。后改中央审计处为审计院，隶属于大

总统。1914年10月，公布了《审计法》，对审计报告制度、审计会议制度和审阅、督检、复查等制度都作出了具体规定，从而迈出了我国审计法规建设的第一步。1928年3月，国民政府公布《审计院组织法》；4月颁布了《审计法》；7月成立审计院，隶属于国民政府，之后公布了《审计法施行细则》等法规，标志着中国国家审计的基本形成。

（6）新中国成立后我国审计制度日益成熟和完善。1982年，第五届全国人大五次会议通过了新宪法，决定我国实行审计监督制度，并规定，国务院设立审计机关，在国务院总理领导下，对国务院各部门和地方各级政府的财政收支，对国家的财政金融机构和企业事业组织的财务收支，实行审计监督。县级以上地方各级人民政府设立审计机关，依照法律规定独立行使审计监督权，对本级人民政府和上一级审计机关负责。1983年中华人民共和国审计署正式成立，地方各级审计机关也相继建立并开展工作。1985年国务院颁布了《国务院关于审计工作的暂行规定》，1988年发布了《中华人民共和国审计条例》，1994年八届全国人大常委会第九次会议通过了《中华人民共和国审计法》（以下简称《审计法》），对审计监督的基本原则、审计机关和审计人员、审计机关职责、审计机关权限、审计程序、法律责任等做了全面规定，标志着我国现代国家审计法律制度逐步成熟和完善。

综观中国的审计发展史，是以国家审计发展为主要线索，国家审计不论是从时间上，还是从内容上都占有主导地位。另外，在国家审计发展过程中，目前出现的财政审计、经济责任审计，甚至跟踪审计等审计类型都留有历史的影子。

四、为什么需要审计：审计与会计差异说

有了会计，为什么还要有审计？这是没搞清审计与会计的区别和两者的职能。简单来说，会计是对单位经济业务进行货币计量、记录和报告，提供会计信息；审计是对会计所提供的会计信息在客观性、合法性等方面进行验证，从而发表审计意见。具体区别表现在：

1. 产生的前提不同

会计是为了加强经济管理，适应对劳动耗费和劳动成果进行核算与分析的需要而产生的；审计是因经济监督的需要，也即是为了确定经营者或其他受托管理者的经济责任的需要而产生的。

2. 两者性质不同

会计是经营管理的重要组成部分，主要是对生产经营或管理过程进行反映和监督；审计则处于具体的经营管理之外，是经济监督的重要组成部分，主要对财政、财务收支及其他经济活动的真实、合法和效益进行审查，具有外在性和独立性。

3. 两者对象不同

会计对象主要是资金运动过程，也即是经济活动价值方面；审计对象主要是会计资料和其他经济信息所反映的经济活动。

4. 方法程序不同

会计方法体系由会计核算、会计分析、会计检查三部分组成，包括记账、算账、报账、用账、查账等内容，其中会计核算方法包括设置账户、复式记账、填制凭证、登记账簿、成本计算、财产清查、会计报表等记账、算账和报账方法，其目的是为管理和决策提供必需的资料

与信息;审计方法体系由规划方法、实施方法、管理方法等组成,而实施方法主要是为了确定审计事项、收集审计证据、对照标准评价,提出审计报告与决定,使用资料检查法、实物检查法、审计调查法、审计分析法、审计抽样法等,其目的是完成审计任务。

5. 职能不同

会计的基本职能是对经济活动过程的记录、计算、反映和监督;审计的基本职能是监督,此外还包括评价和公证。会计虽说也具有监督职能,但这种监督是一种自我监督行为,主要通过会计检查来实现。会计检查或查账,只是检查账目的意思,主要针对会计业务活动本身,而审计既包含检查会计账目,又包括对计算行为及所有的经济活动进行实地考察、调查、分析、检验,即含审核、稽查、计算之意;会计检查只是各个单位财会部门的附带职能,而审计是独立于财会部分之外的专职监督检查;会计检查的目的主要是保证会计资料的真实性和准确性,其检查范围、深度、方式均受到限制,而审计的目的在于证实财政、财务收支的真实、合法、效益,审计检查会计资料只是实现审计目的的手段之一,但不是唯一手段。

第二节　什么是审计

一、审计本质的四种论调

什么是审计,实际上是问审计本质是什么。经典教材对审计本质的认识有三种。

1. 查账论

查账论认为审计就是“查账”,即对会计资料及财务报表进行检查。这种认识持续的历史时期最长,影响范围最广。我国“审计”一词最早见于宋代的《宋史》。从词义上解释,“审”为审查,“计”为会计账目,审计就是审查会计账目。另外,“审计”一词英文单词为“audit”,被注释为“查账”,兼有“旁听”的含义。由此可见,审计就是审查会计账目,与会计账目密切相关。在国外,查账论的统治地位也是不容置疑的。如美国,查账论的影响直到 20 世纪 70 年代初,而英国直到 20 世纪 80 年代初。

2. 方法过程论

方法过程论认为审计是一种系统的方法和过程,是由美国理论界率先提出的。1972 年美国会计协会发布的《审计基本概念公告》对审计下了新定义:审计是客观收集和评价与经济活动及事项有关断言的证据,以确定其认定与既定标准的符合程度,并将其结果传递给利害关系者的系统过程。此观点将审计看作一个系统的方法或过程,认为审计包括收集、评价审计证据以确定会计信息与既定标准符合程度的过程,以及审计人员将会计信息与既定标准的符合程度传递给信息使用者的报告过程。方法过程论出现以后,迅速地被学术界接受。整个 20 世纪 80 年代,方法过程论在美国、英国、加拿大和我国等各个国家的理论界都产生了一定的影响。

3. 经济监督论

经济监督论是我国 20 世纪 80 年代出现的一种观点。1989 年中国审计学会提出了下列审计定义:“审计是由专职的机构和人员,依法对被审单位的财政财务收支及其有关部门的经济活动的真实性、合法性和效益性进行审查，评价经济责任，用以维护财经法纪，改善经营管理，提高经济效益，促进宏观调控的独立性经济活动。”这个定义在我国审计界得到了广泛认可，对于开展审计工作、进行学术研究起到了积极作用。

在这个定义里明确了审计的性质、职能、对象、主体、客体、目标和作用等基本理论问题。

审计主体，是指审计行为的执行者，即专职的机构和审计人员，为审计第一关系人；审计客体，指被审单位，即指被审计的资产代管或经营者，为审计第二关系人；审计授权或委托人，指依法授权或委托审计主体行使审计职责的单位或人员，为审计第三关系人。一般情况下，第三关系人是财产的所有者，而第二关系人是资产代管或经营者，他们之间有一种经济责任关系。第一关系人，即审计组织或人员，在财产所有者和受托管理或经营者之间，处于中间人的地位，这要对两方面关系人负责，既要接受授权或委托对被审计单位提出的会计资料认真进行审查，又要向授权或委托审计人（财产所有者）提出审计报告，客观公正地评价受托代管或经营者的责任和业绩。为此，审计组织或审计人员进行审计活动，必须具有一定独立性，不受其审计其他方面的干扰或干涉，这是审计区别于其他管理的一个根本属性。

审计本质是一项具有独立性的经济监督活动。

审计对象是被审单位的财政财务收支及其有关部门的经济活动。

审计目的是对被审单位的财政财务收支及其有关部门的经济活动的真实性、合法性和效益性进行审查。

审计的作用是改善经营管理，提高经济效益，促进宏观调控。

4. 委托代理论

按照詹森（Jensen）和麦克林（Mecking）的解释：委托代理关系是指“一个人或一些人（委托人）委托其他人（代理人）代表他们去完成一些工作，并相应地授予代理人某些决策权的契约关系”。在审计活动中通常有三方面的关系人，包括审计委托人（通常是财产的所有者）、被审计人（通常是财产的经营管理者）以及审计人（独立于委托人和被审计人）。其关系可以描述为：审计委托人（所有者）委托被审计人（经营管理者）管理其财产，被审计人经营管理所有者的财产并定期报告财产管理情况，审计委托人委托审计人员审计被审计人员以确定其受托经济责任的履行情况，审计人员要按照审计契约的规定报告审计情况；审计人员执行必要的审计程序对被审计人员进行审计，以确立或解脱被审计人的受托责任，被审计人要向审计人员提供审计所需要的资料。因此，审计就是一种委托代理。这种观点产生于20世纪初期，目前颇有市场。

二、四种审计本质论的不同声音

(1) 查账是审计的一种手段，除查账外，审计还有其他手段，查账不是审计的本质。

(2) 现代审计的内容和范围扩大了，产生了新的审计形式，如绩效审计等，并不仅仅局限于查账。

(3) “方法过程论”是对审计行为的描述，侧重于审计的方法和手段，并未触及审计的本质。

(4)“经济监督论”并未揭示审计所固有的、内在的特殊性，它无法将审计与其他经济监督区别开来。

(5)“经济监督论”无法回答一些审计实践问题，如国家审计发挥的宏观调控作用；内部审计侧重于为完善企业管理、加强内部控制、提高经济效益服务的作用；民间审计侧重于对财务报告的公证作用以及管理咨询、会计服务等业务。

(6)“经济监督论”无法涵盖审计的全部职能。这里也请大家思考用委托代理论定义审计存在的问题。

三、当前流行的审计定义观点：问题与建议

许多审计教材推崇美国会计学会(AAA)的观点，即审计的概念描述为：“为了确定关于经济行为及经济现象的结论和所制定的标准之间的一致程度，而对与这种结论有关的证据进行客观收集、评定，并将结果传达给利害关系人的有系统的过程。”

另外，有代表性观点的是注册会计师《审计》(2014 年版)教材的定义：“审计是指注册会计师对财务报表是否不存在重大错报提供合理保证，以积极方式提出意见，增强除管理层之外的预期使用者对财务报表的信赖程度。”

我认为上述观点均不能作为审计的定义。其理由是：

(1) 美国会计学会(AAA)其实质就是前述四种论调的“方法过程论”，该论调存在的问题就是美国会计学会定义的问题。

(2) 用“方法过程论”定义实质，属于答非所问。

(3) 注册会计师《审计》教材的定义确切地说是注册会计师的审计定义，不能涵盖国家审计与内部审计。

(4) 注册会计师《审计》教材的定义“合理保证说”易引发歧义。何谓“合理”？多大程度的“合理”保证能让投资者信赖？

《中华人民共和国审计法实施条例》(以下简称《审计法实施条例》)第二条规定：审计法所称审计，是指审计机关依法独立检查被审计单位的会计凭证、会计账簿、财务会计报告以及其他与财政收支、财务收支有关的资料和资产，监督财政收支、财务收支真实、合法和效益的行为。

同时解释：审计法所称财政收支，是指依照《中华人民共和国预算法》和国家其他有关规定，纳入预算管理的收入和支出，以及下列财政资金中未纳入预算管理的收入和支出：

审计法所称财务收支，是指国有的金融机构、企业事业组织以及依法应当接受审计机关审计监督的其他单位，按照国家财务会计制度的规定，实行会计核算的各项收入和支出。

我认为应当以《审计法实施条例》中的审计概念作为审计定义，其理由是：

(1)《审计法实施条例》是根据《审计法》的规定制定本条例的，因此法律层次很高，其定义具有权威性和约束性。

(2) 该定义横向概括了我国审计体系中的国家审计、社会审计和内部审计三个方面。

(3) 该定义纵向包括传统财务审计、财政审计，以及目前发展的绩效审计。

因此，该定义具有权威、全面的特点，是目前审计定义最新的权威版本。但是该定义也存在对审计对象的描述啰唆、累赘的现象。

第三节　审计的作用

案例：买股票需要注册会计师吗

小张手上有一笔多余的闲散资金计人民币一万元。听说最近股票市场回报率比银行存款利率高得多，于是，他决定运用这笔资金去购买股票。他翻开证券报，看到那么多的上市公司，不知购买哪一家公司的股票为好。于是，他请教了几个朋友。朋友小王告诉他，这很简单，查一下上市公司公布的利润表，挑一家盈利最好的公司股票作投资，绝不会有错。于是，他准备购买A公司的股票，因为A公司每股盈利是最高的。而另一位朋友小李提醒他，最好再看看A公司公布的审计报告，看看注册会计师是怎样说的。小张查到了A公司该年度的审计报告。审计报告说，他们对A公司的财务报表持保留意见。小张不懂这是什么意思，又回头来问小李。于是，小李告诉他，这家公司的财务报表有一些问题，最好不要立即购买这家公司的股票。果然，没有多久，A公司股票的价格就开始大跌。小张庆幸之余，就向小李请教：注册会计师究竟是干什么的？审计又是什么？

（资料来源：李若山，刘大贤. 审计学. 北京：经济科学出版社，2000.）

审计的作用主要有制约、促进和鉴证。

1. 制约作用

审计通过揭露和制止、处罚等手段，来制约经济活动中各种消极因素，有助于各种经济责任的正确履行和社会经济的健康发展。

审计的制约作用表现在揭露背离社会主义方向的经营行为；揭露经济资料中的错误和舞弊行为；揭露经济生活中的各种不正之风；打击各种经济犯罪活动。

2. 促进作用

审计通过调查、评价、提出建议等手段，来促进、服务宏观经济调控，促进微观经济管理，有助于国民经济管理水平和绩效的提高。

审计的促进作用表现在促进经济管理水平和经济效益的提高；促进内控制度建设和完善；促进社会经济秩序的健康运行；促进各种经济利益关系的正确处理。

3. 鉴证作用

注册会计师是会计信息质量的重要鉴证者。会计信息是企业经营和发展情况的综合体现，是投资者、债权人评价企业经营情况、做出投资决策的重要依据。但一般投资者、债权人由于受专业水平的限制，无从了解会计信息的真实性。注册会计师有此专业优势，通过对以会计报表为主要内容的财务报告的全面审计，客观、公正地评价财务报告的内容是否真实、公允，以向投资者、债权人、社会公众和其他利益关系人提供鉴证服务，并承担相应的法律责任。

第四节 审 计 分 类

一、审计的基本分类

（一）审计按其内容分类

审计按其内容可分为财政财务审计、绩效审计和财经法纪审计。

1. 财政财务审计

财政财务审计是指对被审计单位财政财务收支的真实性和合法合规性进行审查，旨在纠正错误、防止舞弊。具体来说，财政审计又包括财政预算执行审计（即由审计机关对本级和下级政府的组织财政收入、分配财政资金的活动进行审计监督）、财政决算审计（即由审计机关对下级政府财政收支决算的真实性、合规性进行审计监督）和其他财政收支审计（即由审计机关对预算外资金的收取和使用进行审计监督）。财务审计则是指对企事业单位的资产、负债和损益的真实性与合法合规性进行审查。由于企业的财务状况、经营成果和现金流量是以会计报表为媒介集中反映的，因而财务审计时常又表现为会计报表审计。

2. 绩效审计

美国的定义是："绩效审计是客观地、系统地审查一系列证据，其目的是为了评估政府单位、项目、活动的业绩和功能，以便为改进公共稽核和有关单位的决策工作提供信息，这些单位的职责是监督或启动改革行动。主要包括经济性和效率性审计以及项目审计。"

英国的定义是："检查某一组织为履行其职能而使用所掌握资源的经济性、效率性和效果性。"因此，绩效审计也称为 3E 审计。

3. 财经法纪审计

财经法纪审计是指国家审计机关和内部审计部门对严重违反财经法纪的行为所进行的专项审计，目的在于维护财经法纪，保护国家和人民财产的安全与完整。

（二）审计按其主体分类

审计按其主体分类可分为国家审计、注册会计师审计和内部审计。

1. 国家审计

国家审计是指由国家审计机关所实施的审计。根据《审计法》规定，我国的审计机关依照法律规定独立行使审计监督权，不受其他行政机关、社会团体和个人的干涉。也称政府审计。其特点是独立性强、强制性大、监督面广和权威性高。

审计对象包括：国务院各部门、地方人民政府及其各部门；国有金融机构；国有企业和国有资产占控股地位或者主导地位的企业；国家事业组织；其他应当接受审计的部门和单位，以及上述部门和单位的有关人员。审计的内容是这些部门和单位的财政收支与财务收支。

2. 注册会计师审计

注册会计师审计是指注册会计师（Certified Public Accountant，CPA）依法接受委托对财务报表是否存在重大错报给予审计意见，为报表使用者对财务报表的信赖程度提供合理保证的审计。也称社会审计、民间审计。注册会计师审计有如下特点：风险大、责任重、收费高。

注册会计师的审计业务包括：审查企业会计报表，出具审计报告；办理企业合并、分立、清算事宜中的审计业务，出具有关的报告；承办会计咨询、会计服务业务；法律、行政法规规定的其他审计业务。

3. 内部审计

内部审计是指组织内部的一种独立客观的监督和评价活动，它通过审查和评价经营活动及内部控制的适当性、合法性和有效性来促进组织目标的实现。也称部门和单位审计。内部审计的特点是：审计机构和审计人员都设在各单位内部；审计的内容更侧重于为企业经营管理服务；审计结果的客观性和公正性较低，并且以建议性意见为主。内部审计的主要内容包括：财务审计、经营审计、管理审计和风险管理等。

二、审计的其他分类

（一）按照审计工作进行的时间分类

按照审计工作进行的时间可分为事前审计、事中审计和事后审计。

1. 事前审计

事前审计是指经济业务发生以前所进行的审计，即对计划、预算的编制，以及对基本建设项目和固定资产投资决策的可行性研究等所进行的审计。其目的主要是审查计划、预算、投资决策等是否切实可行。

2. 事中审计

事中审计是指在计划、预算或投资项目执行过程中对其所发生的经济活动进行的审计。这种审计的优点是随时进行审查，随时发现错误和问题。

3. 事后审计

事后审计是指经济业务发生以后进行的审计。其目的主要是根据有关的审计证据，审查已经发生的经济业务的真实性、合法性和效益性。

将审计工作重点从事后审计转变为事前、事中审计，能更好地发挥审计监督的有效性、及时性、预警性作用，通过审计“倒逼”制度完善。

（二）按照执行审计的地点分类

按照执行审计的地点可分为报送审计和就地审计。

1. 报送审计

报送审计或称送达审计，是指被审计单位将各项预算、计划、会计决算报表和其他有关资料等，按照规定的日期（月、季、年）送达审计机构进行审计。

2. 就地审计

就地审计是指由审计机构派出审计人员到被审计单位进行的现场审计。

（三）按照审计工作开始时是否通知被审计单位分类

按照审计工作开始时是否通知被审计单位可分为通知审计和不通知审计。

1. 通知审计

通知审计也称预告审计，是指审计机构在审计工作开始前，预先通知被审计单位的一种审计形式。

2. 不通知审计

不通知审计也称突击审计，是指审计机构事先不通知被审计单位，而是出其不意以突击形式审计。其目的是防止被审计单位或人员事先对其违法行为进行掩盖和弥补。

（四）按照审计证据的检查范围或数量分类

按照审计证据的检查范围或数量可分为详细审计和抽样审计。

1. 详细审计

详细审计是指对被审计单位所审计年度内的全部会计资料包括凭证、账簿、报表等逐一进行审查。它的优点是审查全面、彻底，可收到较好的审计效果，缺点是费时费力，工作量较大。适用于小型的企事业单位以及因为被审计单位存在严重经济问题所进行的专案审计等。

2. 抽样审计

抽样审计是指被审计单位所审计年度内的会计资料，按照一定的方法抽取一部分作为样本，通过样本检查结果来推断被审计单位的合法性、真实性和效益性。抽样审计的优点在于其审计效率较高；缺点是抽样审计的审计结论与被审单位的实际情况会存在一些差异。抽样审计一般适用于规模较大、业务复杂、会计资料繁多以及管理基础工作好、内部控制制度较完善的单位。

第五节 审计组织

案例：韩国审计监察院（以下简称监察院）监审合一的特色

与世界上其他国家相比，韩国的审计体制是较为独特的。韩国监察院独立于政府与国会，直接受国家元首领导，兼有监察和审计两大职能，这种模式在世界上是不多见的。

查办大案要案，反腐敢于碰硬。2000 年 7 月，韩国总统金大中和朝鲜领导人金正日举行了历史性峰会。这次会面成为金大中政治生涯的顶峰，使他获得了当年的诺贝尔和平奖。2002 年 9 月，韩国反对党大国家党议员向媒体抖出猛料，指责金大中政府通过现代集团将 4 亿美元的秘密资金交给平壤，以确保 2000 年朝韩历史性峰会举行。这一消息曝光后在韩国引发了一场政治地震，反对党纷纷谴责执政的新千年民主党，并要求金大中辞职。在反对党的强烈要求下，韩国政府同意由审计及核查委员会来调查此事。就在金大中即将离任之际，韩国审计部门调查证实了 2002 年 9 月反对党提出的说法：在朝韩峰会前金大中政府通过现代集团向朝鲜提供了巨额秘密资金。韩国审计及核查委员会官员孙圣泰2003年1月30日在宣布调查结果时说“2 233亿韩元（约2亿美元）的确被用于向在朝鲜的项目提供资金”，同时指出，这2亿美元资金是国有的韩国发展银行向现代集团提供的4亿美元贷款的一部分。韩国监察院敢于“打老虎”的精神，值得我们研究。

启示：

（1）韩国监察院地位较高。韩国监察院属于世界上为数不多的审计机关高度独立的模式之一，从隶属关系和领导体制来说，它既独立于政府，也不属国会管辖，而是直接归总统领导，属于一种较为独特的模式。它在组织人事、经费预算等至关重要的方面也享有较高的自主权。

（2）韩国监察院权力较大。韩国的行政型国家审计将财政监督与行政管理监督结合起来，监察院具有双重职责。所具有权力有：确认决算和检查会计权；职务监察权；监察报告权；通报与协调权；监察处理权；复查复核权；等等。从监察范围来看，监察院不仅对总理领导的政府各部及官员进行监督，而且有权监督国会、司法机关、地方政府、国家全部或部分投资的企事业单位、与政府签约的私人企业等一切使用纳税人钱的机构和个人。

（资料来源：金大中政府通过现代集团2亿美元买来朝韩峰会？中国青年报，2003-08-04.）

一、国外审计组织

世界各国的审计组织，一般都是由国家审计机关、内部审计机构和社会审计组织三种类型的审计组织构成的。但这三种审计组织的管理体制和方法在不同国家不尽相同。

1. 国家审计机关的领导体制

迄今为止，世界上已有150多个国家和地区建立了国家审计机关。各国国家审计机关的领导体制主要有四种类型：立法型，即审计机关隶属于立法机构，如英国、美国等；司法型，即审计机关隶属于司法体系，拥有司法权，如法国、阿尔及利亚等；行政型，即审计机关隶属于行政机构，如瑞典；独立型，即审计机关独立于立法、司法和行政体系之外，独立开展审计工作，如日本、德国等。由于审计机关属于上层建筑，是国家政权的组成部分，所以，国家审计机关的领导体制，一般都是适应各国政治体制和经济基础的需求而建立的。各国的国家审计机关，虽然领导体制各有不同，职责权限有大有小，但有两点是相同的：一是审计机关具有较强的独立性，审计工作不受政府行政机关的干涉；二是审计机关都要向立法机关报告工作。

2. 内部审计的领导体制

西方国家企业内部审计机构的领导体制主要有四种类型：受所在单位董事会或董事会下设的审计委员会的直接领导；受所在单位最高管理者的直接领导，如受总经理领导；受所在单位会计长的领导；受董事会的审计委员会和会计长双重领导。

不同领导体制下的内部审计机构，工作侧重点不同。董事会领导下的内审机构侧重于对企业管理者执行董事会决议情况进行监督，以保护企业所有者的利益。总经理领导下的内审机构往往是基于内部管理分权导致管理跨度增大的情况，侧重于监督管理决策的执行情况，服务于内部管理。会计长领导下的内审机构，其工作侧重于保证内部会计信息的真实可靠和对财务风险的控制。

3. 社会审计组织的管理体制

社会审计（或称民间审计、独立审计）组织，独立存在于市场活动之中，不受任何政府行政机关的领导。社会审计组织的管理是通过行业协会进行行业管理，行业协会主要是通过制定职业规则来对社会审计组织的执业活动进行管理的。其职业规则主要有审计业务准则、职业道德准则、质量控制准则等。行业协会发布职业规则，为社会审计组织开展工作提供统一的标准，并检查职业规则的执行情况，以保证整个行业的健康发展。此外，有的行业协会还对从业人员的资格进行认定和管理，以保证执业质量。

在西方国家中，社会审计组织是依照有关法律的要求独立开展业务的，与政府行政机关和国家审计机关没有直接的联系。社会审计组织和国家审计机关共同作为外部审计人，在对有关经济实体进行审计时进行分工协作。这种分工主要是通过国家立法来实现的。一般来说其公共部门的审计由国家审计机关进行，而私营经济组织由社会审计组织进行审计。

二、国内审计组织

审计组织是为了实现审计目标而设置的机构、配备人员和授以职责权限的有机整体。审计组织区别于其他组织的根本点就在于其组织目标，即监督政府收支或财务收支的真实、合法和效益。审计组织的目标不同，决定了其机构设置、职权划分及人员配备等方面与其他组织的差别。国内主要有三种审计组织：

1. 国家审计机关

国家审计机关是代表国家依法行使审计监督权的行政机关，它是由国家授权开展工作，并体现国家意志的审计组织，它是国家政权的一个组成部分，是国家政治结构中的一个重要环节，属于上层建筑范畴。这是国家审计机关与其他审计组织最显著的区别之一。

2. 内部审计机构

内部审计机构是指在部门、单位内部从事审计业务的专门组织。它是由所在部门或单位授权，代表部门或单位的利益开展审计业务，是该部门或单位的一个组成部分。

3. 社会审计组织

社会审计组织是指依法设立，接受委托独立承办审计业务的组织。社会审计组织在组织关系上体现了它的独立性特征，它既不隶属于政府，也不隶属于某一部门或单位，而是独立存在的法人组织。社会审计组织依照委托人的授权按照一定的职业标准开展工作，为委托人提供服务。

在审计组织体系中，国家审计机关、内部审计机构和社会审计组织三者分工协作，相互联系，共同承担整个社会的审计任务，构成了一个社会的审计监督网络，保证国民经济的健康发展。

课后阅读：审计署 2015 年大事记（节选）

一、持续开展稳增长、促改革、调结构、惠民生、防风险政策措施贯彻落实跟踪审计并及时公告审计结果

2015 年，按照国务院部署，审计署持续组织对 31 个省、自治区、直辖市和 29 个中央部门、7 户中央企业贯彻落实稳增长、促改革、调结构、惠民生、防风险政策措施情况进行了跟踪审计。同时，组织 36 个省、自治区、直辖市、计划单列市和新疆生产建设兵团审计机关同步开展了此项跟踪审计工作。5 月起，审计报告由每季度向国务院上报调整为每月上报，审计结果公告也调整为每月发布。5 月 8 日和 9 月 18 日，审计署分别印发《关于进一步发挥审计作用促进稳增长政策措施贯彻落实的若干意见》《关于进一步加大审计力度促进稳增长等政策措施落实的意见》，对全国审计机关开展此项工作提出新要求，审计力度进一步加大。

2015 年，全国审计机关共在跟踪审计中检查各类项目 7.28 万个、抽查相关单位 10.58 万个，其中审计署检查项目 5 510 个、抽查单位 5 286 个。截至 2015 年年底，通过审计促进新开工、完工项目 9 408 个，推动 9 454 个项目加快了审批或实施进度；促进相关部门和地区加快下达财政资金 5 288.22 亿元，落实配套资金 551.36 亿元，促进收回结转结余资金 1 144.25 亿元，整合和统筹使用专项资金 732.1 亿元；促进相关部门和地区取消、合并、下放行政审批事项 134 项，取消职业资格、企业资质认定 241 项，停止或取消收费 111 项；各地对 2 138 人进行了追责问责。

二、特派办机关党的关系由地方党委管理调整为审计署机关党委管理

为进一步落实全面从严治党要求，加强机关党的建设，2015 年审计署对特派办机关党建管理体制进行了深入调研。在征求 18 个特派办驻地省（市）委组织部、直属机关工委意见的基础上，经中央组织部同意，2015 年 5 月至 7 月先后将 18 个特派办机关党的关系由驻地省（市）直属机关工委管理调整到审计署机关党委统一管理。此举促进了管党治党责任进一步落实，部门党建工作资源进一步整合，机关党建工作格局更加完善。

三、《中国特色社会主义审计理论研究（修订版）》英文版面向全球发行

5 月 28 日，由美国约翰威立国际出版有限公司（John Wiley & Sons Inc.）引进、出版的《中国特色社会主义审计理论研究（修订版）》英文版在纽约图书展上举办了全球首发仪式，该修订版在中国同步发行。该书不仅是对中国国家审计经验的科学总结，更是对指导中国国家审计实践相关理论研究的思考和升华。该书英文版的出版发行，对于国外审计同行和学术界了解中国国家审计的新理念、新方法、新技术和新成果有重要意义。

四、刘家义审计长受国务院委托向全国人大常委会做 2014 年度中央预算执行和其他财政收支的审计工作报告以及审计查出问题整改情况的报告

6 月 28 日，审计署党组书记、审计长刘家义受国务院委托，向第十二届全国人大常委会第十五次会议作《2014 年度中央预算执行和其他财政收支的审计工作报告》。报告依照新修订预算法的规定，反映了新形势下审计工作的思路和重点，主要揭示了中央预算执行及决算草案审计、中央财政管理审计、中央部门预算执行审计、财政存量资金审计、政策措施贯彻落实跟踪审计、重点专项资金审计、金融审计、企业审计八方面情况，并提出了进一步深化财税体制改革、加快建立完善有关制度规定、提高财政管理绩效、切实防范各类风险、严格预算约束、严肃财经法纪等加强财政审计的建议。

12月22日，刘家义审计长受国务院委托，向第十二届全国人大常委第十八次会议作《国务院关于2014年度中央预算执行和其他财政收支审计查出的问题整改情况的报告》。这是国务院首次以当面报告形式向全国人大常委会报告审计查出的问题整改情况。12月26日，全国人大常委会就审计查出的突出问题整改情况，对审计署等七个中央部门、单位进行了专题询问，刘家义审计长出席并回答了委员的询问。审计查出的问题整改情况报告和专题询问情况均向社会进行了公开。

五、中央办公厅、国务院办公厅印发《开展领导干部自然资源资产离任审计试点方案》

党的十八届三中全会决定提出，对领导干部实行自然资源资产离任审计，作为加强生态文明建设的一项重要改革措施。根据中央部署和分工，此项工作由审计署牵头落实。为推动审计试点工作规范开展，10月30日，中央办公厅、国务院办公厅印发了《开展领导干部自然资源资产离任审计试点方案》，方案明确了审计试点工作的总体要求、主要任务和审计重点等，确定了“因地制宜、重在责任、稳步推进”的基本原则。9月17日，审计署党组成员、副审计长陈尘肇出席了国务院新闻办举行的生态文明体制改革总体方案等情况新闻发布会，介绍了开展领导干部自然资源资产离任审计试点情况，并回答了记者的提问。

六、党中央、国务院对完善审计制度做出重要部署，发布《关于完善审计制度若干重大问题的框架意见》及相关配套文件

11月27日，中共中央办公厅、国务院办公厅印发了《关于完善审计制度若干重大问题的框架意见》(以下简称《意见》)及相关配套文件(中办发〔2015〕58号)。《意见》指出，要加大改革创新力度，完善审计制度，健全有利于依法独立行使审计监督权的审计管理体制，建立具有审计职业特点的审计人员管理制度，对公共资金、国有资产、国有资源和领导干部履行经济责任情况实行审计全覆盖，做到应审尽审、凡审必严、严肃问责。《意见》明确，到2020年，基本形成与国家治理体系和治理能力现代化相适应的审计监督机制，更好地发挥审计在保障国家重大决策部署贯彻落实、维护国家经济安全、推动深化改革、促进依法治国、推进廉政建设中的重要作用。《意见》及相关配套文件的出台，体现了党中央、国务院对审计工作的高度重视和信任，也是对几代审计人努力拼搏和辛勤工作的充分肯定，对审计事业的发展具有重要意义。12月8日，审计署组织召开全国审计机关电视电话会议，传达学习了《意见》及配套文件精神。

七、圆满完成全年审计任务并及时公告审计结果

2015年，审计署统一组织开展了稳增长等政策措施落实情况跟踪审计等23项审计工作，审计370多个单位，为国家增收节支和挽回损失4 000多亿元，推动建立健全规章制度1 900多项，移送重大违纪违法问题线索900多件。一是持续开展政策落实跟踪审计。把稳增长、促发展作为重中之重，除开展政策落实跟踪审计外，其他各项审计都关注政策落实情况，按期报告和公告审计结果，促进了项目的新开工和完工，推动了资金落实、项目实施、政策落地和追责问责，促进了政令畅通。二是不断深化财政审计。组织预算执行、决算草案、财政存量资金、转移支付、税收征管等多项审计，重点关注财政资金统筹使用和绩效情况、“三公”经费及会议费等管理使用情况，促进厉行节约和财政资金高效使用。三是着力揭示经济社会运行中的风险隐患。持续跟踪审计地方政府债务、重点商业银行信贷投放、资本市场风险管控和跨境资金流动、证券市场贯彻落实国家政策等情况，发现并移送了一批涉嫌操纵市场、内幕交易、非法集资等违法犯罪的线索，切实维护国家经济安全。四是强化民生审计。加大对“三农”、教育、医疗、社保、扶贫等资金和项目的审计力度，持续开展全国城镇保障性安居工程跟踪审计，促进追回和归还资金等 100 多亿元，整改违规分配使用住房等 1.7 万多套。五是加强资源环境审计。深入落实中央关于开展领导干部自然资源资产离任审计的部署，研究制订审计试点方案，积极推进试点。组织矿产资源开发利用、环境污染防治等专项审计，推动资源能源集约节约利用和环境保护。六是加强领导干部经济责任审计。全国共审计领导干部 3.5 万多人，其中审计署审计省部级领导干部 39 名。通过审计，查出领导干部负有直接责任的问题金额 2 800 多亿元，140 多名被审计领导干部和 600 多名其他人员被移送司法、纪检监察机关处理。七是严肃揭露和查处重大违纪违法问题。审计署全年共移送重大违纪违法问题线索 900 多件，并选派人员参加巡视、专案及专项调查工作，协助查处了一批重特大腐败案件。八是注重揭示体制机制制度性问题。密切关注改革措施的推进和协调配合情况，关注体制性障碍和制度性缺陷，提出解决突出问题和推动长远发展的建议，促进深化改革和制度创新。审计署提交审计报告 600 多篇，提出审计建议 1 400 多条，促进建立健全制度 1 900 多项。

2015 年，全国审计机关共发布审计结果公告 5 300 多篇，其中审计署发布审计结果公告 34 期，涉及土地出让收支、彩票资金、稳增长等政策落实情况、金融机构、国有企业、审计移送案件线索办结情况等。同时，积极探索并初步构建了以审计结果公告为核心、涵盖重大审计政策发布、具有审计工作特点的全方位政策解读机制。运用多种方式，打造差异化解读产品，尤其是与中央电视台、经济日报、中国青年报、人民网等开展合作，推出“解码审计”“国家审计护航深改”“中国审计案例故事”“跟踪审计 H5 动画”“直击审计一线”等拳头产品，帮助公众更好地读懂、读深审计结果，有效推动问题整改、制度完善。

第二章

国家审计：国家治理内生的"免疫系统"

课前案例：审计葛兰素史克行贿大案

2013年7月，公安部首次向社会公开了英国著名制药公司葛兰素史克(中国)投资有限公司(以下简称葛氏公司)的部分高管涉嫌严重经济犯罪立案侦查的消息。这一案件被公安部列为"2013年十大经济犯罪案件"之首。而葛氏公司因行贿被判罚金30亿元，被媒体称为"中国史上最大罚单"。

2011年年初，审计署驻上海特派办处长王海(化名)带队对某市国税局开展审计。审计过程中，王海和审计人员小肖、小陆等仔细分析了企业的年度报税资料，将营业费用居高的如药品、化妆品等行业作为此次审计关注的重点，发现一家外资药企两年营业费用约6亿元，达主营业务收入的30%。

"以审计职业的敏感，这么高的营业费用，背后很可能隐藏着'秘密'。是虚列费用偷税，还是多列支出套取资金？必须看一看。"他们通过税务部门协调，对多家药企实地查访，并要求这些企业提供2009年和2010年两年营业费用的明细。

对药企财务资料的分析发现，药企的营销费很大一部分付给了旅行社。一家名叫"临江国际旅行社"(以下简称临江国旅)的民营公司作为供应商在药企中相当活跃，与许多药企都有业务往来，引起了审计人员的关注。

审计人员的职业素养就在于，不能放过哪怕是一个极小的疑问，因为有些不起眼的问题背后也许就藏着一个巨大无比的"黑洞"。强烈的责任感驱使着审计人员将药企的"生态环境"作为下一步的研究对象，而这家名不见经传的临江国旅是非延伸调查不可的。

在税务专管员的陪同下，审计人员到了临江国旅，在临江国旅的财务账上却发现，其年收入1.5亿元，业务量相当惊人，的确可以称得上当地十大旅行社之一。令人费解的是，这些收入基本上来自各制药企业，没有散客旅游收入。

审计人员通过对临江国旅账目的分析掌握了该旅行社的成本核算方式，从中找到了与其订单成本不符的几单业务，其中计入成本的几次50万元支出进入审计人员的视野。经查，有200多万元最终付给了天津的一家房地产公司。而这家房地产公司与临江国旅并非有直接的业务往来。审计人员询问财务人员关于这笔资金的问题，财务人员闪烁其词。

临江国旅暴露出的种种疑点，使审计人员迅速作出一个决定：去天津延伸调查事实。在天津这家房地产公司，审计人员对临江国旅购买房产情况进行了调查。在公安机关的配合下，审计人员取得了一个关键性证据，就是购房方是葛氏公司的一名业务经理，临江国旅为其支付购房款。这一线索的发现，为日后葛氏公司行贿事件的查证奠定了基础，并更加坚定了审计人员对药品行业进行“探底”的决心。

从2009年1月至2010年11月，葛氏公司等数十家制药企业以会议费名义支出5.2亿元，其中支付给临江国旅就高达3亿元。为什么没有组织游客旅游？临江国旅法人代表翁某的说法是，他们是专门为制药企业服务的，负责其会务等工作。由于机制灵活，在药企行业很有知名度。

“会议费”是谁在消费，又是谁来埋单？仅2009年和2010年，临江国旅就收到了葛氏公司2 500多万元“会议费”。审计人员推断，葛氏公司可能是通过旅行社套现行贿、赞助相关医药行业协会和给予代理商推广服务费等方式实施“带金销售”，向少数国家机关工作人员、部分相关医药行业协会和医院领导及医生行贿。

畸高的会议费，这一审计线索日后起到了至关重要的作用。经公安部门侦查发现，葛氏公司多名中层干部还涉嫌职务侵占，例如，旅行社声称组织了150人的会议，葛氏公司将150人的费用打给了旅行社，但事实上，会议只有100人参加，多出的50人的经费便留在旅行社的账上，用于给葛氏公司中层干部回扣、行贿或组织关键人物旅游。例如，临江国旅为葛氏公司人员支付天津某房地产公司的购房款。

2011年4月，审计部门将线索移交给公安机关，警方披露，包括葛氏公司4名高管在内，超过20名药企和旅行社工作人员被警方立案侦查。

（资料来源：中国青年报，2015-07-13.）

第一节 国家审计机关

国家审计，也称政府审计，是指由国家审计机关代表国家所实施的审计。

一、中央审计机关

新中国成立后，我国长达34年没有设立审计机关，直到1983年才设立。国务院于1983年9月15日正式成立了中华人民共和国审计署。审计署是国务院的组成部门，正部级。审计署的成立标志着新中国没有审计机关的历史至此结束。

《审计法》第七条规定：“国务院设立审计署，在国务院总理领导下，主管全国的审计工作，审计长是审计署的行政首长。”我国的中央审计机关是国务院的组成部门，国务院组成部门的名称一般称部、委员会，审计署是特例(还有一个特例是中国人民银行)。因为中央审计机关对国务院其他部门具有审计监督的职责，为体现这一特殊职能，故中央审计机关的名称不称部或者委员会，而称中华人民共和国审计署，以与部、委员会有所区别。《中华人民共和国宪法》(以下简称《宪法》)第八十六条规定审计长为国务院组成人员之一。根据该条的规定，国务院由下列人员组成：“总理、副总理若干人，国务委员若干人，各部部长，各委员会主任，审计长，秘书长。”审计署的行政首长称审计长(正部级)。审计署设12个司，它们是：办公厅、法制司、财政审计司、金融审计司、行政事业审计司、经贸审计司、农业与资源环保审计司、社会保障审计司、固定资产投资审计司、外资运用审计司、外事司、人事教育司。此外还设有机关党委。审计署的后勤部门和直属事业单位不列入公务员编制。

二、地方审计机关

《宪法》第一百零九条规定："县级以上的地方各级人民政府设立审计机关。"一般都称审计局（其中省、自治区、直辖市审计局为正厅级），行政首长称局长。唯有广西壮族自治区有过例外。地区（省辖市、州）、县（旗、县级市、市辖区）设立的审计机关称审计局（分别为正处级和正科级），行政首长称局长。

地方审计机关实行双重领导体制，在本级政府行政首长（正职）和上一级审计机关的领导下开展审计工作，对本级政府和上一级审计机关负责并报告工作，审计业务以上级审计机关领导为主。法律规定由本级政府正职首长领导审计机关，这样的规定还不多见。这对于审计机关依法独立行使审计监督权、排除工作干扰非常重要。

三、审计机关的派出机构

审计署的派出机构分为两类，一类是派出审计局，另一类是驻地方特派员办事处。

1. 派出审计局

审计署除设置 12 个司以外，还设有派出审计局。审计署派出 25 个审计局，对国务院有关部门、直属事业单位及其在京的下属单位的财政财务收支进行审计监督。其名称为审计署某某审计局，如审计署外交外事审计局等。由审计署垂直领导，人、财、物等由审计署直接管理。派出审计局对审计长负责并报告工作，具体工作事项同审计署有关司局对口联系，并接受其业务指导。

这 25 个派出机构是：审计署外交外事审计局、审计署发展计划审计局、审计署经济审计一局、审计署经济审计二局、审计署贸易审计局、审计署国防工业审计局、审计署教育审计局、审计署科学技术审计局、审计署政法审计局、审计署民族宗教审计局、审计署监察人事审计局、审计署资源环保审计局、审计署社会保障审计局、审计署建设建材审计局、审计署交通运输审计局、审计署信息邮政审计局、审计署农林水审计局、审计署文化体育审计局、审计署卫生药品审计局、审计署海关审计局、审计署经济执法审计局、审计署新闻通讯审计局、审计署旅游侨务审计局、审计署科学工程审计局、审计署地震气象审计局。审计机关根据工作需要，可以在审计管辖范围内派出审计特派员。审计特派员根据审计机关的授权，依法进行审计工作。

2. 驻地方特派员办事处

审计署在全国 16 个城市派驻有审计特派员，在特派员领导下设立了 16 个驻地方特派员办事处，其级别为正司级，其名称一般为中华人民共和国审计署驻某地特派员办事处（以下简称特派办），如中华人民共和国审计署驻南京特派员办事处，领导人称特派员。设置特派办的有南京、天津、哈尔滨、沈阳、济南、郑州、武汉、长沙、上海、广州、深圳、昆明、成都、西安、兰州、太原。由审计署垂直领导，其人、财、物等由审计署直接管理。特派办根据审计署的授权，对省级财政预算执行情况和决算，对海关总署、国家税务总局、中央国库驻地方的分支机构的财务收支，对中国人民银行、中央国有金融机构、证券公司驻地方分支机构的财政财务收支以及国有中央企业、直属事业单位的财务收支等进行审计监督。一个特派办管两个至三个省（或者计划单列市），如南京特派办管江苏省和安徽省，上海特派办管上海市、浙江省、宁波市。特派办可以在审计机关授权范围内发出审计通知书，出具审计意见书，作出审计决定。

四、国家审计机关的职责

根据《审计法》和《审计法实施条例》的规定，审计机关的职责如下：

（1）审计署和地方审计机关直接进行下列审计。

① 本级财政预算执行情况和其他财政收支

② 下级人民政府预算的执行情况和决算以及预算外资金的管理与使用情况。

③ 与本级人民政府财政部门直接发生预算缴款、拨款关系的国家机关、军队、政党、社会团体、国有企业和事业单位的财务收支。

④ 国有金融机构的资产、负债、损益。国有金融机构包括：国家政策性银行、国有商业银行、国有非银行金融机构、国有资产占控股地位或者主导地位的银行或者非银行金融机构。

⑤ 国有资产占控股地位或者主导地位的企业。这些企业包括：国有资本占企业资本总额的50%（含本数）以上的企业；国有资本占企业资本总额的比例不足50%，但是国有资产投资者实质上拥有控制权的企业。

⑥ 国家建设项目（包括基本建设项目和技术改造项目）预算的执行情况和决算，以及与国家建设项目直接有关的建设、设计、施工、采购等单位的财务收支。

⑦ 政府部门管理的和社会团体受政府委托管理的社会保障基金、社会捐赠资金、环境保护资金及其他有关基金、资金的财务收支。这里的社会保障基金包括养老、医疗、工伤、失业、生育等社会保险基金，救济、救灾、扶贫等社会救济基金，以及发展社会福利事业的社会福利基金。

⑧ 国际组织和外国政府援助、贷款项目的财务收支。

⑨ 法律、行政法规规定应当由审计机关进行的其他审计事项。

（2）中央银行的财务收支只能由审计署进行审计，地方审计机关不能审计。

（3）各级审计机关分别在本级政府行政首长的领导下，对本级预算执行情况进行审计后，向本级人民政府和上一级审计机关提出审计结果报告。

（4）受本级人民政府的委托，向本级人大常委会提出本级预算执行和其他财政收支的审计工作报告。

（5）审计机关对与国家财政收支有关的特定事项，可以向有关地方、部门、单位进行专项审计调查，并向本级人民政府和上一级审计机关报告审计调查结果。

（6）审计机关受干部管理部门的委托，对党政领导干部和国有企业领导干部进行任期经济责任审计，审计结果作为干部升降、任免等的依据之一。

（7）指导、监督内部审计。

（8）监督社会审计（审计事务所、会计师事务所）的审计业务质量。

五、国家审计机关的权限

审计机关的权限是指宪法和法律赋予审计机关在实施审计监督过程中享有的权能，

是审计机关的执法手段。审计机关的权限具体体现在《审计法》和《审计法实施条例》中的“审计机关权限”和“法律责任”两章里。审计机关有十六种权限：①要求报送资料权；②检查权；③查询存款权；④制止权；⑤调查取证权；⑥采取取证措施权；⑦暂时封存账册资料权；⑧通知暂停拨付款项权；⑨责令暂停使用款项权；⑩申请法院采取保全措施权；⑪ 建议给予行政处分权；⑫ 建议纠正违法规定权；⑬ 处理权；⑭ 处罚权；⑮ 申请法院强制执行权；⑯通报或者公布审计结果权。其中，制止权、采取取证措施权、暂时封存账册资料权、通知暂停拨付款项权、责令暂停使用款项权，这五种权限可统称为行政强制措施权。申请法院采取保全措施权、申请法院强制执行权可统称为申请权。建议给予行政处分权、建议纠正违法规定权可统称为建议权。处理权、处罚权可统称为处理处罚权。因此，这十六种权限可以归纳为九大类权限，即要求报送资料权、检查权、查询存款权、调查取证权、行政强制措施权、申请权、处理处罚权、通报或者公布审计结果权、建议权。

第二节　国家审计现状与未来

一、国家审计工作及成绩（2010—2015）

1．对国家审计的本质和规律有了新认识

国家审计是党和国家监督体系的重要组成部分，具有预防、揭示和抵御的“免疫系统”功能，通过对公共资金、国有资产、国有资源和领导干部履行经济责任情况的审计监督，摸清真实情况、揭示风险隐患、反映突出问题和体制机制性障碍，并推动其及时有效解决，是提升国家治理能力的重要力量，是实现国家治理现代化的基石和重要保障。

2．审计服务大局不断取得新成效

牢固树立科学审计理念，自觉融入经济社会发展大局，持续开展重大政策落实跟踪审计，不断深化财政、金融、企业、资源环境、经济责任和涉外审计，全国共审计近70万个单位，促进增收节支和挽回损失1.7万多亿元，移送重大违纪违法问题线索2.2万多件，推动健全完善制度规定2.7万多项，审计监督在维护中央权威、促进政令畅通、推动深化改革和科学发展、保障国家经济安全和人民群众利益、推进民主法治建设和反腐败斗争等方面发挥了重要作用。

3．审计方式方法实现新突破

坚持全国审计“一盘棋”，集中力量、上下联动，统一组织政府债务、社会保障资金、土地出让收支和耕地保护、财政存量资金、保障性安居工程等全国性审计，创新多专业融合、多视角分析、多方式结合的组织方式，推行跟踪审计。广泛运用现代审计技术，推广“总体分析、发现疑点、分散核实、系统研究”的数字化审计方式，完成“金审二期”工程建设，建成包括一套平台（SOA服务架构平台）、两个中心（国家审计数据中心和交换中心）、三大系统（AO、OA和联网审计系统）的审计信息化建设总体框架，加大数据分析力度，审计监督效能实现大幅提升。

4．以推动重大政策措施贯彻落实为主线，积极主动履职尽责

2015年1月至11月，全国审计近10万个单位，为国家增收节支和挽回损失有3 800

多亿元，推动建立健全规章制度 2 100 多项，移送重大违纪违法问题线索 3 600 多件。一是持续开展政策落实跟踪审计。把稳增长、促发展作为重中之重，除开展政策落实跟踪审计外，其他各项审计都关注政策落实情况，按期报告和公告审计结果，促进新开工和完工项目 1 700 多个，推动了资金落实、项目实施、政策落地和追责问责，促进了政令畅通。二是不断深化财政审计。我们组织预算执行、决算草案、财政存量资金、转移支付、税收征管等多项审计，重点关注财政资金统筹使用和绩效情况、“三公”经费及会议费等管理使用情况，促进厉行节约和财政资金高效使用。三是着力揭示经济社会运行中的风险隐患。我们持续跟踪审计地方政府债务、重点商业银行信贷投放、资本市场风险管控和跨境资金流动、证券市场贯彻落实国家政策等情况，发现并移送了一批涉嫌操纵市场、内幕交易、非法集资等违法犯罪线索，切实维护国家经济安全。四是强化民生审计。我们加大对“三农”、教育、医疗、社保、扶贫等资金和项目的审计力度，持续开展全国城镇保障性安居工程跟踪审计，促进追回和归还资金等 100 多亿元，整改违规分配使用住房等 1.7 万多套。五是加强资源环境审计。我们深入落实中央关于开展领导干部自然资源资产离任审计的部署，研究制订审计试点方案，积极推进试点。组织矿产资源开发利用、环境污染防治等专项审计，推动资源能源集约节约利用和环境保护。六是加强领导干部经济责任审计。全国共审计领导干部 2 万多人。通过审计，查出领导干部负有直接责任的问题金额 2 500 多亿元，101 名被审计领导干部和 220 名其他人员被移送司法、纪检监察机关处理。七是严肃揭露和查处重大违纪违法问题。全国审计机关移送重大违纪违法问题线索 3 600 多件，并选派人员参加巡视、专案及专项调查工作，协助查处了一批重特大腐败案件。八是注重揭示体制机制制度性问题。密切关注改革措施的推进和协调配合情况，关注体制性障碍和制度性缺陷，提出解决突出问题和推动长远发展的建议，促进深化改革和制度创新。全国提交审计报告 11 万多篇，提出审计建议 19.9 万多条，促进建立健全制度 2 100 多项。

二、国家审计未来工作

1. 增强独立性，创新审计管理体制

一方面要完善机制，强化上级审计机关对下级审计机关的领导，推进省以下地方审计机关人财物管理改革，优化审计机关内部架构，推动健全履行法定审计职责保障机制。另一方面要规范行为，加强对审计权力运行的监督制约，自觉接受各方面对审计机关的监督，同时不断完善国家审计准则和指南体系，明确各项审计应遵循的具体标准和程序，切实做到依法审计。

2. 立足全覆盖，创新审计工作机制

全覆盖是全面履行审计监督职责的必然要求。“十三五”时期，要实现审计全覆盖，就必须创新审计工作机制，增强审计监督的整体效能。加强计划统筹，摸清审计对象底数，确定不同审计对象的审计频次和组织管理模式，科学编制中长期审计项目计划和年度计划。要加强资源整合，对涉及全局或行业性的重点资金和重大项目进行全面审计，形成完整的监督链条。坚持重点突破，对热点难点问题进行专项审计，确保审深审透，实现以点促面。要加强信息共享，建立各级审计机关、不同审计项目之间的审计成果和信息共享机制，提高审计成果利用水平。

3. 运用大数据，创新审计技术方法

推进以大数据为核心的审计信息化建设应对未来挑战，是实现审计全覆盖的必由之路。“十三五”时期，要加快实施“金审三期”工程，拓展大数据技术运用，形成独特的“国家审计云”。一是推动全国同步“建起来”，建成数字化审计指挥平台、大数据综合分析平台、审计综合作业平台、模拟仿真实验室和综合服务支撑系统，构建国家和省级审计数据系统。二是推动上下内外“联起来”，推进上下级审计机关之间网络互联、审计机关与审计现场之间信息共享，推进实时监控、动态监测的联网审计，靠科技实现全覆盖。三是推动及时有效“用起来”，要广泛运用数字化审计方式，归集数据、分析数据、查找疑点、综合提炼，为现场审计“升级”“导航”，大幅提高审计的精准度和时效性。

4. 把握规律性，创新审计理论

科学的理论是行动的指南。“十三五”时期，要以丰富和发展中国特色社会主义审计理论体系为目标，不断总结规律、认识规律、运用规律，创新和深化审计理论研究。要加强对国家战略、公共政策、宏观经济形势及审计监督对象和事项的研究，为更好地发挥审计在国家治理中的基石和重要保障作用提供理论支撑；加强审计基础理论研究，不断深化对国家审计本质和发展规律的认识；加强审计实践的理论总结和提炼，把行之有效的做法上升为理论或制度规范，为审计实践提供指引。要加强审计决策咨询新型智库建设，健全不同层级科研机构间、科研机构与政策研究机构间的协作机制，围绕重大问题开展联合攻关，推出一批有用、管用、好用的理论研究成果，更好地服务和指导审计实践。

第三节　国家审计：权力制约的制度安排

一、国家审计的产生和发展

治理一词源于拉丁文和古希腊语，原意是控制、引导和操纵，长期以来与统治一词交叉使用，主要用于与国家公共事务相关的管理活动和政治活动。20世纪70年代末以来，随着经济社会的重大转型，治理理论在社会科学领域受到广泛关注，世界各国政府也纷纷开始了以“治理”为理念的政府变革运动。由于治理涉及的内容极其宽泛，“囊括了社会中的每个组织和机构，从家庭到国家”，“强调直接决定人类可持续发展的三个重要的治理部门，即国家（政府组织和政府机构）、公民社会组织和私人部门”，对于治理的概念和内涵，中西方学者和研究机构的解释仍莫衷一是。这里，我们把国家治理定义为：通过配置和运行国家权力，对国家和社会事务进行控制、管理和提供服务，确保国家安全、捍卫国家权益、维护人民利益、保持社会稳定、推动科学发展。

按照马克思主义国家学说，国家职能“既包括由一切社会的性质产生的各种公共事务的执行，又包括由政府同人民大众相对立而产生的各种特有的职能”。也就是说，国家既执行着维护统治权威、迫使反对者就范的任务，同时又是社会管理和文化教育的公共事务管理部门。在权力配置过程中，国家作为人民意志的代表，用法律形式把公共资源、公共财政、公有资产等的配置、管理、使用的权力和责任，授权给某些公共权力机构及其权力人，又通过法律授权另外一些独立机关对公共权力的运行予以监督，这其中的一个重要方面就是国家审计。所以，国家审计是国家治理的一个重要方面，是国家治理的需要。

二、国家审计的本质定位和功能

从政治学的视角看，国家审计是国家政治制度的重要组成部分，是国家治理的监督控制系统之一。国家审计属于监督控制系统，服务于国家治理的决策系统，承担着对国家治理的执行系统实施监督和约束的职责。

国家审计监督是一种专职和专业行为，是独立的、由专门机构和专职人员依法进行的监督，由于其自身独有的预防、揭示和抵御功能，审计又是国家治理中监督控制子系统的“免疫系统”，对维护、完善和促进国家治理有重要意义。

(1) 预防功能，指国家审计凭借其监督作用，能够起到预防和预警经济社会健康运行中的风险隐患的功能，促进增强治理系统的“免疫力”。审计监督对审计对象来说就是一种威慑，对违规行为能够起到一定的预防和预警作用。同时，国家审计通过及时跟进、密切关注整个经济社会运行安全，能够及时发现苗头性、倾向性问题，及早感知风险，通过提前发出警报，在防止苗头性问题转化为趋势性问题、防止违法违规意念转化为违法违规行为、防止局部性问题演变为全局性问题等方面发挥积极作用。

(2) 揭示功能，指国家审计通过监督检查各项治理政策措施的贯彻执行情况，能够起到反映真实情况和揭示存在问题的功能，促进治理措施落实到位。审计的首要职责是监督，监督就必须查错纠弊，纠正对规则、秩序和决策的背离与偏差。所以，审计必须揭露和查处违法违规、经济犯罪、损失浪费、奢侈铺张、不合理利用资源、污染环境、损害人民群众利益、危害国家安全、破坏民主法治等行为，并依法对这些行为进行惩戒；必须揭示体制障碍、制度缺陷、机制扭曲和管理漏洞，排除经济社会运行中的各种利益干扰，促进政策措施得到贯彻落实。

(3) 抵御功能，指国家审计通过促进健全制度、完善体制、规范机制，能够起到抑制和抵御经济社会运行中的各种“病害”的功能，促进提高国家治理绩效。国家审计在监督过程中，不仅是查明情况、揭示问题，还针对产生这些问题的原因从微观到宏观、从个别到一般、从局部到全局、从苗头到趋势、从表象到实质，进行深层次分析、揭示和反映，调动积极因素，防止消极因素入侵整个经济社会系统，促进改革体制、健全法制、完善制度、规范机制、强化管理、防范风险，提高经济社会运行的质量和绩效。

预防、揭示和抵御是国家审计发挥“免疫系统”功能的三种表现方式。国家审计作为一种制度安排，是依法用权力监督制约权力的行为，是国家治理这个大系统中内生的一个具有预防、揭示和抵御功能的“免疫系统”，是国家政治制度中不可或缺的重要组成部分。

第四节　我为什么不赞同国家审计“免疫系统论”

刘家义同志的“国家审计是经济社会运行的一个‘免疫系统’”的提出，无疑会在很长一段时期内影响中国对审计理念的研究以及对审计实务的指导工作。

一、审计“免疫系统论”的积极意义

1. 为绩效审计提供了发展平台

国家审计“免疫系统论”的提出，为开展绩效审计等现代审计提供了理论支持。绩效审计中，不仅要查明被审计单位的绩效好坏，还要查明绩效好坏的原因。对于不好的，要进一步分析原因，找出管理上和体制上的缺陷，以避免违法违规所造成的重大损失；对于好的，也要进行原因分析，找出管理和体制上的优势所在，并进行宣传。“免疫系统论”指出，审计作为国家经济社会运行的“免疫系统”，不仅要揭示、查处经济社会运行中的问题，而且还要预防经济社会运行中的问题；不仅要查错纠弊，还要预防、促进内部控制、提高系统运行质量，这些理念的提出，相当于在审计系统内部推出了新的绩效管理模式，建立了与绩效审计相适应的审计管理理念和价值观，为绩效审计提供了一个平台。

2. 扩大了审计范围及研究领域

国家审计“免疫系统论”的提出，扩大了审计的范围，从原来的“经济活动运行”扩展到“经济社会运行”。这一范围的扩大，反映出国家审计作为国家政治制度中一个不可分割的部分，在政治、经济、社会生活中有着举足轻重的影响力。过去单纯地从微观角度把审计定位为经济工作，或者只看到审计在一个国家的经济事务中发挥的作用，而没有把审计与整个经济社会的健康运行联系起来，或者说没有从宏观角度来把握国家审计的作用，那么，过去对国家审计的认识是不全面的，对国家审计的理解也是不透彻的。虽然从国家审计的对象看，的确有着很多明显的经济色彩，但随着审计作用的日益强化、审计目标的社会利益化、审计方法的逐步改进、审计角度的不断调整，国家审计越来越表现出一种宏观性和全局性，国家审计早已超越了经济范畴，正在对整个社会生活产生越来越大的影响。

3. 提出了三大审计职能

国家审计“免疫系统论”的提出，促进了国家审计功能的发展创新。原来仅限于监督经济活动运行这样简单的水平，现发展到了保障国家经济运行这一层次。在“免疫系统论”的观点下，国家审计有了新的三大功能：防御、监督和修复，当然这并非是对以往审计职能认识的完全否定，而是一种从新层面上的理解。

4. 对审计本质有一个更深层次的认识

国家审计“免疫系统论”的提出给在新的经济社会形势下审计理论研究和审计实务发展都创造了新的契机。它是解决社会主义市场经济发展到新的阶段时遇到的审计问题的一种创新性思维，它促进了对审计本质问题的进一步思考。“免疫系统论”的提出，动摇了审计理论基础体系是会计和财务的学说，认为国家审计的学科基础和理论基础是政治学、经济学、管理学、法学、工程学等，而并非仅包含会计和财务的知识。该理论的提出，将国家审计融合于经济社会系统之中，并赋予审计使命、审计职能及其所实现的审计目标都是宏观性的、战略性的、全局性的，是社会经济发展不可或缺的重要组成部分，富有挑战性和前瞻性，与国民经济、社会发展、民主进步、民生民情息息相关，而不再是人们心目中曾经以查账罚款为主的审计形象。

“免疫系统论”是对审计基础理论的系统创新，为建设有中国特色的社会主义审计理论体系作出重大贡献，提升了审计理论的研究水平。该理论认为审计本质是“社会政治经济体系重要的制度安排”，国家审计是国家政权结构的重要组成部分，是经济社会健康运行的“免疫系统”。该理论将审计置于社会经济的大背景中去分析其本质，探究经济社会发展与审计发展的内在联系和基本规律，将审计本质定义为系统，无疑更加接近审计区别于其他事物的根本属性，更加符合社会经济发展对审计的要求，更加准确地界定了审计的内涵和外延。

二、国家审计“免疫系统论”的提法不足之处

- 定义是透过列出一个事件或者一个物件的基本属性来描述或规范一个词或一个概念的意义。
- 定义的不同方式：词法定义、情境定义、内涵定义、外延定义、列举定义、实物定义、理论定义、本义狭义定义、归纳定义，规定性定义、厘定性定义、劝导性定义。
- 没有一种定义方式包括比喻。因此，国家审计“免疫系统论”“杀毒软件论”的定义是欠妥当的！

从逻辑学角度，下定义有三种基本类型：

(1) 转换语词释义模式，这种模式的释义项是利用与被释义词项具有同义关系或反义关系的另一词项构成。例如：哀矜：[书]哀怜。

(2) 分解语素释义模式，这种模式的释义项以解述或组合的方式将被释义的词语所包含的语素义表述出来。例如：哀恸：十分悲痛。

(3) 属加种差式，这种释义项是通过对语词所指对象进行属加种差式地说明、描写来揭示被释义的语词的意义。例如：丝糕：小米面、玉米面等加水搅拌发酵后蒸成的松软的食品。

- 国家审计“免疫系统论”不符合逻辑学定义要求，因此是不规范定义。金岳霖在其主编的《形式逻辑》中指出“定义项不能用比喻”。
- 比喻：即打比方，用某些有类似特点的事物来比拟想要说的某一事物。“免疫系统论”对国家审计的特征进行描绘和渲染，可使之生动形象，具体可感。但是，“免疫系统论”是类似于国家审计，可以是无限接近，但永远说明不了事物本质！因此，它们与国家审计是两个有差别的概念。

三、国家审计与国家治理

从政治学的视角看，国家审计是国家政治制度的重要组成部分，是国家治理的监督控制系统之一。从各国实践看，不管国家治理的体制和模式差别有多大，治理的核心始终是公共权力如何有效配置和运行的问题，都需要不同的机构分别担负起决策、执行和监督控制的职责，从而形成相互联系、相互作用和相互依赖的决策系统、执行系统和监督控制系统这三个子系统，它们的共同目标是维护经济社会的健康运行。其中，决策系统的主要功能是围绕国家治理的目标分析、处理信息，制定可行方案并进行评估，对方案进行选优和决断，对整个决策过程进行协调和控制，并形成最终决策；执行系统的主要功能是准确无误地执行决策，实现决策的目标和任务；监督控制系统的主要功能是监督执行系统对决策的执行情况，并将对决策执行情况的评估反馈给决策系统，推动决策系统及时修正决策，

同时根据决策执行情况提出奖惩建议。在三个子系统中，国家审计属于监督控制系统，服务于国家治理的决策系统，承担着对国家治理的执行系统实施监督和约束的职责。世界上绝大多数国家都将国家审计写入了宪法，确立了其在国家基本政治制度中的宪法地位，从法律上凸显了国家审计机构的独立性和权威性。

从运行机制来看，与其他监督都是由自身负有的具体管理职能中派生出来的附带职能有所不同，国家审计监督是一种专职和专业行为，是独立的、由专门机构和专职人员依法进行的监督，由于其自身独有的预防、揭示和抵御功能，审计又是国家治理中监督控制子系统的“免疫系统”，对维护、完善和促进国家治理有重要意义。

一是预防功能，指国家审计凭借其威慑作用及独立、客观、公正、超脱、涉及经济社会各方面的优势，能够起到预防和预警经济社会健康运行中的风险隐患的功能，促进增强治理系统的“免疫力”。威慑作用源于以宪法和法律为依据的国家审计作为一种经常性监督制度安排，审计机关和审计对象对审计活动可能的后果都是能够认知的，即审计活动成为审计机关和被审计对象的“共同知识”(common knowledge)，审计对象知道审计机关会对自己的经济社会活动进行审计，审计机关也知道审计对象在经济社会活动中可能存在问题和对问题进行掩饰。博弈论指出，在“共同知识”的基础上，为最大化自己的盈利(或效用)，每一个局中人所采取的策略一定应该是关于其他局中人所取策略的预测的最佳反应，没有一方会有兴趣去故意违背这一博弈均衡(也称为纳什均衡)，轻率地偏离这个“相容”(consistent)预测而使自己蒙受损失。由此，审计监督对审计对象来说就是一种威慑，对违规行为能够起到一定的预防和预警作用。同时，国家审计通过及时跟进、密切关注整个经济社会运行安全，能够及时发现苗头性、倾向性问题，及早感知风险，通过提前发出警报，在防止苗头性问题转化为趋势性问题、防止违法违规意念转化为违法违规行为、防止局部性问题演变为全局性问题等方面发挥积极作用。

二是揭示功能，指国家审计通过监督检查各项治理政策措施的贯彻执行情况，能够起到反映真实情况和揭示存在问题的功能，促进治理措施落实到位。“审计是一种客观地收集、评价有关经济活动和事项的认定(assertions)证据，以确定其认定与既定标准之相符程度并将其结果传递给利害关系人的系统过程”。根据法律规定，审计的首要职责是监督，监督就必须查错纠弊，纠正对规则、秩序和决策的背离和偏差。所以，审计必须揭露和查处违法违规、经济犯罪、损失浪费、奢侈铺张、不合理利用资源、污染环境、损害人民群众利益、危害国家安全、破坏民主法治等行为，并依法对这些行为进行惩戒；必须揭示体制障碍、制度缺陷、机制扭曲和管理漏洞，排除经济社会运行中的各种利益干扰，促进政策措施得到贯彻落实。

三是抵御功能，指国家审计通过促进健全制度、完善体制、规范机制，能够起到抑制和抵御经济社会运行中的各种“病害”的功能，促进提高国家治理绩效。经济社会运行的相关信息是制定宏观政策和评判宏观政策效果的依据。国家审计以其独立的地位，有条件全面完整地采集和提供相关信息，既包括微观经济单位，也包括行业领域的相关信息，为相应的决策和管理部门提供翔实、客观、全面、可靠的经济社会运行数据信息。在获取信息过程中，不仅是查明情况、揭示问题，还针对产生这些问题的原因从微观到宏观、从个别到一般、从局部到全局、从苗头到趋势、从表象到实质，进行深层次分析、揭示和反映，调动积极因素，防止消极因素入侵整个经济社会系统，促进改革体制、健全法制、完善制度、规范机制、强化管理、防范风险，提高经济社会运行的质量和绩效。

预防、揭示和抵御是国家审计发挥“免疫系统”功能的三种表现方式，统一于审计工作的实践之中，共同保障国家经济社会的健康运行。其中，揭示是基础，没有揭示，就不能进行抵御和预防；抵御是重点，没有抵御就不会形成威慑，就不会使揭示的问题得以纠正、发现的漏洞得以修补，预防也便无从谈起；预防是目的，保障经济社会的健康运行就是使经济社会少出问题，这需要事前的预防，预防的深度和广度在一定程度上体现着审计作用是否得到充分发挥。

在审计实践中，发挥预防功能要求突出前置性，既体现在审计的组织实施中，也体现在审计作用的发挥上，要求将审计关口前移，对重大项目或政策实施跟踪审计，适时提出对策建议，避免时过境迁、于事无补；发挥揭示功能要求突出准确性，审计时不仅要有敏感性，更要有判断力，能够在纷繁复杂的情况下，区分轻重缓急，准确找到对全局、对未来有根本性影响、有重大危害的问题；发挥抵御功能要求突出建设性，不仅促进查出问题的整改，还要深入分析原因、提出标本兼治的审计建议，从而使审计成果转化为依法治理的推动力。

基于此，国家审计作为一种制度安排，是依法用权力监督制约权力的行为，是国家治理这个大系统中内生的一个具有预防、揭示和抵御功能的“免疫系统”，是国家政治制度中不可或缺的重要组成部分。

四、我的国家审计观：国家审计是国家治理权力行为规范的政治工具

1. 国家审计本质倾向：政治工具

党的十六大报告在论述加强对权力的制约和监督时，明确提出要“发挥司法机关和行政监察、审计等职能部门的作用”，这是党的十六大从深化政治体制改革、强化对权力制约和监督的高度，赋予审计机关的重要职责，既是对审计工作的新要求，也是政治需要。

经济责任审计就担负着国家行政部门制约权力失控和腐败的政治工具。其发挥两大威力，一是对领导干部权力利益的限制，是对其权力“自由行为”的规范，以保证权力主体的权力意志迅速得到贯彻执行，使被审计对象及时服从权力主体的要求，做到“令行禁止”，体现了权力政治论的权力制约观，这也是经济责任审计指向省部级高官的深层原因；二是从源头上治理腐败，促进廉政建设。

经济责任审计的发展告诉我们，经济责任审计成功抓住了“一把手”制度性腐败的缺陷，在反腐败的制度安排中积极变动和创新，体现了以权力制约权力的权力制约观，使权力主体获得了追加利益。

2. 国家审计是国家治理的行为过程

审计机构是国家机构的组成部分，是执行国家治理活动的一个具体部门，其活动的目的是监督和规范权力行为，保障权力合法、公正、有效运行，这与国家治理维持国家秩序、保护国家利益和公民合法利益的目的有一致性。审计机构依法开展具体的审计活动的过程就是具体实施国家治理活动的过程，而这一过程的性质就是对国家治理权力行为自身的规范和监督。审计机构是专业的经济监督机构，审计的过程就是依靠其经济监督的职

权来规范和监督国家治理权力行为。

3. 国家审计治理的对象是规范权力行为

著名的政治学家 C. A. 利兹在其《政治研究》中指出，立法部门对行政部门的控制方式有委员会调查质问、财政控制、民政专员控制，其中“财政控制”主要是指国家审计。由此可见，国家审计是保障民主政治的核心——分权与制衡机制实现的不可或缺的方式之一，是从经济监督角度出发对行政部门所承担的经济责任进行的一种制衡。国家审计是行政监督的重要组成部分，实践证明，审计监督有利于规范权力运作，有利于提高行政效能，有利于推进科学民主决策，有利于促进政府行为公开透明，也有利于推动廉政建设。

课后思考：国家审计“屡审屡犯”症结何在

在每次审计署的公告中，违规招投标、非法用地、私设小金库、财政资金使用不规范等违规手段“屡审屡犯”，公众陷入“审丑疲劳”。

提到审计公告，不少人脑海中可能会浮现出国家审计署、“审计风暴”等字眼，与此同时，“屡审屡犯”近年来也频繁出现在媒体报道中，作为国务院的组成部门，国家审计署履行着审计监督等职权。

按照审计署负责人员的解释，所谓“屡审屡犯”，一是每年审计工作报告中涉及的审计范围和审计对象相对固定，在一定程度上决定了发现的问题也有类似性；二是一些经济制度还不能够完全适应实际情况，一些单位和人员严格依法办事的观念树立不牢。

这个解释恐怕不能说明问题的全部，事实上，如果审计工作发现的问题没有得到很好的纠正，审计工作就需要进一步改进，也是改革面临的现实问题。审计署等审计部门，遵照《审计法》等相关法律法规开展工作，主要是在查出相关部门的问题后，提出“审计处理情况和建议”或者发出“审计建议函”，而后相关部门进行整改，按照实际情况，纪委适时介入，对有关责任人进行行政问责。

一整套流程下来，“屡审屡犯”依然不绝，与审计部门在政府职能部门中略显尴尬的角色不无关系，同样作为政府部门，履行着监督其他部门的责任，但审计部门并无权“管”问题，按照中国“条块分割”的行政管理体系，被审计部门一方面需要纪检等部门约束，另一方面还要对其上级部门负责，审计行为同样就需要两个部门的配合。但现实的情况是，审计过后，问责大多停留于内部整改层面，而非进一步的行政问责，而移送司法机关的就更少，更难被追究刑责。

审计署相关负责人曾表态：审计的根本目的不是查处问题，而是降低问题发生的概率，主要在于进行制度审计。这在一定程度上映衬了很多问题重复发生的症结。例如，土地出让金违规问题，是每年审计工作的一个重点，但审计署不可能对每个地方都反复调查。避免重复发生，已经不是简单的审计之后“查”或“处”的问题了。前审计署长李金华有一个形象的比喻，“审计，就是国家财产国家财政资金的‘看门狗’，就是说要通过审计维护国家财政国家财产的安全和有效”，但防止“屡审屡犯”，显然不是仅靠一个部门发声就能解决的。

第三章

注册会计师审计："三高"审计

开胃阅读：注册会计师的传说

- 注册会计师是传说中的"三高"审计：收入高、身份高和地位高。
- 经济是文明之子，会计是经济之子，故注册会计师乃文明之孙。
- 注册会计师是透支现在、成就未来的职业。
- 注册会计师也是两院"院士"，干得好的进医院，干得不好的进法院。
- 注册会计师起得比鸡还早，干得比驴还累，拿的比民工还少。
- 一个CPA和一个歌星聊天，歌星说："我的知名度很高，我一唱歌，全体育场都激动。"CPA说："我的知名度也很高，我一签字，整个股市都震动。"歌星说："全国各地都有喜欢我的歌迷。"CPA说："全国各地都有痛恨我的股民。"

第一节　注册会计师行业：薪酬前景与开支成本账

一、注册会计师薪酬影响因素

一份来自上海国家会计学院发布的《2004：会计师事务所薪资调查分析报告》，打破了此前笼罩在会计师事务所从业人员头上"高薪""金领"的光环。结果如下：

1. 学历越高收入越高

调查显示，随着学历的提高，收入也有明显增加。会计师事务所的从业人员学历以硕士以下为主。收入情况是：专科及以下的平均年薪3万元；本科平均年薪6万元，最高年薪26万元；硕士及以上平均年薪8万元，最高年薪54万元。不同学历之间差异较大。

2. "注会"资格最值钱

调查显示，无论从总体看，还是具体到不同类型的会计师事务所，注册会计师都是最能影响个人收入的专业资格证书。在非证券资格的中国本土所，影响个人收入前两位的资格是注册会计师和注册资产评估师；在证券资格的中国本土所和"四大"所，影响个人收入前两位的资格是注册会计师和CPA证券期货从业资格；在非"四大"的国际所/办事处，影响个人收入前两位的资格是注册会计师和注册税务师。由此可见，注册会计师资格最"值钱"。

3. 年龄与收入有关联

会计师事务所从业人员的收入与年龄也有一定关联。调查显示：该行从业人员40

岁前后的收入变化呈现出相反走势：40 岁之前是不断增加，40 岁之后是持续降低。在 40 岁之前，最高收入和最低收入差距逐步拉大，说明此前的各年龄段人群的贫富差距较大。

4. 影响收入的因素

（1）不同性质的事务所，影响因素各不相同。证券资格中国本土所影响人员收入的主要因素是：所在会计师事务所的情况（如业务量、资质等）；在事务所内的职业层次；拥有的专业资格。

"四大"从业人员影响收入的主要因素是：前三个因素和证券资格中国本土所一样，第四个是外语水平。

（2）不同职业层次的群体，影响因素各不相同。影响普通工作人员收入的三个因素是：拥有的专业资格、所在会计师事务所的情况（如业务量、资质等）、在事务所内的职业层次。

专业资格、外语水平对普通工作人员收入的影响最大；所掌握的社会关系对高层管理人员收入的影响最大；在单位内的工作年限、学历水平层次对收入的影响程度随职业层次的提高而下降。

5. 哪类事务所薪水最高

调查显示，国际"四大"会计师事务所/办事处的总体收入水平最高，而中国本土所和非"四大"的国际所/办事处收入大致相似。

6. 哪个城市事务所薪水最高

从平均收入看，上海最高；从众数看，浙江地区最高；从高位数看，名列首位的还是上海。

二、目前注册会计师的薪酬状况

注册会计师的薪资一般是事务所的底薪＋相关的业务提成。一般事务所的底薪为该地区的平均工资水平（很普通的水平）。注册会计师主要依靠的是相关的业务提成，现在各事务所的提成比率也不尽相同，从 10％到 20％不等。另外每个注册会计师每年接手的业务总量，以及业务的总金额都不太相同。还有每个注册会计师的性格也不一样，有些是拼命做业务拿提成的，有些则是觉得钱够用，就宁可休息的。是否能接到重大业务也是一项考量指标，类似现在企业的 IPO，上市公司的重组，等等，这些业务涉及的金额相当大，相应的提成也是巨额的。

在我国，注册会计师的薪酬目前各地、各所、各人之间很不相同，甚至还存在较大差距。在上海、广州、深圳等经济较发达地区，注册会计师的收入较高，平均年收入在 5 万～10 万元，在西部及东北地区的长春、哈尔滨等城市较低，有的年收入甚至只有 7 000 元。

业内人士普遍认为，目前注册会计师的薪酬水平同其他行业相比，处于一个中等偏上的水平。但同 IT、证券、金融、保险行业人员的薪酬相比则少了许多。与同在中介行业的律师相比，也有较大差距。我国一个高级律师年薪 50 万～100 万元，上市公司财务总监年薪 40 万左右，证券公司高级经理年薪 40 万～50 万元。但在注册会计师行业，年薪能达到 30 万以上的已是凤毛麟角。与国外同行更是没法比：国外合伙人（从大学毕业干起，13 年左右可晋升为高级经理）一年收入为 100 万～150 万美元，一般项目经理为 30 万美元，一般注册会计师年薪 15 万美元左右，其合伙人收入更是高得令人难以想象。

三、会计师事务所开支状况

以湖南某大型会计师事务所为例，该所有员工近 200 人，其中注册会计师 70 多人，具备证券相关业务资格的注册会计师 32 人，注册评估师 26 人，造价工程师 24 人，学历基本在大学以上，在全国会计师事务所中属大所之列。

该所员工薪酬由基本工资、所龄工资、职务津贴、效益工资四部分组成，主任会计师（相当管理合伙人）年薪约 40 万元，资深项目经理约 20 万元，业务骨干约 10 万元，一般注册会计师 5 万～8 万元。

在目前情况下，注册会计师的薪金收入相当一部分只是名义收入。各种不便报销的应酬费用和自身学习"充电"的费用占三分之一以上，真正能留作自用的并不多。在目前收费不高的情况下，事务所难有较高的净利，因此出资人没有多少净利可分。

事务所的费用基本上包括以下 10 项：

(1) 项目直接费用，包括项目员工工资、差旅费、通信费等占收入的 40%。

(2) 风险基金占收入的 10%。

(3) 营业税及附加占收入的 6%。

(4) 协会会费占收入的 4%。

(5) 办公用房租金及物业管理费占收入的 10%。

(6) 所领导、后勤管理、质量监管人员工资、车辆、设备使用及折旧费用占收入的 10%。

(7) 工资经费、福利费、社会养老保险、医疗保险、失业保险、住房公积金占收入的 5%。

(8) 后续教育费、办公费、印刷费、应酬费等占收入的 5%。

(9) 所得税（折算）占收入的 3.3%。

(10) 捐助、摊派、形象宣传等不可预见费用占收入的 2%。

以上各项之和占到了总收入的 95.3%。因此可以说，在目前这种情况下出资人几乎无红利可分。

第二节　注册会计师资格认定、业务范围与会计师事务所形式

一、注册会计师资格认定

根据《中华人民共和国注册会计师法》（以下简称《注册会计师法》）的规定，参加注册会计师全国统一考试成绩合格，并在中国境内从事审计业务工作 2 年以上者，可以向各省、自治区、直辖市注册会计师协会申请注册。省级注册会计师协会负责注册会计师的审批，受理的注册会计师协会应当批准符合法律规定条件的申请人的注册，并报财政部备案。

二、注册会计师业务范围

根据《注册会计师法》(2014 年修订版)第十四条规定,注册会计师承办下列审计业务:

(1) 审查企业会计报表,出具审计报告。

(2) 验证企业资本,出具验资报告。

(3) 办理企业合并、分立、清算事宜中的审计业务,出具有关的报告。

(4) 法律、行政法规规定的其他审计业务。

第十五条规定:注册会计师可以承办会计咨询、会计服务业务。

三、注册会计师业务范围拓展

2014 年版的《注册会计师业务指导目录》(以下简称《指导目录》)包括鉴证业务 271 项、相关咨询服务业务项目 149 项、会计服务示范基地创业业务 17 项及相关法律法规清单。2014 年版指导目录的新变化,新增了会计服务示范基地创业业务和相关法律法规清单两大部分。鉴证业务新增 91 个项目,相关咨询服务业务增加了 40 项,新增的这些业务项目,既包括审计业务,也包括非审计业务;既包括依法已经开展的业务,也包括需要进一步拓展和开发的新业务,为会计师事务所深入理解行业功能作用、大力拓展新业务领域提供了工作思路,也向委托人、报告使用者及其他社会公众展示了注册会计师为经济社会发展所提供鉴证与咨询服务的"全貌"。《指导目录》对行业新业务领域拓展起到了积极作用:

(1) 展示了注册会计师服务经济社会发展的广阔空间。《指导目录》为会计师事务所深入理解行业功能作用、大力拓展新业务领域提供了工作思路,也向政府部门、各市场主体、社会公众展示了注册会计师为经济社会发展所提供鉴证与咨询服务的全貌,全面反映了注册会计师行业服务经济社会发展的广阔空间。

(2) 呈现出行业新业务特别是非审计鉴证业务拓展的巨大潜力。《指导目录》反映出注册会计师行业专业服务正在从财务会计报告审计、资本验证、涉税鉴证等,向企事业单位内部控制、管理咨询、并购重组、资信调查、专项审计、业绩评价、司法鉴定、投资决策、政府购买服务等相关业务领域延伸的发展趋势,呈现出未来服务领域、服务层级和服务范围的巨大潜力。

(3) 提供了注册会计师拓展新业务领域的具体指南。《指导目录》既包括审计业务,也包括非审计业务;既包括依法已经开展的业务,更包括根据市场需要进一步拓展和开发的新业务,还包括国际上已经开展、我们有待开发的潜在业务,为行业进行新业务领域拓展和结构调整转型提供了努力方向和重点。

四、我国会计师事务所组织形式

会计师事务所是注册会计师依法承办业务的机构。综观注册会计师行业在各国的发展,会计师事务所主要有独资、普通合伙制、有限公司制、有限责任合伙制四种组织形式。

根据《注册会计师法》(2014 年修订版)第二十三条规定,会计师事务所可以由注册会计师合伙设立。合伙设立的会计师事务所的债务，由合伙人按照出资比例或者协议的约定，以各自的财产承担责任。合伙人对会计师事务所的债务承担连带责任。

会计师事务所符合下列条件的，可以是负有限责任的法人：

(1) 不少于 30 万元的注册资本。

(2) 有一定数量的专职从业人员，其中至少有五名注册会计师。

(3) 国务院财政部门规定的业务范围和其他条件。

负有限责任的会计师事务所以其全部资产对其债务承担责任。

设立会计师事务所，由国务院财政部门或者省、自治区、直辖市人民政府财政部门批准。

五、特殊普通合伙制

为了推动大中型会计师事务所采用特殊普通合伙组织形式，促进我国会计师事务所做大做强，制定《关于推动大中型会计师事务所采用特殊普通合伙组织形式的暂行规定》。

采用特殊普通合伙组织形式的会计师事务所，一个合伙人或者数个合伙人在执业活动中因故意或者重大过失造成合伙企业债务的，应当承担无限责任或者无限连带责任，其他合伙人以其在合伙企业中的财产份额为限承担责任。合伙人在执业活动中非因故意或者重大过失造成的合伙企业债务以及合伙企业的其他债务，由全体合伙人承担无限连带责任。

大型会计师事务所应当转制为特殊普通合伙组织形式；鼓励中型会计师事务所转制为特殊普通合伙组织形式。

大型会计师事务所是指在人才、品牌、规模、技术标准、执业质量和管理水平等方面居于行业领先地位，能够为我国企业"走出去"提供国际化综合服务，行业排名前 10 位左右的会计师事务所。

中型会计师事务所是指在人才、品牌、规模、技术标准、执业质量和管理水平等方面具有较高水准，能够为大中型企事业单位、上市公司提供专业或综合服务，行业排名前 200 位左右的会计师事务所(不含大型会计师事务所)。

会计师事务所转制为特殊普通合伙组织形式，应当有 25 名以上合伙人、50 名以上的注册会计师，以及人民币 1 000 万元以上的资本。

第三节 国内会计师事务所业务范围：以天健为例

天健会计师事务所成立于 1983 年 12 月，是首批具有 A＋H 股企业审计资格的全国性大型会计审计专业服务机构，综合实力位列全国第七，全球排名第十九位。总部设在杭州，在北京、上海、重庆、深圳、山东、江苏、安徽、厦门、广东、湖南、湖北、四川、云南、陕西、新疆设有分所，并在中国香港、中国台湾、美国、比利时、德国设有成员所或联系所。现有 4 600 余名从业人员中，有注册会计师 1 600 余名，注册会计师行业领军人才 30 名，教授级高级会计师 14 名。拥有包括 A 股、B 股、H 股上市公司、大型国企、外商投资企业等在内的固定客户 5 000 余家，其中上市公司客户 300 余家、新三板客户近 400 家，位居全国前列。

天健主要提供：审计、审阅、税务、咨询和培训等专业服务。

1. 股份制改组与上市

天健从1992年至今已成功地担任了近300家公司上市发行股票的申报注册会计师，为公司股份制改组、资产重组、股票公开发行及境内A股/B股/H股上市、境外H股/S股/N股上市提供一系列专业服务，在妥善处理各种复杂问题方面积累了丰富的经验。具体业务范围主要为：

(1) 承担企业上市前的可行性研究及咨询。

(2) 协助企业完成上市的前期准备工作，包括参与设计企业改制、资产重组方案，并对相关方案提供专业性的意见和建议。

(3) 完成企业股份制改组与上市中的审计、资产评估、验资、盈利预测审核、内部控制审核等工作。

2. 财务报表审计

(1) 各类企业的中期、年度财务报表审计。

(2) 企业合并、分立、清算事宜中的审计。

(3) 企业收购、兼并审计。

(4) 其他专项审计。

3. 保险公估服务

天健拥有65名保险公估业务人员，业务人员中具有高级会计师、高级工程师等高级职称和硕士以上学位的近20人。具体业务范围主要为：

(1) 保险标的承保前的检验、估价及风险评估。

(2) 保险标的出险后的查勘、检验、估损及理算。

4. 税务服务

天健聚集的一大批税务专业人才，同时拥有丰富的财会知识，形成了鲜明的税务服务特色。具体业务范围主要为：

(1) 企业所得税、土地增值税等各类涉税鉴证。

(2) 代理记账、代理申报、代办涉税事项等税务代理。

(3) 税务咨询、税务顾问与税务筹划。

(4) 企业改制、资产重组及IPO税务方案解决。

(5) 投融资、企业并购重组和借壳上市等税务方案设计。

(6) 税务风险评估、涉税尽职调查、涉税争议协调。

(7) 转让定价、国际避税与反避税服务。

(8) 大企业涉税内部控制制度诊断与设计。

5. 培训服务

天健财经专修学校师资力量雄厚，既有理论知识渊博、实务操作经验丰富的本所业务骨干，又有享有盛誉的外聘教师。培训的主要项目有：

(1) 注册会计师、注册税务师和注册资产评估师考前辅导与后续教育。

(2) 会计从业资格考前辅导、会计人员继续教育。

(3) 会计人员专业技术资格(高、中、初级)考前辅导。

(4) 财务管理方向研究生进修班。

(5) 财会自考中专、财会大专、会计学专业专升本,成人高等教育自考(本、专科)财经类专业考前辅导。

(6) 计算机应用能力培训、电子商(政)务培训。

(7) 财经类讲座。

6. 司法会计鉴定服务

天健承办票据专案审计、经济贪污案件鉴定、资产评估司法鉴定、工程造价鉴定等司法鉴定业务项目。具体业务范围主要为:

(1) 司法会计鉴定。

(2) 资产评估司法鉴定。

(3) 工程造价纠纷鉴定。

7. 会计咨询

天健拥有一大批企业管理咨询专业人才,业务人员中包括教授级高级会计师、高级会计师、高级经济师、注册会计师以及其他中高级职称和硕士以上学位人员,形成了鲜明的管理咨询服务特色。具体业务范围主要为:

(1) 战略管理咨询。

(2) 兼并收购咨询。

(3) 全面风险管理体系建设和评估。

(4) 企业内部控制体系建设和评价。

(5) 企业财务咨询。

(6) 行业研究分析。

(7) 人力资源咨询。

(8) 全面预算体系建设和评估。

第四节　国际"四大"、本土化与事务所排名

一、"四大"于中国

"四大"国际会计师事务所(以下简称"四大"国际)是目前全球公认的规模最大、雇员最多、实力最强、影响最广的四家国际会计公司,包括普华永道(PWC)、德勤(DTT)、毕马威(KPMG)和安永(EY)。"四大"国际的前身均可追溯至19世纪末20世纪初在欧美等国成立的地区性会计公司,经过上百年的重组合并和全球拓展,于20世纪末形成了较为稳定的组织架构并延续至今。2013年,"四大"国际实现年度业务收入1 137亿美元,比上一年度增长3%,其中审计业务收入490亿美元;在全球拥有雇员约72万人,年增长约3%。

"四大"国际早于20世纪初即开始涉足中国业务,例如,德勤早在1917年即在中国上海设立了首家办事处。但"四大"国际全面进入中国市场则是改革开放以后之事。为满足

深化经济改革、扩大对外开放的迫切需要，自 1992 年起我国开始批准外国会计师事务所与中国会计师事务所根据《中外合作经营企业法》设立中外合作会计师事务所，当时的国际“六大”(即安永、德勤、毕马威、普华、永道和安达信)成为第一批准入者，合作期限为二十年。经过近二十年的整合发展，截至中外合作所合作到期前的 2011 年年底，全国共有中外合作所 4 家(以下简称“四大”中外合作所，分别为普华永道中天、德勤华永、毕马威华振和安永华明)，分所达到 25 家，主要集中在北京、上海、广州、深圳、大连、苏州等经济发达城市。“四大”中外合作所 2011 年度实现业务收入 102 亿元人民币，占全国会计师事务所业务收入的比重由 1992 年成立之初的 0.05%迅猛上升至 23%，拥有中国注册会计师近3 000 人，员工约 2 万人。

二、“四大”本土化

2013 年，普华永道中天会计师事务所正式从之前的中外合作所转制为与国内其他大中型事务所一样的特殊普通合伙制事务所，标志着“四大”会计师事务所全部完成转制。转制之后，普华永道中天会计师事务所既是中国的本土会计师事务所，也是普华永道全球机构网络的重要组成成员。

1992 年，“四大”获准以合资形式进入中国时，承诺 20 年后按国际惯例在中国实现本土化。转制之后将与本土所一样在同等法律制度框架下和统一市场规则下公平竞争，“四大”本土化有利于整个会计行业营造公平有序的竞争环境。根据转制方案，新注册的事务所要求有 25 名以上符合规定的合伙人、100 名以上的中国注册会计师，以及等值人民币 1 000 万元以上的出资。

普华永道中天会计师事务所目前共有合伙人 148 名，拥有中国注册会计师资格的合伙人共 91 名，就合伙人总数和出资总额而言，均为原“四大”之首。转制后“四大”不仅需要接受中国政府、行业协会的监督管理，也受“四大”国际的指导和监督，因此将有利于进一步增强事务所风险防范意识。

三、2015 年会计师事务所排名

2015 年 7 月，中国注册会计师协会发布了关于《2015 年会计师事务所综合评价前百家信息》的通告，确定了 2015 年中国会计师事务所排名前 100 名的事务所名单。其中前 10 名的会计师事务所名单为：

(1) 普华永道中天会计师事务所(特殊普通合伙)。

(2) 德勤华永会计师事务所(特殊普通合伙)。

(3) 安永华明会计师事务所(特殊普通合伙)。

(4) 瑞华会计师事务所(特殊普通合伙)。

(5) 立信会计师事务所(特殊普通合伙)。

(6) 毕马威华振会计师事务所(特殊普通合伙)。

(7) 天健会计师事务所(特殊普通合伙)。

(8) 信永中和会计师事务所(特殊普通合伙)。

(9) 天职国际会计师事务所(特殊普通合伙)。

(10) 大华会计师事务所(特殊普通合伙)。
(11) 致同会计师事务所(特殊普通合伙)。
(12) 大信会计师事务所(特殊普通合伙)。
(13) 中天运会计师事务所(特殊普通合伙)。
(14) 中汇会计师事务所(特殊普通合伙)。
(15) 北京兴华会计师事务所(特殊普通合伙)。
(16) 众环海华会计师事务所(特殊普通合伙)。
(17) 中审华寅五洲会计师事务所(特殊普通合伙)。
(18) 中审亚太会计师事务所(特殊普通合伙)。
(19) 天衡会计师事务所(特殊普通合伙)。
(20) 中兴财光华会计师事务所(特殊普通合伙)。

第五节 我国注册会计师审计发展现状与问题

一、数据看现状

(一) 事务所数量和收入情况

截至 2014 年 12 月 31 日，中国注册会计师行业共有会计师事务所 7 316 家，其中普通合伙会计师事务所 3 141 家，特殊普通合伙会计师事务所 50 家，有限责任事务所 4 125 家，另有会计师事务所在境内设立的分所 984 家。

1. 事务所组织形式

表 3-1 数据显示，过去五年来，全国会计师事务所数量呈小幅增长趋势，但合伙所(含普通合伙和特殊普通合伙，下同)占比明显上升，有限责任事务所占比逐年下降。这与财政部会同工商总局等部门推动大中型会计师事务所特殊普通合伙转制、引导小型事务所优先采用普通合伙组织形式密切相关。由于合伙所对执业质量承担无限连带责任，合伙所数量明显上升，表明我国注册会计师行业注重从源头上强化风险意识和责任意识取得新进展，也加速与合伙所占主流的国际惯例相协调。

表 3-1 2010—2014 年我国各类会计师事务所数量

	2010 年	2011 年	2012 年	2013 年	2014 年
普通合伙所	2 553	2 763	2 909	3 069	3 141
特殊普通合伙所	14	24	31	52	50
有限责任所	4 404	4 317	4 265	4 167	4 125
合 计	6 971	7 104	7 205	7 288	7 316

2. 业务收入

2014 年，我国注册会计师行业报备业务收入 589 亿元。从业务收入分布来看，11 家获财政部、证监会推荐从事 H 股审计业务的大型事务所的总收入约为 242 亿元。除此以外的其他29家证券所(以下简称其他证券所)的收入合计约106亿元。非证券所业务收入约为241亿元。

如图3-1所示,2010—2014年我国注册会计师行业收入持续增长,年均增长率约12%。各类事务所收入增速大体平衡,收入格局基本稳定,其中11家H股所约占41%,其他证券所约占18%,非证券所约占41%。仅从收入排名看,自2013年度起,瑞华、立信的收入超越"四大"中的两家,分别位列第三名和第四名,收入规模呈现出强劲增长态势。当然,这与收入统计口径等因素有一定关系。

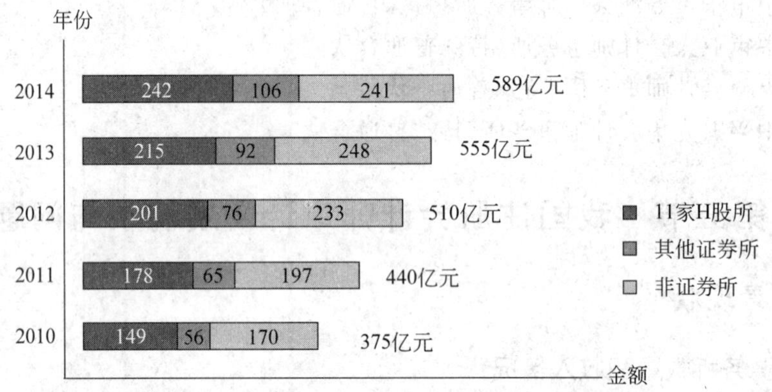

图3-1　2010—2014年行业总收入和各类事务所收入分布

但需引起注意的是,在全行业收入规模稳步增长的同时,非证券所业务收入在2014年首次出现负增长(图3-2)。据了解,这与商事制度改革后取消企业注册资本验证业务等有直接关系,尤其对中小所冲击较大,普遍反映验资业务缩水一半以上,规模最小的2 000家事务所的验资业务降幅高达62%,年审业务降幅达11%。商事制度改革尤其是取消验资已经全面实施,如何摆脱低端传统业务的制约,尽快开拓新业务、闯出新天地,是中小所转型发展的关键所在。

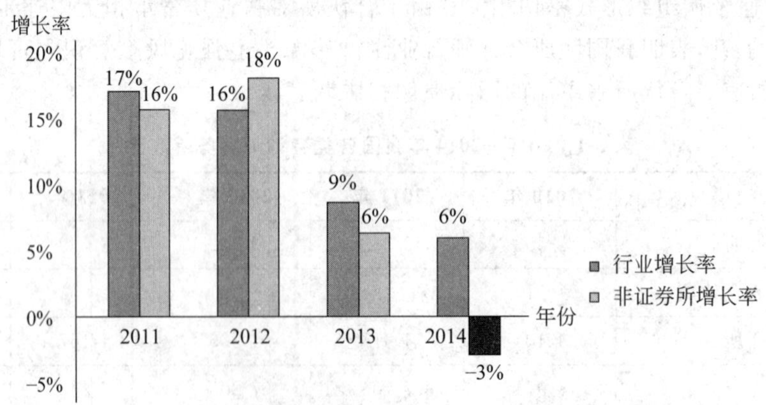

图3-2　2011—2014年行业收入增长率与非证券所收入增长率

3. **审计业务收入与非审计业务收入**

图3-3数据显示,一方面,审计业务依然是我国会计师事务所的主要收入来源,占比

约72%；另一方面，非审计业务收入增长提速，从2010年的101亿元增长到2014年的165亿元，年均增长率约13%，高于行业收入年均增长率（12%），表明会计师事务所拓展业务范围、加快多元化发展取得良好成效。

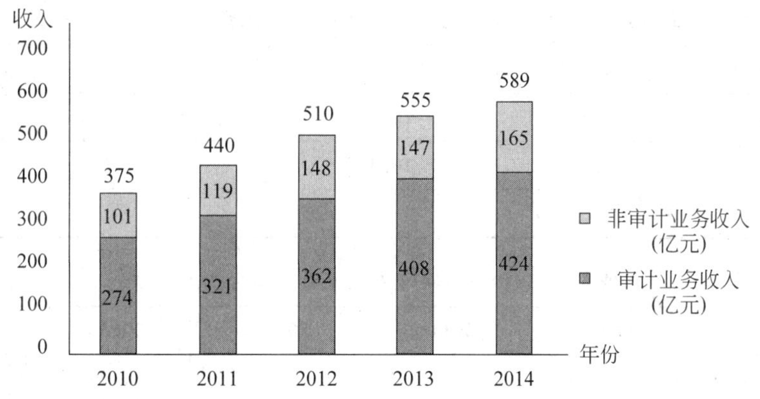

图3-3　2010—2014年审计业务和非审计业务收入对比

据表3-2进一步分析，2010—2014年，我国会计师事务所的内控审计客户数量和业务收入呈快速增长趋势，收入年均增幅约27%，内控审计成为我国注册会计师行业最为闪亮的新业务增长点之一。内控审计业务的快速发展，与财政部等五部委制定发布《企业内部控制基本规范》（财会〔2008〕7号）和《企业内部控制配套指引》有较大关联。上市公司内部控制审计制度和自我评价制度已基本建立，实施范围不断拓展至中央企业、金融机构等，这为会计师事务所开拓内控审计和咨询业务提供了强有力的政策支持。

表3-2　2010—2014年内控审计业务收入情况

	2010年	2011年	2012年	2013年	2014年
客户数（户）	14 582	18 415	18 637	19 474	19 517
收入（万元）	15 833	23 494	27 312	32 280	40 878

（二）平均工资薪酬

由表3-3进一步分析，全行业合伙人平均工资薪酬为8.9万元，高级经理平均工资薪酬为22.5万元，经理平均工资薪酬为14.2万元，其他人员平均工资薪酬为7.0万元。由于合伙人以分红为主要收入来源，因此平均工资薪酬较低属正常现象。对不同类型事务所工资薪酬支出作横向比较，数据显示，11家H股所的高级经理及以下人员平均工资薪酬明显高于其他证券所，证券所从业人员平均工资薪酬明显高于非证券所。当然，此为全行业总体情况，具体到各事务所之间仍存在一定差异。

（三）行业人才分布情况

如表3-4所示，截至2014年12月31日，全行业共有执业注册会计师96 320人，合伙人31 628人。数据显示，从2010年至2014年，执业注册会计师增加了3 618人，合伙人增加了 1 343 人,均呈小幅增长之势。

表 3-3 2014 年各类事务所各职级人员的平均工资薪酬水平

	合伙人平均工资薪酬(万元)	高级经理平均工资薪酬(万元)	经理平均工资薪酬(万元)	其他人员平均工资薪酬(万元)
11 家 H 股所	26.1	50.5	25.4	12.5
其他证券所	30.2	19.7	12.9	9.4
非证券所	7.1	10.4	8.8	3.8
行业平均值	8.9	22.5	14.2	6.1

表 3-4 2010—2014 年注册会计师和合伙人人数

	2010 年	2011 年	2012 年	2013 年	2014 年
注册会计师人数	92 702	94 007	95 506	95 349	96 320
合伙人人数	30 285	30 466	31 148	31 862	31 628

(四) 上市公司年报审计业务

截至 2015 年 7 月,沪深两市共有 2 631 家 A 股上市公司披露了 2014 年度的财务报表审计报告,有关数据见表 3-5。

表 3-5 2014 年证券所上市公司客户和年报审计业务收费情况

	上市公司家数	平均每所上市公司家数	年报审计业务收费(万元)	平均每家上市公司年报审计收费(万元)	上市公司资产合计(亿元)
11 家 H 股所	1 743	158	302 577	174	1 438 769
其他证券所	888	31	66 943	75	62 312
合 计	2 631	66	369 520	140	1 501 081

需引起注意的是,我国上市公司年报审计平均收费约为 140 万元。横向比较,我国上市公司审计收费总体水平远低于美国等发达市场经济国家。以美国为例,如不考虑汇率因素,约有 5 倍差距;如考虑汇率因素,则约为其 1/30,说明我国注册会计师行业的专业服务价值有待进一步挖掘和提升。

(五) “四大”会计师事务所相关情况

“四大”国际会计网络(普华永道、德勤、安永、毕马威)均在中国内地设有成员所(分别为普华永道中天、德勤华永、安永华明、毕马威华振)。需要强调指出的是,“四大”中国成员所是依照中国法律设立、依法自主经营并受中国政府有关部门监管的中国会计师事务所。近年来,中国其他大型会计师事务所发展较快,有的在业务收入规模上已超过“四大”中国成员所,传统的行业综合排名前四名格局有所改变。为避免歧义,本报告下文所称“四大”特指“四大”国际会计网络的中国成员所。

2014年度"四大"业务收入约为120亿元，其中审计业务收入为109亿元。"四大"拥有合伙人共计515人，注册会计师共计3 370人(含拥有注册会计师资格的合伙人)，平均每家"四大"拥有注册会计师843人。"四大"合伙人人均创收约2 330万元，员工人均创收约61万元，员工的男女比例为1∶2，但合伙人男女比例为2∶1。截至2014年12月31日，"四大"在中国内地设立分所合计37家。

1. 本土化转制

2012年8月之后，原四家中外合作会计师事务所中的三家的合作期相继到期。2012年2月，财政部会同工商总局、商务部、外汇局和证监会共同发布了《中外合作会计师事务所本土化转制方案》(财会〔2012〕8号)(以下简称《转制方案》)，标志着"四大"本土化转制工作正式启动。在各相关部门的共同推动下，2012年6—10月期间，财政部批复同意了毕马威华振、安永华明和德勤华永的本土化转制申请；2013年6月，财政部批复同意了普华永道中天的本土化转制申请。至此，"四大"本土化转制第一阶段工作顺利完成。

截至2014年12月31日，"四大"共有合伙人515人，其中具有中国注册会计师资格的合伙人为343人，占合伙人总数的66.6%；同时，中国注册会计师在"四大"核心管理层中的比例由转制前的不足45%上升至约70%，并将按照《转制方案》的规定继续稳步提升，既符合"四大"各国成员所均由所在国注册会计师主导运营管理的国际惯例，又兼顾了"四大"在华发展历史和合理诉求，特别是照顾了港澳地区会计专业人士在内地创业、兴业的切身利益，相关各方反响较好，推动了"四大"本土化转制平稳、有序、顺利进行。转制以来的"四大"积极采取多种措施继续加强质量控制和人才建设，保持了较高的品牌认可度和较好的业务成长性。

2. 上市公司年报审计业务

如表3-6数据所示，2014年度"四大"共拥有上市公司年报审计客户158家，平均每所拥有上市公司客户40家，与其他7家H股所平均拥有226家上市公司客户相比，"四大"的上市公司客户数量并不占优。但是，"四大"平均每家上市公司客户的年报审计收费为1 033万元，是其他7家H股所上市公司年报审计户均收费水平的近12倍。从上市公司资产角度分析，A股市场上市公司约86%的资产经"四大"审计，表明"四大"大客户集中的优势仍较显著。

表3-6　2014年11家H股所上市公司客户和年报审计业务收费情况

	上市公司家数	平均每所上市公司家数	审计业务收费(万元)	平均每家公司审计收费(万元)	上市公司资产合计(亿元)
四大	158	40	163 233	1 033	1 294 738
其他7家H股所	1 585	226	139 344	88	144 031

从审计收费进一步观察客户分布(表3-7)，审计收费在3 000万元以上的12家上市公司全部为"四大"的客户；审计收费在500万～3000万元的客户中，"四大"占据了近80%。从上市公司客户行业分布角度看(表3-8)，"四大"在银行、证券、保险、航空航运等领域仍具有绝对优势。

表 3-7 2014 年证券所上市公司审计客户分布

	5 000 万元以上	3 000 万～5 000 万元	1 000 万～3 000 万元	500 万～1 000 万元	100 万～500 万元	100 万元以下
四大	7	5	17	22	111	15
其他 7 家 H 股所	0	0	3	4	392	1 174
其他证券所	0	0	0	3	159	719
合　计	7	5	20	29	662	1 908

表 3-8 2014 年沪深股市股本总额前 100 家上市公司的审计师分布

	上市公司家数	四大	其他 7 家 H 股所	其他证券所
商业银行	14	14	0	0
证券保险	3	3	0	0
能源钢铁	20	8	9	3
电力电厂	9	2	6	1
建筑地产	14	7	5	2
航空航运	4	4	0	0
其他	36	20	12	4
合　计	100	58	32	10

3. H 股审计业务

2010 年 12 月，经与香港特区有关方面达成协议，财政部、证监会联合推荐了 12 家内地事务所从事 H 股企业审计业务（中瑞岳华和国富浩华于 2012 年合并为瑞华，现有 11 家 H 股所），标志着 H 股双重审计政策彻底取消。如图 3-4 和表 3-9 所示，内地所获许从事 H 股审计业务以来，客户数量平稳增长，主审（由内地所出具审计报告）比例有所提升，2014 年内地事务所的 H 股审计收入约为 22.5 亿元。从项目分布看，“四大”仍然占据主导地位，在 2014 年度的 264 家 H 股客户中，“四大”的客户为 232 家，占比约 88%；取得

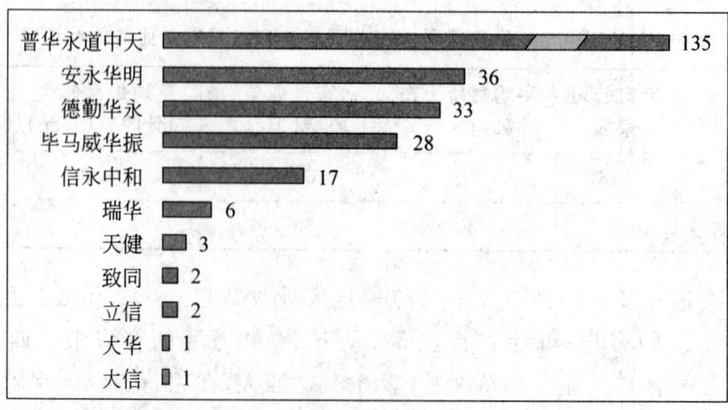

图 3-4 2014 年 11 家 H 股所的 H 股审计客户分布

审计收入约21.8亿元，占比约97%。但从主审比例来看，内地其他7家H股所的主审比例更高，在其32家客户中，主审客户为20家，占比62.5%，而内地"四大"主审的客户比例约为其H股审计客户总数的10%。尤其值得一提的是，2015年3月，天健会计师事务所第一次以中国执业注册会计师身份，依据内地审计准则签发按照内地会计准则编制的H股财务报表审计报告，标志着内地会计师事务所从事H股审计不断向纵深发展。

表3-9 2010—2014年内地事务所H股审计客户数量和主审参审情况

	2010年	2011年	2012年	2013年	2014年
客户数	154	165	216	260	264
主审数	4	27	37	42	43
参审数	150	138	179	218	221

二、行业未来走势向好与问题同在

(1) 行业持续向好的发展态势将进一步强化，但人才流失加剧、执业质量欠优、内部治理失范等突出问题对行业长远发展构成较大压力。

当前中国经济"形有曲折""势仍向好"，这为注册会计师行业持续稳定发展提供了广阔空间和有力保障。同时应当看到，人才流失加剧、执业质量欠优、内部治理失范等已成为制约行业发展的突出问题，2010—2014年，全行业净增执业注册会计师3 618人，年均净增905人，大体相当于每8家事务所年均净增1人，而同期行业人才流失率多在15%～20%，有的高达30%左右。长此以往，行业发展的人才基础和发展后劲将受到影响。

(2) 行业协调稳定的竞争格局将进一步延续，但高、中端业务竞争趋紧且变数较多、低端业务竞争失序对行业形象声誉构成较大冲击。

我国注册会计师行业已经形成大中小事务所服务对象和执业领域各有侧重的协调发展局面。在此基础上，大体形成证券所与非证券所有序发展、齐头并进的竞争格局。由此细分，在证券所行列，包括"四大"在内的前10家左右大型事务所和其他证券所之间又呈现出新型竞争关系。随着行政审批制度改革的推进和证券法律制度的修订，以证券资格为标志的竞争格局将发生一定变化，但前10家左右大型事务所引领行业发展，大、中、小事务所协调发展的基本格局不会改变。

尽管如此，以下三个因素对行业竞争关系和竞争秩序的重要影响不容忽视：①股票发行注册制改革实施后，可能有更多事务所参与资本市场审计业务。在世界成熟资本市场，这些证券业务"新军"对现有市场格局的分流效应较为微弱，但在我国现实环境下仍具有某种不确定性，一旦发生重大审计失败案件，可能对行业形象声誉造成较大负面影响。②金融审计业务竞争更加激烈，"四大"与其他大型事务所，甚至"四大"之间的竞争也可能加剧。③随着行政审批制度改革的深化，清理规范行政审批过程中的中介服务也将提速，一些非法定审计业务很可能被纳入清理规范范围，这对中小事务所的冲击在所难免，如果业务转型迟滞，可能加剧低价恶性竞争。

(3) 行业面向市场的服务范围将进一步扩大,但新业务新领域开拓、公共部门注册会计师审计制度推行对行业服务能力构成较大挑战。

总体而言,我国注册会计师行业的业务结构和服务对象不断拓展。从业务结构看,已由传统审计业务逐步延伸至税务、咨询业务;从服务对象看,已由完全依赖企业逐步扩展至行政事业单位。但也应看到,审计业务、企业业务比重畸高的状况尚未根本改变,不仅制约了业务创新和提质增效,而且抑制了注册会计师服务效能的更大体现和更广认同。按照党中央、国务院的部署要求,财政部大力推动注册会计师行业开拓新业务、新领域,在企业内控审计与咨询、医院高校基金会审计、管理会计咨询、预算绩效评价、奥运会申办财务顾问等方面取得积极进展,但与经济社会发展要求和行业自身发展需求还有较大差距。

(4) 行业走向国际的开放战略将进一步深化,但国际化品牌创建、国际化资源利用、国际化网络建设等对行业治理能力构成较大考验。

在做强做大"走出去"战略的引领推动下,我国注册会计师行业的国际化程度和国际影响力显著提升,中国审计准则与国际规则持续趋同,中国注册会计师首次担任全球十大会计网络的联席主席,一批中国注册会计师跻身全球会计网络的决策管理层,信永中和、天职国际等会计师事务所在境外创建成员所取得新突破。成绩来之不易,但差距仍应正视。以中国品牌命名、由中国主导运营的最大国际会计网络(信永中和)仅名列全球第19位,中国注册会计师行业的国际化征程任重道远。令人振奋的是,2015年2月,国务院发布《关于加快培育外贸竞争新优势的若干意见》(国发〔2015〕9号),明确提出要"重点培育和扩大通信、金融、会计等新兴服务贸易,提升服务业国际化水平,提高服务贸易在对外贸易中的比重",必将助力中国注册会计师行业国际化航船扬帆远航。

课后案例讨论:二本"学渣"如何进四大

相信很多同学都比较关注这个问题,自己不是985或者211院校,是不是就没有什么机会进入"四大"了?其实不然,"四大"只招收适合公司的人才。以下这位同学的经历也很好地说明了这一点。

我是上海某二本学校的一名非会计专业的学生,外地人,绩点3.2,只拿过一次奖学金,还是三等,六级440分,没有大学学生会和社团经验,也没有真正意义上的实习经验。毕马威的宣讲会都不会在我的学校举办。而这个项目的笔试者有几千人,最后录取一百余人。我的竞争者来自上海各大名校,他们是学校里的佼佼者。不过,我最后能赢的一个理由是,我比同龄人更了解"四大",我知道如何投其所好。

我知道,绩点、六级、奖学金、社团、实习都不是毕马威真正在乎的,他们在乎的是背后的东西——你的人格和你的能力。

关于网申——大一的时候我就去试过一次。大一上学期听说了四大事务所,在听过众多过来人的介绍之后,我明确了审计师这样一个职业追求,这两年来从没动摇过,我也非常愿意毕业后进入"四大",大学里,我就是为了这份职业设计我自己的。

大一下学期我听说了毕马威的精英计划,虽不能参加,但我也去做了网申。我想从中知道他们想要什么样的人。你只需要进入毕马威的招聘界面,随便用邮箱账号注册看一看，你也就知道了。

据我分析，主要有以下几个方面会影响到你最后的录取。

一、个人基本信息

"四大"不在乎你的户籍，因为他们出差够多，你属于流动人口。"四大"在乎你的性别，因为审计其实是个体力活，偏重于男性。

二、语言能力

首先当然是英语，其实有很多人还没考六级，所以也不是很要紧。但我考过，440分，我还是写上去了，起码过了。我不担心这会影响我，后面笔试会有英文测试，他们自己可以检测。

三、资质证书

这也就是各种CPA、ACCA证书什么的。我在一年里用课余时间考下了ACCA的前七门，这个够了，也从侧面证明了我的英语能力。

四、实习生

"四大"喜欢招应届生，因为他们单纯，可打磨，我觉得这个真的不强求。况且大二的学生里，真正有像样实习经历的不多。所以千万不要胡编乱造，等你进了面试，面试官问你的时候你就完蛋了。不要以为你骗得了他们，因为他们是做审计的。

五、社团

反正我没参加什么社团，我觉得大学学习最重要。

六、奖项

如实写就好了。

七、开放问题

我是先截图下来，研究了半天，写好后再贴上去的。策略是，营造情景（时间、人物、地点、起因、经过、结果），这样有根有据，娓娓道来（但也别太拖沓），反映品质（正直、团结、服务精神、吃苦耐劳、热爱学习等）。

大概就这七个方面。除去第一方面的六个里，我觉得，你至少要有一个方面足够引人注目。

总结一下策略吧，如果你和我一样，学校背景不够硬，那你必须给出一样东西，能够证明你一定是优秀的。低档次的社团和实习以及某些比赛是虚的，它们没法作为支撑，没有也没关系。而一个雅思托福四六级的高分、一个ACCA之类的资质，足以简单直接地吸引HR的注意力，这些东西可比较、可核实。所以，要是你真的想有一天和名校的人平起平坐，那就在大学里学点实在的吧，特别是和我一样的二本"渣"。

另外，有人说网申通过率很高，但这不代表网申的信息只用一次。你进入了笔试、面试后，网申信息还会一直伴随着你，说不定你的网申和面试时提交的简历的不一致就让你失败了。所以，实话实说，认真对待。

关于面试——展现自己，投其所好。

先是带简历去，他们会让你在一群人面前做自我介绍。

诚实，一定要诚实。不诚实你就直接被刷掉了，给我们面试的就是一个九年的高级经理，你觉得你骗得过他，那你就不用相信任何年报了（虽然确实不太相信）。他拿着你的简历问你太多不是一件好事,并且是抓着一件事情不断地问下去,问细节。不是他觉得你厉害,而是他怀疑你。

多夸别人,少吹自己。我的自我介绍是最短的,我说我在学习 ACCA 的过程中遇到了很多来自"四大"的老师,他们都很厉害,他们的态度、能力、人格都深深吸引了我,我希望我有一天能和他们一样。这是实话,我也同时传达了我虚心学习他人的品格以及我对"四大"文化的极大认同。当经理问我一个比赛的细节时,我没吹嘘比赛有多牛,我自己有多牛,我说的是:"我的对手们很强,他们来自浙大、南大等名校,我认识到了自己的差距。"对手强就是比赛强,比赛强就是我强,啰唆说太多都是浪费,言多必失。经理问我们的团队怎么样,我说两个非财务的同学给了我们很大的帮助,简化了我们的方案,其实有的问题不是那么复杂,每个人在团队里都能做出贡献,只要我们愿意倾听和理解。

另外,我必须提的一点是,事实上,像我这样非名校出身的学生是有一种优势的。毕马威办这个项目,要花很多的人力、物力,如果培训实习完,学生都拿着这份经历跑掉了,那就白做了。对于名校的学生来说,这个项目是一个跳板,以后出国、去投行,路很多。他们被录取的顾忌会很多。而对于我来说,这就是我想要的,也是最好的,我就是要留下来,所以,务必告诉他们,你一定会留下来的。我的简历的最后就写了一句:成为一名杰出的财务工作者是我在大学所明确的职业理想,我这一年多里做的事情都是围绕这个来的,衷心期盼您能给我这个机会。

关于群面。看了面经的人都知道一个点——aggressive。毕马威不喜欢 aggressive 的人。我很认真地想了这个问题,什么叫 aggressive? 在我看来,这是一种状态——你想拥有的发言权与你实际拥有的发言权不相称。你没有能力,却要发言,大家不听,你就会激动,提高嗓门,顶撞别人。可如果你真的很出色,不要介意,大胆展现出来吧。所以,最关键的一点是发言权的获得和合理使用。在十个人里,我的学校背景是最不行的。所以,我在几个环节里进行安排。

第一,自我介绍里着重说的是我通过 ACCA,我在分析方面有知识上的权威。

第二,HR 问我的问题就是一个做 Case Study 的比赛,这又是一个能力的证明。

第三,第一句话一定要产生影响,让人印象深刻。我们一开始讨论的是项目的时间问题,大家讨论了一会儿,我一句话没说,直到大家已经形成意见了,我才举手开口,有理有据地说了自己的意见,并直接推翻了之前的决定。

第四,不要老去听其他人说的空话,跟着别人走。看案例,全程紧抓数据。发言要有根据,数据是最客观的根据。要形成能影响决议的数据,并能清晰地说出你数据的形成依据,这样的数据,两三个足够了。事务所成天和数据打交道,你抓住了数据,就能获得 HR 的青睐。

大概就是这些,主要就是四个字——投其所好。多站在招聘方的立场想问题,只要你能给他们想要的,他们就会录取你。

第四章

内部审计：价值增值审计

课前案例：内部审计为老板找回了700多万元的意外之财

马国华(化名)是广州一家资产规模超过30亿元的大型民营企业的总审计师，本来被公司聘来担任财务总监的他，慢慢地转变成公司第一位总审计师，公司也随后成立了审计部。让老板下决心成立审计部的原因是马国华第一次审计工作就为公司找到700多万元老板以为不存在的财富，促使马国华去审计的是他从销售总监的描述中发现公司销售收款的程序有安全漏洞，可能被人利用。

马先生说，公司的主业是房地产开发，当时一个建筑面积将近30万平方米、分5期开发的大型楼盘已经进入销售的尾声。他告诉销售总监，销售收入方面可能有问题，但销售总监认为自己经常在现场盯着，不会出什么乱子。马国华只好悄悄地派两个会计人员去查，抽样检查的结果显示因为人为作弊、少收款、开票出错等原因造成的问题资金就有1 200多万元。

根据马国华的建议，老板立即成立了项目销售情况清查小组，亲自担任组长，由马国华担任常务副组长，组织4个人查了两个多月，发现整个项目销售中有问题的资金达到1 650万元，相当于整个楼盘销售额9.4亿元的1.76%；其中因失误和舞弊造成的损失超过700万元，相当于总销售额的0.78%；如果按销售纯利7%计算，公司要多销售一个亿才能挣到700万元，最后因失误和舞弊造成的700多万元损失中只收回400多万元，还有将近300万元有的是被舞弊人员花掉，有的是买楼者的赖账。被查出有舞弊行为的职工有7个人，其中一个舞弊获利高达几十万元，最终有3个人被司法机关处理。

马国华以自己的经历说明了内部审计的职能。他说，公司通过这次审计，由他给销售中心制定了比较完善的管理制度，加强各个环节的控制，例如在签约部门设立稽查岗位，在收款前由稽查人员审核合同内容，包括价格是否符合公司的规定，等等。对内部审计来说，测评制度是否合理是最重要的工作，好的制度一般不会出管理问题，如果制度本身有问题，就很难保证不出管理纰漏。

广东省内部审计协会的副秘书长、国际注册内部审计师王胜利说，整体而言，民营企业越来越重视内部审计，并且越是经营出色的企业，就越重视内部审计，像华为集团总部，内部审计部的员工就超过80人，像广州雅倩化妆品公司的内审人员也有15人，此外像创维等企业的内部审计工作都做得不错。另外，知名民营企业像内蒙古的伊利集团、吉林修正药业集团、浙江正泰集团和传化集团等的内部审计也领先其他民营企业一步。

（资料来源：中小企业缺位内部审计，经营风险急需经济医生. 中国经营报，2003-04-14.）

第一节 内部审计机构

一、内部审计的定义

2014 年《中国内部审计基本准则》(1101 号)所称内部审计，是一种独立、客观的确认和咨询活动，它通过运用系统、规范的方法，审查和评价组织的业务活动、内部控制和风险管理的适当性与有效性，以促进组织完善治理、增加价值和实现目标。

目的：帮助企业实现目标，其核心是强调内部审计的增值作用。

内容：审查和评价业务活动、内部控制和风险管理。

重心：从事后评价控制转向事前风险管理和过程控制。

方法：系统规范的方法。

职能：确认和咨询。

确认业务是指内部审计师对程序、系统或其他常规事项进行客观评价，提出独立的意见和结论。

咨询服务则是为审计客户提供服务的咨询或相关活动，其业务性质和范围根据客户的协议确定。

二、内部审计机构的组织方式

内部审计的组织机构设置，主要有三种情况：第一种是受本单位董事会或董事会所设的审计委员会的领导，内部审计人员不受企业经营管理部门的约束；第二种是受本单位最高管理者直接领导；第三种是受本单位总会计师的领导。目前，我国的内部审计机构，由本部门、本单位负责人直接领导，并应接受国家审计机关和上级主管部门内部审计机构的指导与监督。西方国家的企业则普遍成立审计委员会进行内部审计监督。

三、内部审计转型

内部审计转型是指，内部审计从以财务审计为主，转为财务审计和效益审计(亦称绩效审计)、管理审计并重。

(一) 内部审计转型的立足点

1. 要在服务企业中加快内部审计转型

内部审计是一项立足于企业、服务于企业、具有很强内向性的监督工作。内审部门要强化服务，拓宽领域，牢固树立“监督寓于服务，防范胜于纠正”的工作理念。作为企业管理层，最关注的是企业的经营目标是否能实现，行政指令能否贯彻执行，经营政策和分配方案是否与经营目标相适应。

所以内部审计转型要关注企业目标，关注企业的重点问题，关注绩效，关注责任。站在出资人的角度，促进下属各层次企业管理层为主要对象的审计问责制和绩效考评体制的建立与完善。

2. 要在创新中加快内部审计转型

创新是内部审计转型的核心，要从审计的理念、审计的内容、审计的方法和技术等方面进行全方位的创新。

要以审计监督为主向监督与服务并重转变；要由财务控制审计为主向业务控制审计并重转变；要以查找会计错误和舞弊行为为主的审计向管理审计并重转变；要由事后审计为主向事前、事中审计转变，特别注重对过程的审计；要使审计从防御为主向积极控制为主转变；要让以审计为主体的监督向审计组织协调、整合监督资源的大监督体制转变；要从传统的审计技术和方法向先进的审计技术和方法转变。

（二）内部审计的转型做法

1. 更新传统观念，树立服务意识与理念

内部审计工作的转型势在必行，因此做好内审工作，作为企业及其管理人员来讲必须转变观念，认真履行监督和服务职能，着眼于预防控制，努力实现向管理效益审计转变，在促进企业加强管理、加强内部控制和提高经济效益，推动企业健全自我约束机制、防范经营风险、维护合法权益等方面发挥积极作用。

2. 增强人员全面素质，树立自身良好形象

内部审计人员只有从学习、工作和职业道德等方面提高自身的能力，才能打好内部审计的基础，做好审计工作。要增强学习力，面对目前企业发展的新形势要加强学习，深入开展创建学习型组织的活动，要重视对新的法律法规、政策以及新的会计制度的学习、理解和应用。提高工作能力，要树立工作学习化、学习工作化的理念，努力提高解决审计工作中出现的新情况、新问题的能力，要认真学习、深刻认识、准确把握审计工作转型的基本内涵、原则要求和重要意义，切实增强工作的主动性和针对性。

3. 明确审计重点内容，拓展审计范围

实现审计工作由查错纠弊向绩效型、风险型审计转变，其基本含义是以加强控制、防范风险、提高效益为目标，将内部审计范围从传统的财务收支扩展到经营管理的各个方面，评价公司资源利用的经济性和有效性、内部控制制度的健全性和有效性、防范和化解经营风险措施的可行性和有效性。内部审计的工作重点必须从传统的“查错防弊”转向为公司内部管理、决策及效益服务。内部审计应重点向内部控制评审、经济责任审计、风险管理审计、经济效益审计等领域拓展作业。内部审计应立足于公司经营管理的需要，围绕公司经营管理者关心的问题，以加强公司内控管理、提高公司风险防范和整体效益为中心，不断提高审计工作的质量和效果。

4. 转变传统工作职能，提高审计质量

采取问题导向型审计方式，即鼓励被审部门的人员在审计过程中表述所关心的问题；在编写审计报告时使用正面而非责难性的措辞，对薄弱环节和存在的问题指明可改进的方法，不简单地予以暴露；将详细性的审计建议报告直接送给一线管理人员，以便及时采取措施，就地解决问题。在编送审计报告时，要注重事实的准确性和清晰性、建议的可行性、内容的重要性及报送的及时性。

5. 注重后续审计，巩固审计成果

审计报告中的审计建议体现了审计工作所赋予审计人员的责任，但是在现实中许多组织并没有在内部审计工作中实施完善的后续审计工作，这使得内审的目的或价值得不到体现，违规违纪问题得不到纠正，有损内部审计的可信度和威信，损害内审人员的忠诚度和职业形象，最终导致内审工作流于形式，失去了其真正的内涵价值。只有注重后续审计，才会巩固审计成果，真正起到审计的作用。根据内部审计中发现的问题，督促和帮助被审单位制订整改方案，采取后续审计或审计回访的方式，促进审计成果的运用，切实解决审计中存在的问题，真正发挥内部审计应有的作用。

案例：如何设置内部审计机构，避免审计处长烦恼

王兵为某国有大型企业审计处处长，为人正直，工作一向认真负责。最近，他在财务收支审计项目中将会计处虚列资产、虚构年度利润、会计基础工作薄弱等问题如实列入了审计报告，并提出了改善管理、加强监督的几项建议，审计报告报到主管领导江总会计师处已有时日，并未得到批示，反而遭到了财务处张处长的冷落和嘲笑，为此，王兵十分烦恼，感到身居其位，思想压力远远大于业务压力。

请分析：

1. 该企业内部审计机构的设置方式及特点。
2. 可否选择更好的内部审计机构设置方式减轻或消除审计处处长的思想压力？

第二节　内部审计流程

以××集团公司内部审计工作开展为例。

一、审计立项与授权

（一）审计立项

审计立项是指确定具体的内部审计项目，即审计对象。审计对象包括集团下属的各子公司，集团内部的各职能部门，各项经营活动或项目、系统，等等。

审计对象的选择一般由以下三种方式决定：

（1）集团法审部通过对集团的经营活动进行系统的分析风险来制定年度内部审计工作计划表，经批准后逐项实施。

（2）由集团总经理或董事会下达的计划外专项审计任务。

（3）由被审计者提出审计要求，经批准实施审计业务。

（二）审计批准与授权

对于已立项的审计项目，法审部应在审计实施前以正式报告的形式报集团总经理/主管副总经理审核、批准与授权。

二、审计准备

在确定内部审计事项后，审计人员开始审计准备工作，制订审计计划。审计准备工作包括以下内容：

（一）初步确定具体审计目标和范围

(1) 内部审计的总目标是审查和评价集团各项经营管理活动，协助集团组织的成员有效地履行他们的职责。针对已确定的具体审计任务，审计人员应制订具体的审计目标以有助于拟定审计方案和审计工作结束后的审计评价。

(2) 内部审计的范围一般包括以下几个方面：

① 公司内部控制系统的恰当性、有效性。

② 财务会计信息、资料的准确性、完整性、可靠性。

③ 经营活动的效率和效果。

④ 资产的完整和利用情况。

⑤ 工程项目的预(概)、决算情况。

⑥ 投资项目的可行性、可控性和效益性。

⑦ 对法律、法规及政策、计划的遵守、执行情况。

审计人员应根据具体的审计任务确定具体的审计范围以确保审计目标的实现。

（二）研究背景资料

在制订审计计划时应收集、研究审计对象的背景资料。当审计对象为集团子公司、职能部门时，背景资料主要包括其组织结构、经营管理情况、管理人员相关资料、定期的财务报告、有关的政策法规和预算资料等。当审计对象为某一项目、系统时，背景资料主要指其立项、预算资料、合同及相关责任人资料等。如果在以前年度实施过内部审计，则应调阅以前的审计文件，关注以前的审计发现及审计对象对审计建议的态度。

（三）成立审计小组并确定审计时间

不同的审计项目要求审计人员具备不同的知识和技能，根据实际业务的需要，审计部门应安排适当的审计人员，指定审计项目负责人，成立审计小组，并对审计工作进行具体的安排。审计小组成立的同时，应初步确定审计时间，包括审计开始的时间、外勤工作时间、审计结束及审计报告的提出时间。

（四）准备初步审计方案

审计方案是说明审计目标、范围和具体进行的程序。完成审计工作后，审计方案是审计工作的记录。审计方案在计划审计工作时由审计负责人初步制订，并在审计工作实际进行中根据需要进行修改和调整。在被审计单位背景资料不全或实施突击性检查等情况下，审计人员也可以在审计过程中制订和完善审计方案。

（五）计划审计报告的提交方式、时间和对象

（六）发出审计通知书

在审计前，审计人员应通知被审计单位进行审计的时间、审计目标和范围，并要求被审计单位及时准备相关的文件、报表和其他资料，告知需要配合的相关事项。在经授权实施突击审计的情况下，审计部门可不预先通知被审计单位。以上为审计工作的准备阶段，完成准备工作后，审计工作即进入外勤工作阶段，主要包括步骤（三）、步骤（四）、步骤（五）、步骤（六）。

三、初步调查

（一）审计座谈会

审计开始前，审计人员应与被审计单位负责人、财务负责人及其他相关人员召开审计座谈会。了解基本情况，说明审计的目标和范围以及审计中需要提供的各种资料与需要协助的范围等。

（二）实地考察

审计人员应实地观察被审计单位的经营地点、设备、职员及业务情况，对被审计单位的业务活动获得感性认识。

（三）研究文件资料

对被审计单位提供的及实地考察过程中得到的文件资料进行整理归档，并进行查阅、研究。

（四）编写初步调查说明书

初步调查完成后，审计人员应编写简要的初步调查说明书，概括被审计单位的基本情况及初步调查的实施情况。

四、分析性程序及符合性测试

（一）分析性程序（比较、比率和趋势分析）

审计人员应根据财务报表和有关业务（项目）数据计算相关比率、趋势变动，用定量的方法更好地理解被审计单位的经营状况或项目的实施和完成情况。主要的分析、比较包括：

（1）实际与预算的比较。

（2）年度内各月份数据的比较及趋势分析。

（3）年度间数据的比较及趋势分析。

（4）账户间关系分析。

(5) 财务和经营比率与前期、同类经营机构的分析比较。

(6) 审计人员通过比较和分析各项指标所发现的异常情况，应引起高度关注，从而有针对性地采取更详细的审计程序来审查重点领域。

(二) 描述和分析内部控制设计的恰当性

审计人员应采用绘制流程图、文字说明等方式描述被审计单位现有的内部控制制度。审计人员应在认真研究、分析被审计单位现有内部控制系统的相关制度、规定等文件的情况下，对内部控制系统设计的恰当性进行评价。

(三) 初步分析和评价内部控制执行的有效性

(1) 审计人员可采用内部控制调查表或询问相关人员等方式获得内部控制执行情况的相关信息。

(2) 审计人员可采用对经营活动进行"穿行测试"或小样本测试的方式，初步评价内部控制系统的执行情况。

"穿行测试"是审计人员针对关键控制点，选取一定的交易和经营活动进行程序测试或文件测试(根据组织的记录来追踪选定测试项目的整个过程)。小样本测试是选择较少的样本对选定项目进行测试、复核，以测试真实性，了解经营活动或项目实施的实际处理是否与预期一致。

(3) 研究信息系统的控制制度、进行信息系统的相关测试。信息系统的内部控制涉及被审计活动的信息收集、处理、传递和保管各个环节。尤其是集团各下属企业和部门的信息系统控制的有效性、恰当性直接影响其资金、资产安全及财务信息等的准确、完整性。审计人员应对被审计单位信息系统的内控制度进行全面熟悉与分析，并根据实际情况进行相关的测试。

(4) 分析重大风险领域，确定重点审计的范围及方法。通过对内部控制系统进行描述和测试，审计人员应对被审计单位的内部控制情况进行分析并做出初步评价，评估风险，确定控制薄弱环节以及审计的重点。

五、实质性测试及详细审查

(一) 实质性测试及详细审查

实质性测试及详细审查是在对内部控制的初步评价基础上，运用适当的审计技术详细审查、评价被审计单位的经营活动。

(二) 审计证据的收集及判断

审计人员应收集充分的、可靠的、相关的和有用的审计证据(包括文件、函证、笔录、复算、询问等)，进行审核、分析与研究，形成审计判断。一般应包括以下内容：

(1) 加总相关明细账户余额与总账余额，比较核对二者是否一致。

(2) 运用统计抽样，抽查会计记录，从凭证到账户。

(3) 巡视库房,抽查清点库存物品等账面存货,确定存货的保管情况以及存货资产的存在性、完整性及计价的准确性。

(4) 清查固定资产,确定资产的管理、使用情况以及增减值情况。

(5) 盘点现金,核对银行存款余额,确定货币资金的安全性及账实核对情况。

(6) 函证主要往来账户余额,选取无法函证或未取得回函的重要账户实行替代程序,确定往来结算的准确性。

(7) 审核收费系统的收入日报表、商品销售日报表、现金收入日报表,交叉核对并与系统核对一致。

(8) 审核各类经济合同,对重要合同签订的招、投标及执行情况进行审查与评价。

(9) 审查工程的预、决算资料,复算工程量,确定工程支出的合理性、准确性。

(10) 检查采购计划、采购合同与发票、入库单、付款支票是否一致。

(11) 采用分析性复核程序,审查成本计算的准确性、折旧计提的正确性等。

(12) 检查涉税项目,确定被审计单位是否遵守国家税收法律、法规及其他规定,是否按时、足额缴纳税款。

(13) 审核费用的发生情况、审批手续,确定其真实性、合法性、合理性。

(14) 其他审计程序。

六、审计发现和审计建议

内部审计人员通过执行初步调查、符合性测试和详细审查,收集适当的、有用的及相关的审计证据,并通过分析与评价形成审计发现,并提出适当的审计建议。

(一) 审计发现

审计发现应包括事实、标准及期望、原因及结果。事实是指在审计过程中审计人员发现的实际情况、相关问题。标准及期望是指评价这些问题所依据的相关政策、规范、考核目标、预算指标等。原因是审计人员分析的实际情况与相关标准产生差异的原因。结果是指实际情况与标准产生差异造成的影响及相关风险。审计人员应用书面文字、相关图表等详细阐述相关的审计发现,审计人员成文的审计发现应有相关的审计证据来支持。

(二) 审计建议

审计人员应根据具体的内部控制情况及相关的审计发现提出具体的、适当的审计建议,以利于被审计单位完善内部控制、降低经营风险。

七、审计报告

(一) 审计复核与监督

审计项目负责人应对审计人员的审计工作底稿及收集的相关证明资料进行详细的复核,并对审计人员实施的相关审计程序进行适当的监督和管理。

（二）整理审计工作底稿并编写意见交换稿

（1）外勤工作中，审计人员应对编制的审计工作底稿及收集的相关文件、报表、记录等证据资料及时整理、归类。审计人员应根据统一的标准对审计工作底稿及证据资料编制索引号，以便查阅。

（2）召开退出会议前，审计项目负责人应编写详细的意见交换稿，也可以编制审计报告初稿代替。意见交换稿应简要说明项目的审计目标、审计范围、实施的审计程序，并对具体的审计发现和初步的审计建议进行详细阐述。

（三）交换意见

与被审计单位的沟通包括重大问题的沟通及退出会议上的意见交换。

（1）重大问题主要是指，在审计过程中发现的正在进行的重大违规或对集团利益造成严重损害的问题。在这种情况下，需要被审计单位马上采取相关的措施。审计人员应根据具体情况分析所发现问题的实质及影响，确定沟通的对象，并报集团总经理分管副总经理批准。

（2）召开退出会议，就相关审计发现和审计建议与被审计单位交换意见。

外勤工作结束前，审计人员应与被审计单位负责人及相关责任人召开退出会议，就意见交换稿上的相关问题听取被审计单位的解释与意见，并详细记录。双方应在意见交换书上签名确认。对在有关问题上的不同意见，可由被审计单位进行书面陈述并交与审计人员和审计人员的审计发现与建议一齐归档，以便查阅、分析。

（四）编制正式审计报告

外勤工作结束后，审计项目负责人应及时编制正式的审计报告。正式的审计报告是在意见交换稿的基础上根据与被审计单位沟通的结果，正式编制完成的。审计报告应用简洁、扼要的文字阐述审计目标、审计范围、审计人员执行的审计程序以及审计结论，并适当地表明审计人员的意见。被审计单位对审计结论和建议的看法，也可根据需要包括在审计报告中。

（五）审核并报送审计报告

审计部门负责人应对审计报告及相关的审计资料进行详细审核，确认后正式报送给集团总经理分管副总经理，并对审计结果进行简要的口头汇报。法审部也应将经批准的审计报告送予被审计单位并确认其已收到。

八、后续审计

在出具了正式的审计报告后，审计部门应关注被审计单位对审计结果及集团总经理分管副总经理对相关事项处理决定的态度。在认为合适的一段时间以后，由审计人员对被审计单位实施后续审计，确定审计中发现的问题是否得到了恰当的解决。对于暂时无法解决的问题是否告知并得到了集团总经理分管副总经理的批准。审计人员应对相关的风险进行评价，并将后续审计的结果及相关的风险评价报告集团总经理分管副总经理。

九、审计评价

审计评价是指法审部负责人对具体审计项目的执行情况、审计方法、审计程序及审计目标的完成情况进行的总结、评价。审计评价由审计人员的自我评价、审计项目负责人的项目评价及法审部负责人的总结评价三个层次构成。每一个审计项目完成之后，法审部负责人都应督促审计人员、审计项目负责人及时做出书面总结、评价，法审部负责人也应根据实际情况签署相关的意见和建议。

十、审计档案

完成以上九个步骤后，审计人员应对审计资料进行整理、装订、编号，形成内部审计档案，并由法审部负责保管。

案例：武钢的"内审三部曲"

武钢的内部审计一直被业内称作中国企业内审的一面旗帜。内部审计作为企业的第二种声音，可以帮助企业及时发现并弥补漏洞。

一流的企业需要一流的内部审计。

在武汉钢铁(集团)公司(以下简称武钢)，内部审计被称为企业的第二种声音。武钢决策层一直认为，如果企业只有一种声音，就会出现只报喜不报忧，甚至以过充优的现象，这是一种不好的企业文化。相比之下，第二种声音比第一种声音更重要，"忠言逆耳利于行"，听到后可以及时采取措施，弥补漏洞。

正是公司决策层对企业发展负责的境界，为内部审计营造了良好的环境。

一、管理中最大的问题不在财务

对于内部审计的控制职能，财政部内部控制准则咨询专家、武钢企业咨询指导组组长、曾任武钢审计部部长和计划财务部部长的谭丽丽有着自己的见解："以前内部审计是以财务为主线，审来审去审的是财务。其实，管理中最大的问题不是在财务，也不是在管理的某个环节本身，而是在整个系统中一个环节与另一个环节的接口部位。"因此，武钢的内部审计立足于对控制系统的整体思考。按照体现企业管理要求的各个环节建立控制点；审计人员 以业务流为基础，以资金流和物流为主线，"三流"合一，齐头并进，相互验证；在日常审计活动中，关注企业市场变化、政策变化、技术飞跃、供应渠道改变、业务流程再造中易发的突变现象及风险。在不被识别、极易忽视但有着因果关系的各个环节中，发现理论上不曾介绍过的隐性系统，重点关注管理的接口部位责任与权力的传递点。在这些环节间，组织跨专业、跨部门的信息循环，验证信息过滤风险，在信息循环的起点与终点间建立制衡机制，发挥控制系统的协同效应。

二、风险审计为企业降低成本

近年来，武钢将企业风险审计的重点放在企业改制、投资、采购、建设工程等领域以及易被忽视的专项预算费用的使用上。

作为生产规模年产近 3 000 万吨的大型企业集团，武钢所需铁矿石 80%依赖进口。

因离海太远，武钢的铁矿石运费每吨要比沿海钢铁企业高200元。于是，降低原料成本成了武钢的一道必选题。

因此，在原材料采购审计中，内部审计将采购活动作为物流中枢和信息中枢，直接采取网上比价审计，与市场信息对接，同时关注采购流程、定价依据、授权、付款政策和采购方式的适当性和有效性。

审计在采购方面投入的重点，不再是环节本身，而是一个环节与另一个环节的接口部位。审计部创立的"纵向到底的源头审计法""横向到边的终点审计法""采购与应付款的内环审计法""跨越部门及专业的外环审计法"，均已跳出了传统的管理思路。

在风险处置方式上，武钢立足于建立预警机制。对于风险征兆比较明显的项目实行"审计备案"，保留审计对当事人的永久追索权；对重要的风险发现，建立第一时间上报"审计要情"的机制，以规避风险。

三、干部离任审计从事后到事前

在武钢的内部审计中，很有特色的一个例子就是武钢对领导干部的离任审计。谭丽丽的理念是："事后审计有什么用？我们把它转换成事前审计，任期审计。就是领导人在任的时候，我们就对他实行审计，还可以对他进行问责。我们同组织部门是这样协调的，先审后离，我们不审计完，组织部门不下文。"数据显示，武钢对全公司领导干部离任审计率达到100%，对子公司经营者现职审计率亦达到100%。之后，公司将经济责任审计的范围扩大到机关管理部门负责人，极大地提高了广大领导干部全面履行职责的自觉性。

四、审计模式创新奏响"内审三部曲"

在审计模式上，武钢将目前国内仅局限于对工程概预算的内部审计模式，延伸至对决策、筹资、设计、招标、合同、物资采供、施工、概预算、决算、后评估全过程的审计。审计部汇集了公司内外涉及建设项目各个程序和环节的力量，包括承包方和监理方，开始了全方位的建设项目审计模式探索与实践。这种无边界的组织效应和新型的"借脑"运作，使审计与各环节的专业管理密切协调，实现互动。

特别是武钢的"审计会诊"。以前，很多部门都会说"这个不是我的责任"。现在，凡是审计的项目涉及哪个部门，哪个部门的人都要汇集在一起，共同会诊，"这就带动了一种负责任的服务，没有互相推诿，没有借口。这就是系统的一种整体效应，这也使我们的审计更容易被大家所接受"。系统审计在推行的过程中并非一帆风顺，谭丽丽将它形象地称为"内部审计三部曲"：开始不了解，被审单位有抵触情绪；查出问题后他们很紧张；从最后的解决方式来看，他们会觉得审计还是很讲道理的，是在帮助他们。

五、让每一张财务报表都经得起检验

谈起武钢的内控，最有亮点的莫过于它的会计信息质量。武钢计划财务部部长朱永红认为，会计信息质量的真实性对于企业来说至关重要，为此，武钢从上到下层层把关，杜绝各种会计舞弊行为。

从组织机构上落实会计信息质量责任。由主管财务的副总经理和各成员单位负责人签订会计报表质量控制责任书，明确各单位负责人为本单位会计信息质量第一责任人，要求对其提供的会计信息经审计后为无保留意见类型，经国有企业监事会审查不得出现重大资产类和损益类问题，改变了过去会计信息质量主要由财务部门一家负责的局面。

在会计信息中心构建严密的作业控制链。其一,集团计财部作为会计信息生成中心,对其质量负总责任,并按归口原则将其责任细化到各专业处及成员单位财务机构,形成了纵向的责任控制体系;其二,通过专审和互审建立纵横结合的控制体系,即各成员单位报送报表后,先按组交互会审,再由集团计财部各专业处室进行专项审查认可,由集团计财部会计处审定;其三,完善横向的自我控制体系,采取区域分工和复式作业等审核凭证记录,尽可能将错误消灭在第一关口。

充分利用外审确保会计信息的最终质量。其一,武钢坚持统一聘请事务所,统一确定审计方案;其二,会计师事务所固定聘用与交互审计相结合,实行一家牵头、多家协作,每年在集团范围内进行交换,每年交换30%左右,3年一个轮回,避免了审计惰性问题;其三,报表审计与年终决算同步进行,将外审中发现的问题在年终决算过程中及时处理,实现了事中预审与事后终审的有机结合,加强了报表质量的事前控制。这种外审创新,改变以前事后审计并改进的方式,让事务所早进入、早发现、早纠正,确保了会计信息的最终质量。

实施讲评制度完善会计信息的闭环管理。武钢制定了《会计报表考核评比办法》,每年对各单位会计报表的质量进行评比。根据各期报表的报送时间和质量、内部审计结论、外部会计师事务所出具的审计报告类型、国有企业监事会检查等情况,对各单位会计报表进行考核评比,评比结果不但纳入“双文明”评比中,而且还与领导承包兑现奖考核、单位工效、决算挂钩。

武钢财务信息化实现了由企业网向互联网的转变,它糅合了会计核算、固定资产、资金管理、智能分析、全面预算等系统,建立了子公司集中核算平台,实现了财务数据集中、数据共享、异地核算及跨区域实时管理。

通过实施会计系统控制,武钢的会计信息质量得到了有效控制。武钢的会计报表质量连续四年受到财政部通报表彰,成为钢铁企业中唯一的单位,会计信息管理成果《武钢会计信息质量控制》还被作为国家“双基”培训核心教材的典型案例。

朱永红表示:“我们不但关注账面的会计信息质量,更注重管理接口部位的财务风险对会计信息的影响。以计财部、审计部为主,联手公司14个管理部门,以财务管理大检查为突破口的财务风险评估在公司范围内展开,这是武钢在会计年报工作之前,围绕公司内部控制风险的一次全面体检。”为此,武钢锁定资金链,以公司产、供、销、人、财、物的业务流为逻辑思路,重点关注经营活动中的舞弊及管理接口部位的盲区,使得众多以往被我们忽视的管理失控点清晰凸显,如采购环节无效代理商、生产环节二次资源返款、销售环节关联交易、薪酬支付政出多门、检修工程转包挂靠、子公司违规挤占成本、技术贸易市场无序、经营实体成为公司整体效益出血点等。

历时三个月的风险评估,对于武钢抓紧梳理整改重点、促进公司制度建设及抗风险机制,起到了积极作用。这一做法后来亦成为武钢在国内率先尝试《萨班斯法案》的成功案例。

(资料来源:内审案例:武钢的“内审三部曲”.中国会计报,2010-07-30.)

第三节　增值型审计

一、增值型审计的定义

增值，即为增加价值。增值型内部审计即能为组织增加价值的内部审计。

增值型内部审计是以提高机构的运作效率和增加机构的价值为目的，利用内部审计特殊的地位、资源和方法，在提高自身效率的同时，为企业不断实现增值的新型内部审计。

增加价值的核心要求是努力提高审计收益，尽量降低审计成本，用公式表示的话，即内部审计价值＝内部审计收益－内部审计成本，其中内部审计收益包括显性收益和隐性收益。显性收益是由于内部审计监督职能的发挥，查出问题，并帮助本单位挽回损失。隐性收益一方面表现为内部审计职能的存在提高了其他职能部门的自律性，降低了出现错误和舞弊的可能性，预防了损失的发生；另一方面表现为内部审计的介入，帮助组织改进了管理程序和提高了决策的正确性水平，降低了损失发生的可能性。增加价值并非不再考虑查错纠弊，而是在此基础上实现企业的盈利与增值；增加价值的审计方式重点在"咨询"服务方面，内部审计可以在决策的过程中提出改进建议。

二、增值型内部审计的特点

1. 审计目标从"协助管理成员履行他们的职责"变为"旨在增加组织价值，帮助实现组织目标"

"增加价值"是增值型内部审计活动的宗旨和目的。不同于传统内部审计服务于管理层的定位，增值型内部审计定位为服务股东及利益相关者，其目标由微观转向宏观，与组织的目标联系到一起，通过关注组织的战略方向，评估和改善组织的风险控制，帮助组织降低风险，有助于组织保存并增加价值。

2. 内部审计的职能不再是"评价功能"，而是"确认和咨询"

不同于传统内部审计强调通过事后"检查和评价"来发现问题，增值型内部审计更强调事前提供咨询，事中积极参与控制，努力提高经营效率和效果，不仅要发现问题，还要促进和帮助解决问题。由于职能发生了变化，内部审计不再只强调独立性，而是独立性和客观性并重。

3. 内部审计的范围扩大

增值型内部审计在传统的内部审计业务范围的基础上，扩展到内部控制、风险管理、公司治理等领域。凡是能为组织增加价值的确认和咨询活动，内部审计都积极地开展。此外增值型内部审计不再限定为"组织内部"的功能，内部审计服务可以进行外包，这样可以选择成本较低的方式开展业务，从而增加组织价值。

三、增值型内部审计的价值实现途径

增值型内部审计要求内部审计从内部控制、风险管理、公司治理的角度出发，综合发挥确认与咨询的职能作用来实现价值增值。

(1) 通过对内部控制的测试评价，指出企业内部控制的薄弱环节与缺陷，分析其产生的原因与对控制缺陷可能造成的影响，提出改进的建议，督促管理当局落实与完善内部控制措施。内部审计和内部控制都同样来源于企业内部，是一种根源上的、紧密联系的、互动的本质关系。两者目标一致、服务对象一致，两者交汇点就是把企业内部风险降至最低。内部审计是企业内部控制的重要组成部分，又是监督与评价内部控制的主要手段，是企业内部经济活动和管理制度是否合规、合理和有效的独立评价机构，起着对内部控制进行有效控制的主导作用。有效的内部控制是公司改善经营管理和有效防范风险的重要工具，内部审计在企业内部天然的监督作用使其自然成为内部控制方式之一。监督、评价和改善内部控制是内部审计的重要职责，内部审计通过开展内部控制审计，监督、检查、纠正和处理执行过程中出现的偏差与错误，评价与改善企业内部控制，促进内部控制趋于完善。

(2) 通过对企业风险管理体系的健全性、充分性、有效性进行监督与评价，帮助企业发现与评估重要风险因素，找出风险管理过程的薄弱环节，提出风险管理的有效方法，帮助企业规避经营中可能出现的风险损失。内部审计是企业风险管理不可或缺的组成部分，承担了监督、评价、检查、报告和改进风险管理的任务。风险管理的内容是组织目标实现的各类风险和建立风险管理机制，内部审计人员应实施适当的审查程序，评价组织风险管理机制的健全性和有效性。内部审计监督内部控制环节是否被有效遵循，其中包括对风险管理系统充分性、有效性的评价。内部审计多角度参与了企业风险管理过程，在帮助组织识别潜在风险和提供管理建议方面发挥了积极作用，指导管理者将风险管理过程嵌入到业务活动中，及时发现和避免各种风险。另外风险管理也渗透到了内部审计的各个方面，对审计机构管理、审计程序方法的管理都离不开风险管理。

(3) 通过参与公司治理，将内部审计纳入公司治理框架中，使内部审计既服务于董事会，又服务于管理层，成为透视公司的窗口。内部审计是公司治理的重要组成部分，同时又对公司治理程序的有效性进行评价和改善，两者之间是相互促进、相互依赖的关系。一方面，内部审计的发展离不开公司治理的推动，公司治理通过为内部审计的有效实施提供制度环境对内部审计实现价值增值起到保障作用；另一方面，公司治理作用的发挥和结构的完善都离不开内部审计。内部审计作为公司治理的主要手段，对于保证公司治理有效性起着至关重要的作用，二者的良性互动，有助于治理程序的完善和组织价值的增加。

课后案例：从例行审计到增值审计

一、回放

2010 年 3 月，某集团审计部对其下属的某房产公司进行年度例行审计，在审到“应交税金”科目时，发现该企业 2009 年度缴纳税金近 400 万元，而 2009 年度该企业的商品房销售收入不足 2 000 万元。

二、分析

带着疑问，审计人员对该房产公司 2009 年全年的税金缴纳情况进行了复核，结果发现存在以下问题：

1. 自用房产多交税款

该房产公司2009年5月根据某地税局稽查局的核定意见，将公司自用办公楼视同销售缴纳了营业税及附加108 255.30元，土地增值税28 868.60元，合计137 123.90元。《营业税暂行条例及其实施细则》规定，营业税的征税范围是：有偿提供应税劳务、转让无形资产或者销售不动产的行为。《土地增值税暂行条例及其实施细则》规定，土地增值税的征税范围为转让国有土地使用权、地上的建筑物及其附着物连同国有土地使用一并转让。该房产公司将开发的商品房转为自用，没有发生产权变化和转移，也没有取得相关的收入，不属于营业税的征税范围，因此不应缴纳营业税及相关的附加税费，也不属于土地增值税的征税范围。因此，审计认为，该房产公司多缴纳了营业税及附加税费和土地增值税计137 123.90元。

2. 多缴纳营业税

2009年该房产公司转让土地使用权给另一家房产公司，共200亩，收入6 000万元。该房产公司按6 000万元的营业额缴纳营业税330万元。《营业税暂行条例及其实施细则》规定，单位和个人销售或转让其购置的不动产或授让的土地使用权，以其全部收入减去不动产和土地使用权的购置或授让原价后的余额为营业额。因此，审计认为，如果土地价值按3 000万元(每亩15万元)计算，该房产公司多缴纳营业税等165万元；如果土地价值按5 000万元计算(按市场评估价每亩25万元)，该房产公司多缴纳营业税等275万元。《中华人民共和国税收征收管理法》第五十一条规定，纳税人超过应纳税额缴纳的税款，税务机关发现后应当立即退还；纳税人自结算缴纳税款之日起3年内发现的，可以向税务机关要求退还多缴税款并加算银行同期利息，税务机关及时查实后应当立即退还。因此，审计认为，该房产公司应尽快与当地税务机关进行沟通，申请多缴税款的退还。

3. 房产税计缴不当

该房产公司自用房产(办公楼)于2007年3月开始按开发成本197万元缴纳房产税。《房产税暂行条例及其实施细则》规定，对从价计征的房产税是按房产原值减除10%～30%后的余值计算缴纳，而房产原值是指纳税人按照会计制度的规定，在账簿“固定资产”科目中记载的房屋原价。新的会计准则规定，对于自行建造的地上建筑物，土地使用权的账面价值不与地上建筑物合并计算其成本，而作为无形资产进行核算，分别进行折旧和摊销。因此，审计认为，对该房产公司办公楼所分摊的土地成本和开发成本应分开核算，对按比例分摊的土地成本在“无形资产——土地使用权”科目核算，对分摊的开发成本在“固定资产——办公楼”科目核算，其中土地成本金额不交房产税。

三、启示

此次审计由于及时延伸取得了突破，通过税务审计为企业挽回损失近180万元，效果明显。经过审计，集团公司根据审计意见，对该房地产公司的财务人员进行了调整，并要求以后涉税处理先征求审计部门的意见，降低涉税风险。与此同时，审计部结合对其他子公司的审计工作，发现集团公司在会计账务处理方面比较规范，但是对税务政策的研究、运用不够，集团税负较重，存在一定的税务风险。因此，审计工作在税务核算、缴纳税金方面大有可为，应加大税务审计力度。

(资料来源：中国内部审计，2011(2).)

第五章

审计诚信教育与注册会计师职业道德

课前案例：一个 CPA 帝国的覆灭——安达信失信的代价

新华社 2002 年 9 月 2 日的一条新闻震惊了整个会计界。美国东部时间 8 月 31 日，安达信环球(Andersen Worldwide)集团的美国分部——安达信会计师事务所(Arthur Andersen LLP)宣布，从即日起放弃在美国的全部审计业务，正式退出其从事了 89 年的审计行业。公司先前的 2.8 万员工如今只剩下不到 3 000 人；从前的 1 200 个公司审计客户，也都同安达信断绝了关系，重新选择了别的会计师事务所。位于芝加哥的安达信总部大楼也已人去楼空，只剩下一些家具和装饰品。公司人力资源部一位主管感慨地说："这就像自己的家人到了癌症晚期，我们在看着他死去。"

为逃避株连，安达信的海外公司纷纷自寻出路，脱离安达信的全球网络，2002 年 3 月 21 日安达信(香港)和安达信(中国)宣布加盟普华永道，安达信被拆掉第一块砖。紧接着俄罗斯安达信宣布并入安永；新西兰安达信也宣布并入安永；加拿大安达信宣布与普华永道进行合并谈判；西班牙安达信也宣布脱离全球体系。安达信(新加坡)、安达信(菲律宾)、安达信(台湾)的业务并入安永；安达信(日本)和安达信(泰国)等并入毕马威。到了 2006 年，安达信仅有 170 个雇员处理后续事宜。百年老店毁于一旦。

创立于 1913 年、总部设在芝加哥的安达信，是全球五大会计师事务所之一。它代理着美国 2 300 家上市公司的审计业务，占美国上市公司总数的 17%，在全球 84 个国家设有 390 个分公司，拥有 4 700 名合伙人，2 000 家合作伙伴，专业人员达 8.5 万人，2001 年财政年度的收入为 93.4 亿美元。安达信 1979 年开始进入中国市场，相继在香港、北京、上海、重庆、广州、深圳设立了事务所，员工 2 000 名。由这些数字可知，安达信曾经是多么红火，一般的公司简直难以望其项背。

安达信作为安然公司财务报告的审计者，既没审计出安然虚报利润，也没发现其巨额债务。2001 年 6 月，安达信曾因审计工作中出现欺诈行为被美国证券交易委员会罚了 700 万美元，并按照美国法律对安达信在财务审计时未尽职责提起了诉讼。这正是：安然公司不安然，安达信不安也不信。安达信的败落，从正反两方面证明了诚信对于经营的极端重要性。无论经营的策略多么巧妙，都不能离开诚信，诚信才是真正的长久之计和根本方略；失信等于自杀，等于跟自己过不去。

(资料来源：环球时报，2002-03-25.)

第一节　审计失败与审计诚信

审计失败一般是指审计人员由于没有遵守公认审计准则而对严重失实的财务报表发表了错误的审计意见，导致审计的失败。

一、审计失败的原因分析

（一）审计主体方面的原因

1. 审计人员对被审计单位的经济业务活动和会计信息处理过程缺乏充分了解

审计人员如果不熟悉被审计单位的业务活动和会计信息处理程序，仅限于有关的会计资料，是很难查清问题的。据有关部门调查，当被审计单位存在以下情况时出具虚假财务报告的可能性极大。

（1）被审单位存在严重舞弊行为或违法现象。

（2）被审单位存在决策失误并由此带来一定损失。

（3）被审单位业务量大，经济业务复杂。

（4）被审单位会计核算程序复杂，有大量关联方交易。

（5）被审单位存在财务危机等。

由此可见，不充分了解被审单位的经济业务活动和会计程序，就首先意味着审计不到位，审计证据搜集不充分，对虚假的财务报告也就无从查起。

2. 审计人员的过失行为

过失是指审计人员在执行审计业务时，没有完全遵循或完全没有遵循独立审计准则的要求执业，而出具不实审计报告的行为。它往往是审计人员未能保持审计工作应有的职业谨慎态度，未能严格遵循审计准则的要求，未能对被审计单位的内控制度、审计的重要性和审计风险进行有效的评估，未能恰当地运用审计程序获取审计证据，未能严格执行工作底稿的三级复核制度等诸多方面因素造成的。

这些应该做而未做的后果是审计报告严重失真。如深圳中天勤会计师事务所的注册会计师在对银广夏的应收账款进行审计时，不仅询证函的寄发与回收让被审单位经手，而且对于取得的回函也未作必要的分析；对于无法执行函证程序的应收账款，注册会计师在运用替代程序时，未能取得海关报关单、运单、提单等外部证据，仅根据公司内部证据便确认公司的应收账款；此外未能有效执行分析性测试程序，在银广夏 2000 年度主营业务收入大幅增长的情况下生产用电的电费却降低的情况没有发现或报告。诸如此类的问题还有很多，问题都出在疏于对审计准则的执行，在专业胜任能力方面存在重大过失。

3. 审计方法的缺陷

审计人员过度依赖于被审单位的内部控制制度测试及内部审计结果。内审和内控制度测试固然是审计的重要环节，但是内控制度的运行受到单位管理的局限，特别是当被审单位的内控制度较差，会计信息失真时，内部审计本身就意味着错误与失败。另外，审计采用传统的统计抽样方法，具有一定的机械性和风险性，当取证采样存在不同或不均衡，特别是当样本情况复杂或遇到新的问题时，容易影响审计结果的准确性，从而导致审计失败。

（二）审计客体方面的原因

1. 审计对象、范围的扩大致使审计风险增大

当前，被审单位的经济业务日趋复杂，新业务层出不穷，在一定程度上拓展了被审实体的范围，也增加了相应的审计内容，如人力资源审计、非财务报表信息审计、企业购并审计、跨国业务审计等新内容，都不同程度地拓展了审计内容，加大了审计难度，增加了审计失败的可能性。

2. 被审计单位会计报表不实，增大了审计风险

会计报表表述不实主要有两种：错误和舞弊。从我国证监会的处罚公告中可以看出，绝大部分审计失败都存在上市公司蓄意财务舞弊。我国上市公司质量大多不高，为了达到上市的要求，以及上市后为了能够配股、增发新股，财务舞弊成了达到目的的捷径。另外，政府过多的干预行为，如证券市场准入审批制、调动政府资源进行"救市"等，使虚假会计信息得以长期存在。

二、审计失败的本质剖析

（1）审计失败是审计人员未能遵循审计准则要求。这与审计风险不同，如果审计人员遵守了审计准则，但仍然发表了错误的审计意见，这种情况属于审计风险的范畴。

（2）审计失败与被审计单位的会计报表失实有关，但不能因此排除审计责任。被审计单位的会计报表失实必须承担会计责任。但是，由于审计人员执业行为的瑕疵导致其发表了否认会计报表公允性的审计意见，也要承担审计责任。

因此，造成审计失败的决定性因素是审计人员的执业行为。不论被审计单位的经营状况及财务错弊的严重程度如何，如果审计人员缺乏应有的职业关注、没有相应的执业能力、没有进行必要的实质性测试，最终出具了与事实不符的审计意见，就属于审计失败。

换个角度说，审计失败就是审计诚信的缺失。

三、审计诚信危机成因

1. 会计市场不健全，诚信动力不足

现实中由于国有企业改制、产权制度确立、现代企业制度建立等改革不到位，造成会计市场不规范。比如会计信息的需求方往往需要假信息，受政府官员要政绩、企业领导要业绩、会计人员要饭碗等因素的影响，假信息的需求者绝非少数。国家会计学院问卷调查表明，造假的四个主要因素中，上述三个因素占90%以上。在这种市场需求下，注册会计师的诚信供给就出现了错位。

2. 管理部门监督不到位，诚信压力不够

现实中审计失败往往是由新闻界等非监管部门揭露出来的，这就说明监管工作还没有对失信者形成足够的压力。我国奉行的是"谁主张，谁举证"，造成起诉成本高。如果起诉成本高于诉讼收益，那么谁会去起诉？在这种情况下，失信后被发现的概率将大大降

低。在惩罚方面，尽管我国近几年出台不少关于注册会计师违规的惩罚政策，且规定的惩罚力度也越来越大，但是在执行时，往往大事化小、小事化了，即“执法不严”。

3. 事务所体制改革不彻底，数量过多、规模过小，“诚信”难以立足

会计职场仍然有“重关系、轻规则”的特征，事务所太多地依赖于关系导向、权力运作和人情世故，对于事务所的独立性是个考验，再加上“有限责任”作保障，在冒风险而获得眼前利益和讲诚信注重长远发展的选择上，更多的必然选择前者。另外，目前我国会计师事务所数量过多、规模过小，由于自身生存压力难保诚信，这些也是形成“诚信危机”的一个重要因素。

第二节　审计诚信教育的内容

案例：小王考 CPA 需要告知师傅吗？

小王即将毕业于上海一所大学会计系。6 月，小王去了几家会计师事务所面试，最终接受了作为某国际会计师事务所审计部的一个初级实习生的职位。

10 月，她被分配承担某公司的审计任务。这是一家很大的上市公司，它的中期财务报表于 6 月 30 日结束。在这项业务中，小王上一级的项目主管是老李，老李作为一名项目部经理已有多年的经验了。小王因为能和老李这样有经验的老师一起工作特别高兴。在这家事务所中，老李作为项目部经理，一直以要求非常严格而著称，他特别要求小李按照计划与规定的程序来完成任务，但同时他也是一个非常公正、知识渊博并且和客户关系很融洽的项目经理。

有一次老李与小王共进工作午餐时，问她有没有报名参这年的 CPA 考试。经过短暂的停顿，小王回答说她没有报名，但她计划在明年参加考试。老李说这样做不错，并愿意借给她一套 CPA 考试复习指南的参考书籍。事实上，小王已在毕业时回到她的家乡报名并参加了当年 CPA 的考试。因为她担心考得不好，可能通不过，所以她决定不告诉她的同事，避免在以后的职业生涯里，因承认不是第一次就全部通过而感到难为情。

在年末几个月里，小王继续从事该项目的审计工作。她在计划时间内完成了现金项目的审计，工作底稿也做得非常好。老李对小王的工作十分满意。12 月上旬，当这一项目快要结束的时候，小王知道了 CPA 的考试成绩。令她吃惊的是，考试课程她全通过了。她立即打电话告诉老李这一好消息，但当她感到老李反应很冷淡时，她十分失望。这时，小王回忆起早先她告诉过老李，她没有参加今年的考试。她马上向老李道歉，并解释了为什么她未透露她已参加了今年的考试。老李还是有些不高兴，小王决定放下这一话题，以后再当面和老李解释。

随后的日子大家相处还算融洽。有一天，小王接到合伙人张先生打来的一个电话，他让小王当天下午晚些时候去他的办公室见他。小王猜想张先生可能会祝贺她通过了 CPA 的考试，而且还有可能增加她的实习工资。那天下午小王走进张先生办公室，张先生告诉她，过去几天他已和老李谈过几次话，并且和事务所其他三个审计合伙人讨论了有关小王的情况。

张先生说，老李对于小王在考CPA这件事上对他撒谎非常忧虑。老李已经告诉张先生，他不想让小王参加他未来任何的业务，因为他认为小王不值得信赖。老李还建议将小王解雇，因为她的行为已表明她不够诚实，不符合注册会计师应有的职业道德。其他审计合伙人也同意老李的意见。最后，张先生通知小王，他们会给她60天的时间去另找一份工作，并将档案退回原来学校，以便重新找工作。而且，他们也不会向学校透露该事的详细原因。最后，小王伤心地离开了这一著名的国际会计师事务所。

（资料来源：李若山，刘大贤. 审计学. 北京：经济科学出版社，2006.）

一、诚信是审计人的第二张身份证

诚信等于诚实守信。

《说文解字》中的解释是："诚，信也"，"信，诚也"。可见，诚信的本义就是要诚实、诚恳、守信、有信，反对隐瞒欺诈、反对假冒伪劣、反对弄虚作假。

以诚待人，以信取人，是我们中华民族最为优秀的传统之一，孔子云："诚者，乃做人之本，人无信，不知其可"；韩非子曰："巧诈不如拙诚"；陶行知先生也曾说过："不作假秀才，宁为真白丁。"

诚，就是要实事求是，不扩大，不缩小；信，就是要一言九鼎，说到做到，不朝秦暮楚，不朝令夕改。诚信是立业之本，是做人的准则，也是审计人的第二张身份证。

因此，审计诚信的定义是指审计人应具备的正直、朴实品质和坚守准则、不作虚假披露的职业道德标准。

二、审计诚信教育内容

案例：学生会计诚信调查

对某校的会计专业学生的一次问卷调查显示，在回答"今后工作时，老板要你做假账怎么办？"时，只有19％的学生回答"坚决抵制"，而"不知怎样办"的学生达46％，选择"愿意做假账"的竟高达35％；在回答"当你不小心收到假钞时怎样处理？"时，居然有42％的学生认为"想办法把假钞花掉"。这样的调查结果引人深思。

会计、审计专业毕业生是未来的准注册会计师，因此，高度重视在校学生的以诚信为中心的职业道德教育成为高校会计专业教学的一项紧迫任务。

审计诚信教育的指导思想是：以人为本，在全行业塑造"诚信为本、操守为重、坚持准则，不做假账"的行业理念；大力开展职业道德教育，使学生自觉地树立起正确的人生观、价值观、道德观、义利观，重塑行业"独立、客观、公正"的职业形象。

一般地说，审计诚信教育的内容主要包括以下几个：

1. 自律教育

审计的自律是审计人员的自我约束、自我控制，把个人的言行自觉地纳入审计职业道德规范中去。作为准审计人，要认真完善自己的人格，保持自己的尊严，维护自己的信仰，切实过好名利关、权力关、金钱关和人情关。一名高素质的审计人员，必须靠道德的力量严格进行自我监督，把自己管住、管严、管好，真正成为有口皆碑的经济卫士。

2. 法制教育

审计工作“二十字”方针中，第一句就是“依法审计”。增强审计人员自身的法制意识、法制观念，增强依法审计的自觉性，这是审计人员必须履行的职责。法制教育是要知法、懂法和守法，培养学生学习和执行有关法规政策的自觉性。具体地说，在法制教育中，学生必须了解有关会计法、注册会计师法、公司法、经济合同法等经济法规课，以及相关专业准则。尤其是开展审计失败警示教育，使学生在就业前就形成遵纪守法的职业道德。

3. 专业教育

审计是一个技术性很强的职业，审计职业技能主要包括两个方面的内容：一是专业工作所需要的知识；二是完成专业工作所需要的技能和经验。精通专业知识与技能是审计职业道德得以存在的前提。对审计一知半解的人，根本就不能胜任审计工作，更谈不上遵循审计职业道德了。

小贴士：你的诚信等级

D级：为人不够正直，待人不够真诚；不懂得尊重他人、遵守规范与社会公德。

C级：为人比较正直，有着健康良好的心态，对他人比较尊重与真诚；较严格地遵守公司的制度，不因个人情绪而影响组织利益；有较好的社会公德。

B级：能够做到诚实守信，言行一致；能够以人为师，谦逊有礼，尊重老员工，虚心向他们学习；能够以认真负责的态度对待各项工作，从而赢得大家的信任，为人正直，有是非观念和社会公德意识。

A级：随时随地以诚信展开业务，拥有积极向上的人生观与价值观，对人非常真诚；遵守公司制度规定和社会道德规范，对工作具有极强的责任心。

三、诚信教育不能仅仅局限于CPA

我们在要求注册会计师审计诚信的同时，并不意味降低对相关从业人员的诚信要求。诚然，安达信对安然公司的崩塌负有不可推卸的责任，但在证券市场监管这个系统工程中，其他相关部门也脱离不了干系。布什政府的高官们以及众多国会议员都接受过安然公司的巨额捐款，且与其关系密切，在他们觉察或被告知安然公司深重的财务危机后，难道他们就没有责任向监管当局报告？美国证券交易委员会(SEC)现在口口声声要加大对上市公司和注册会计师的监管力度，但他们对安然公司的监管尽心尽责了吗？谁来监管SEC这个监管者？新闻界现在对安然公司口诛笔伐，但过去将安然公司捧为“最具开拓创新精神”的，不也是新闻界吗？新闻监督是证券监管的有机组成部分，如果连新闻界都不能客观公正，还能指望注册会计师超然独立吗？如果说安达信因丧失独立性而偏袒安然公司，律师们不也是安然公司的帮凶吗？当安然公司利用“特定目的主体”掩盖损失、隐瞒负债时，从安然公司获得不菲报酬的律师在审查相关法律文件时，为什么三缄其口？此外，在证券监管这个链条中，花旗和摩根等著名投资银行及其证券分析师们、标准普尔和穆迪等信誉卓著的信用评级机构，为什么也“患上帕金森症”而反应迟钝？可见，只有在加强制度建设的同时，对证券市场的参与者和监管者进行全方位的诚信教育，才能维护证券市场的“公开、公平和公正”的原则。仅仅强调对注册会计师进行诚信教育是不够的，如果证券市场的其他参与者与监管者不讲诚信，注册会计师还能独善其身吗？

安然事件表明，诚信教育应当是全方位的。注册会计师需要诚信教育，律师、证券分析师、投资银行、信用评级机构以及中小投资者等证券市场的参与者，以及政府官员、监管机构和新闻媒体等证券市场的监督者，也需要诚信教育。

第三节　CPA职业道德：从基本原则到具体要求

2010年，财政部发布《中国注册会计师职业道德守则》（以下简称《职业道德守则》），标志着我国注册会计师行业诚信建设取得又一重大成果。

《职业道德守则》包括五个组成部分，即《中国注册会计师职业道德守则第1号——职业道德基本原则》《中国注册会计师职业道德守则第2号——职业道德概念框架》《中国注册会计师职业道德守则第3号——提供专业服务的具体要求》《中国注册会计师职业道德守则第4号——审计和审阅业务对独立性的要求》和《中国注册会计师职业道德守则第5号——其他鉴证业务对独立性的要求》。

《职业道德守则》主要有以下特点：一是全面规范了注册会计师的职业道德行为。《职业道德守则》涵盖了注册会计师业务承接、收费报价、专业服务工作的开展等所有环节可能遇到的与保持职业道德相关的情形，并分别提出了明确的要求。二是突出强调了注册会计师行业的社会责任。

所谓注册会计师职业道德是指注册会计师的职业品德、职业纪律、专业胜任能力及职业责任等的总称。

一、注册会计师职业道德的一般原则

（1）注册会计师应当恪守独立、客观、公正的原则。

（2）注册会计师执行审计或其他鉴证业务，应当保持形式上和实质上的独立。

（3）会计师事务所如与客户存在可能损害独立性的利害关系，不得承接其委托的审计或其他鉴证业务。

（4）执行审计或其他鉴证业务的注册会计师如与客户存在可能损害独立性的利害关系，应当向所在会计师事务所声明，并实行回避。

（5）注册会计师不得兼营或兼任与其执行的审计或其他鉴证业务不相容的其他业务或职务。

（6）注册会计师执行业务时，应当实事求是，不为他人所左右，也不得因个人好恶影响分析、判断的客观性。

（7）注册会计师执行业务时，应当正直、诚实，不偏不倚地对待有关利益各方。

案例：三天收取10万元的审计项目

CC公司在短短的半年多时间里，非法集资十多亿元。中国人民银行等有关部门察觉其所作所为后，发出通报，要求该公司立即停止其集资活动并退还集资款。但CC公司置若罔闻，非但不执行通报的要求，反而到处散布流言，欺骗纷纷要求清退集资款的群众，

并胆大妄为地向法院起诉，状告中国人民银行。为了证明其清白，CC公司千方百计地寻找会计师事务所为其资信情况出具验资报告，该公司副总裁王某在朋友的介绍下，与ZC会计师事务所取得联系，谎称为在深圳和香港等地集资，需要资信证明。于是，ZC会计师事务所派审计人员耿某和刘某前去CC公司实地了解情况。但耿某和刘某仅在CC公司转了一圈，随后吃了午饭，拿了小礼品，与该公司约定第二天办理验资手续，便匆匆结束了此次实地调查。

第二天上午，耿某和刘某来到了CC公司，首先与该公司财务经理签订协议书，确定业务内容为验资。但该公司总经理提出要当天出具报告，理由是公司明后天开董事会要用。于是，耿某和刘某便根据CC公司提供的账表开始工作。中午到烤鸭馆吃饭至下午一点多钟，两人继续工作一会儿后，刘某便开始起草报告，草稿经过CC公司总经理看后即交付打印。这两名审计人员待报告打印、校对完毕后，于下午七点多钟由CC公司派车送回家，并给每人加班、夜餐费100元。

第三天上午，ZC会计师事务所在100百份打印完毕的验资报告上加盖了注册会计师名章和ZC会计师事务所公章后，收取验资费用10万元。

（资料来源：李若山，刘大贤.审计学.北京：经济科学出版社，2000.）

二、注册会计师的独立性

1. 独立性的定义

注册会计师的独立性包括实质上的独立性和形式上的独立性：

（1）实质上的独立性。实质上的独立性是一种内心状态，使得注册会计师在提出结论时不受损害职业判断的因素影响，诚信行事，遵循客观和公正原则，保持职业怀疑态度。

（2）形式上的独立性。形式上的独立性是一种外在表现，使得一个理性且掌握充分信息的第三方，在权衡所有相关事实和情况后，认为会计师事务所或审计项目组成员没有损害诚信原则、客观和公正原则或职业怀疑态度。

独立性是注册会计师的灵魂。美国注册会计师协会在职业行为守则中要求：“在公共业务领域中的会员（执业注册会计师），在提供审计和其他鉴证业务时应当保持实质上与形式上的独立。”国际会计师联合会职业道德守则也要求执行公共业务的职业会计师（执业注册会计师）保持实质上的独立和形式上的独立。

2. 损害独立性的情形

可能损害独立性的情形包括经济利益、自我评价、关联关系和外界压力等。

（1）经济利益。可能损害独立性的情形主要包括：①与鉴证客户存在专业服务收费以外的直接经济利益或重大的间接经济利益；②收费主要来源于某一鉴证客户；③过分担心失去某项业务；④与鉴证客户存在密切的经营关系；⑤对鉴证业务采取或有收费的方式；⑥可能与鉴证客户发生雇佣关系。

（2）自我评价。可能损害独立性的自我评价情形主要包括：①鉴证小组成员曾是鉴证客户的董事、经理、其他关键管理人员或能够对鉴证业务产生直接重大影响的员工；②为鉴证客户提供直接影响鉴证业务对象的其他服务；③为鉴证客户编制属于鉴证业务对象的数据或其他记录。

(3) 关联关系。会计师事务所和注册会计师应当考虑关联关系对独立性的损害,可能损害独立性的情形主要包括:①与鉴证小组成员关系密切的家庭成员是鉴证客户的董事、经理、其他关键管理人员或能够对鉴证业务产生直接重大影响的员工;②鉴证客户的董事、经理、其他关键管理人员或能够对鉴证业务产生直接重大影响的员工是会计师事务所的前高级管理人员;③会计师事务所的高级管理人员或签字注册会计师与鉴证客户长期交往;④接受鉴证客户或其董事、经理、其他关键管理人员或能够对鉴证业务产生直接重大影响的员工的贵重礼品或超出社会礼仪的款待。

(4) 外在压力。会计师事务所和注册会计师应当考虑外界压力对独立性的损害,可能损害独立性的情形主要包括:①在重大会计、审计等问题上与鉴证客户存在意见分歧而受到解聘威胁;②受到有关单位或个人不恰当的干预;③受到鉴证客户降低收费的压力而不恰当地缩小工作范围。

3. 独立性对注册会计师指导作用

(1) 识别对独立性的不利影响。

(2) 评价不利影响的严重程度。

(3) 必要时采取防范措施消除不利影响或将其降低至可接受的水平。

如果无法采取适当的防范措施消除不利影响或将其降低至可接受的水平,注册会计师应当消除产生不利影响的情形,或者拒绝接受审计业务委托或终止审计业务。

三、注册会计师专业胜任能力和职业谨慎

(一) 专业胜任能力

注册会计师专业胜任能力,是指作为会计师应当具有专业知识、技能和经验,能够胜任承接的工作,有效地完成客户委托的业务。胜任能力是以注册会计师的专业素质,专业知识,职业技能,职业价值观、道德与态度和实务经历为基础的。

(1) 专业素质。专业素质是指注册会计师为实现胜任能力而应当具有的专业知识、职业技能、职业价值观、道德与态度。对处于不同职业阶段的注册会计师,其专业素质的水平存在差异,且需要通过终身学习加以培养、保持和提高。

(2) 专业知识。专业知识是指构成注册会计师知识主体的会计、审计、财务、税务、相关法律、组织和企业、信息技术以及其他相关知识。

(3) 职业技能。职业技能是指在职业环境中合理、有效地运用专业知识,并保持职业价值观、道德与态度的各种能力,包括智力技能、技术和应用技能、个人技能、人际和沟通技能、组织和企业管理技能等。

(4) 职业价值观、道德与态度。职业价值观、道德与态度是指注册会计师作为本职业成员所特有的职业行为和特征,包括能够明显表现职业行为和特征的道德原则。

(5) 实务经历。实务经历是指注册会计师在取得执业资格之前或之后的、与注册会计师工作相关的执业经历。该经历是个人培养和展示胜任能力的必要途径。

如果注册会计师没有能力提供专业服务的某些特定部分,可以向其他注册会计师、律师、精算师、工程师、地质专家、评估师等专家寻求技术建议。当利用其他注册会计师以外

的专家时，注册会计师就必须采取措施确保这些专家了解相应的道德要求。对专家的监督和指导的程度取决于参与的人员及业务的性质。

必须提醒的是注册会计师应当认识到自己在专业胜任能力方面的不足，不承接自己不能胜任的业务。如果注册会计师不能认识到这一点，承接了难以胜任的业务，就可能给客户乃至社会公众带来危害。

案例：关于对重庆茂源会计师事务所及注册会计师沈东民的公开谴责

一、案例回放

重庆市注册会计师协会根据《重庆市注册会计师、注册评估师行业会员违规行为惩戒办法》的规定，对 2015 年度会计师事务所执业质量检查中发现的严重违规行为进行行业惩戒，决定给予重庆茂源会计师事务所及注册会计师沈东民公开谴责，其主要违规事实如下：

一、事务所违反了财政部《关于注册会计师在审计报告上签名盖章有关问题的通知》的有关要求，未建立并实施审计报告合伙人签字制度。

二、事务所及注册会计师未按照《中国注册会计师职业道德守则》的要求，保持足够的专业胜任能力、勤勉尽责执业。承接业务数量超出了注册会计师的专业胜任能力。

三、事务所及注册会计师未严格遵循《中国注册会计师执业准则》要求执业，在执业中未保持足够的专业胜任能力及勤勉尽责的态度，所抽查的业务报告未有效实施风险导向审计程序，进一步审计程序不到位，重要审计证据不充分、不适当，审计工作不能支持审计意见的形成，执业质量不符合执业准则的要求。

2015 年 11 月 9 日

二、案例解析

茂源会计师事务所(以下简称茂源所)主要在三方面存在问题：

首先，茂源所未建立并实施审计报告合伙人签字制度，违反了财政部《关于注册会计师在审计报告上签名盖章有关问题的通知》(以下简称《通知》)的有关要求。《通知》明确，审计报告应当由两名具备相关业务资格的注册会计师签名盖章并经会计师事务所盖章方为有效：其中，合伙会计师事务所出具的审计报告，应当由一名对审计项目负最终复核责任的合伙人和一名负责该项目的注册会计师签名盖章；有限责任会计师事务所出具的审计报告，应当由会计师事务所主任会计师或其授权的副主任会计师和一名负责该项目的注册会计师签名盖章。

其次，茂源所及沈东民承接业务的数量超出了注册会计师的专业胜任能力，未按照《职业道德守则》的要求，保持足够的专业胜任能力、勤勉尽责执业。此外，在执业质量检查中发现，茂源所及沈东民所出具的业务报告未有效实施风险导向审计程序，进一步审计程序不到位，重要审计证据不充分、不适当，审计工作不能支持审计意见的形成，未能严格遵循《中国注册会计师执业准则》要求执业，不能保持足够的专业胜任能力及勤勉尽责的态度，执业质量不符合执业准则的要求。

最后，重庆注协还对茂源所的注册会计师朱伟进行了通报批评，认为其未能保持足够的专业胜任能力，执业质量达不到执业准则的要求。

（二）职业谨慎

注册会计师应有的职业谨慎，就是注册会计师履行专业职责时，具备足够的专业胜任能力，执行业务应认真负责，一丝不苟地按照执业规范提供专业服务。

(1) 谨慎性原则首先是一种执业态度。职业谨慎是一种精神状态，是注册会计师应有的职业道德。独立审计是一种执业的态度，即为审计人员在执行相关审计事项(审计业务，发表审计意见)的一种态度。它贯穿于注册会计师实施审计的始终。

(2) 职业谨慎与审计风险有关。审计由制度基础审计发展到风险导向审计，代表了现代审计发展的最新趋势，注册会计师不仅要关注企业所处的复杂的内外环境，而且还要分析与会计事项有关的个别风险，而且要进行涉及各种环境因素的综合风险分析。

(3) 职业谨慎与专业判断有关。审计专业判断是注册会计师在审计活动中的一个决策过程。在复杂、不确定以及变化的环境中，特别是审计准则还不完善的情况下，审计专业判断越发显示出其存在的价值。职业判断是否准确影响着谨慎性原则的运用。

那么，注册会计师如何保持应有的职业谨慎？

(1) 保持高度的责任感和风险意识。注册会计师在整个审计过程中应时刻想到，工作稍有不慎或不公正，就可能出现审计过失，甚至被推上被告席并承担特定形式的法律责任。为此，必须保持高度的责任感和风险意识，培养职业谨慎者所应具备的品质，严格遵循专业标准和职业道德，谨慎地处理审计过程中的每一步骤及其具体业务，以保持应有的职业谨慎。

(2) 审慎选择审计客户。注册会计师审计业务的开展是建立在接受委托的基础之上的，而在决定是否接受审计客户委托时必须审慎，因为不正直、管理混乱、账目不全、财务不清或濒临破产的客户有可能制约其保持应有职业谨慎，从而影响审计报告的真实性与恰当性。所以，注册会计师应通过各种途径了解客户的品质及会计基础工作和财务状况，从而决定是否接受客户的委托。

(3) 签订合理、有效的审计业务约定书。审计业务约定书是注册会计师受托执行审计业务的依据和基础，也是明确双方权利与义务的载体，注册会计师无论承办何种审计业务，都应与委托人签订审计业务约定书，而且确保其合理、有效。这样才能真正约束双方认真履行各自的义务，行使各自的权利，这也是应有的职业谨慎的要求。合理、有效的审计业务约定书应是书面形式的，其要素应是齐全的，内容是明确的与合规的。

(4) 制订并实施周密的审计工作方案。在进驻被审计单位前，审计人员应根据审计项目，制订审计计划；进驻后，应根据审计计划制订详细的审计工作方案，并在审计的实施阶段针对具体情况对其进行适当修正，以保证审计工作的有序性与有效性，体现应有的职业谨慎的精神。

案例：注册会计师保持了应有关注和职业谨慎吗？

香港商人虞某在海南省注册成立一家注册资本为 1 000 万美元的外商独资企业 AB 公司。根据我国外商投资企业管理办法，海南省工商管理局要求外商投资企业必须办理年检，以审核公司现行的注册资本与实收资本情况。这一举措对于已取得营业执照、但尚未投入实收资本的AB公司来说,无疑是当头一棒。如果不能通过年检,就意味着要被注销登记,并被吊销营业执照。因此,作为AB公司总经理的虞某决定不惜一切代价,打通关节,一定要通过年检。在对该公司的有关材料做了一番精心整理之后,虞某首先来到了海南省工商管理局,提出要进行年检。工商管理局人员在审阅了材料之后,明确告知材料中缺少一份重要证明文件,即验资报告。

对于注册资本并未投入的AB公司而言,如何才能顺利通过审计人员的年检呢?虞某绞尽脑汁,终于想出"良策"。首先,他将1 000美元存入银行。银行按照通常手续开具了1 000美元的现金解款单。然后,他又要求银行开具1 000美元的存款证明单。在取得了这两张凭证后,虞某拿出涂改液,将现金解款单上阿拉伯数字1 000美元改写为"US$1 000万元"。而在存款证明单上,由于数字后面的空白较多,就轻易地加上了4个0,这样,存款证明单上的金额就变成了"$10 000 000"。由于使用了涂改液,而解款单和证明单上均注明了"此件涂改无效"的字样,因此,他将"此件涂改无效"的字样用纸贴去,然后再用复印机一复印,便几乎看不出涂改的痕迹了。但美中不足的是,这是两张复印件。但是,虞某仍抱着侥幸的心理,开始寻找会计师事务所。几经周折,他找到了海南XH会计师事务所,审计人员仅用半个多小时浏览一遍全部文件,就动手起草验资报告,刷刷几笔,一份证明有1 000万美元实收资本的验资报告草稿拟完。

(资料来源:李若山,刘大贤.审计学.北京:经济科学出版社,2000.)

(三)保密

案例:保密的两难境地

审计人员王某在对A公司年度财务报表审计时,发现一张装修发票上的金额与原合同规定金额有出入,发票比合同金额少了50 000元。A公司接到发票后未发现与合同有误,并将款项付讫。此后,执行该装修业务的B公司亦未继续来讨账。

请问,假定今后B公司也聘请王某审核他们的财务报表,王某能否利用他掌握的A公司的审计资料,建议B公司去A公司催讨这一差额款?

(资料来源:李若山,刘大贤.审计学.北京:经济科学出版社,2002.)

客户不得以保密为理由限制注册会计师取证工作,否则就无法发表审计意见。另外,注册会计师必须承担为客户保密的责任。注册会计师在签订业务约定书时,应当书面承诺对在执行业务过程中获知的客户信息保密,注册会计师在没有取得客户同意的情况下,不得泄露任何客户的秘密信息。

(四)对社会公众的责任

注册会计师应当遵守职业道德准则,履行相应的社会责任,维护社会公众利益。注册会计师行业的一个显著标志是对社会公众承担责任。社会公众利益是指注册会计师为之服务的人士和机构组成的整体的共同利益。注册会计师作为一个肩负重大社会责任的行业,应以维护社会公众利益为根本目标。

（五）对客户的责任

注册会计师对社会公众履行责任的同时，也对客户承担着特殊的责任，包括：①注册会计师应当在维护社会公众利益的前提下，竭诚为客户服务 。②注册会计师应当按照业务约定履行对客户的责任。③注册会计师应当对执行业务过程中知悉的商业秘密保密，并不得利用其为自己或他人谋取利益。④除有关法规允许的情形外，会计师事务所不得以或有收费形式为客户提供鉴证服务。

（六）对同行的责任

对同行的责任是指会计师事务所、注册会计师在处理与其他会计师事务所、注册会计师相互关系中所应遵循的道德标准，包括：①注册会计师应当与同行保持良好的工作关系，配合同行工作。②注册会计师不得诋毁同行，不得损害同行利益。③会计师事务所不得雇用正在其他会计师事务所执业的注册会计师；注册会计师不得以个人名义同时在两家或两家以上的会计师事务所执业。④会计师事务所不得以不正当手段与同行争揽业务。

（七）业务承接中的责任

案例："联营"双赢？

某市T会计师事务所利用其可承办大型年报审计业务的资格，与该市L会计师事务所达成"联营"，由T会计师事务所出面与企业签订业务约定书并出具审计报告，由L会计师事务所具体操办所有审计业务，审计费两家五五分成。

注册会计师在业务承接中应当维护职业形象，不得有损害职业形象的行为，包括：①注册会计师应当维护职业形象，不得有可能损害职业形象的行为。②注册会计师及其所在会计师事务所不得采用强迫、欺诈、利诱等方式招揽业务。③注册会计师及其所在会计师事务所不得对其能力进行广告宣传以招揽业务。④注册会计师及其所在会计师事务所不得以向他人支付佣金等不正当方式招揽业务，也不得向客户或通过客户获取服务费之外的任何利益。⑤会计师事务所、注册会计师不得允许他人以本所或本人的名义承办业务。

（八）收费与佣金

1. 收费标准

会计师事务所服务收费是指依法成立的会计师事务所根据相关法律法规规定接受委托提供审计服务和其他服务，向委托方收取的服务费用。会计师事务所服务收费实行政府指导价和市场调节价。

审查企业会计报表、验证企业资本、办理企业合并、分立、清算事宜中的审计服务和法律、行政法规规定的其他审计服务收费实行政府指导价。审查企业会计报表和验证企业资本的基准收费标准见表5-1，各会计师事务所开展服务时，按照上浮不超过30%、下浮不低于经营成本的原则确定具体收费。会计师事务所按照自愿有偿原则提供会计咨询、会计服务等其他服务的收费实行市场调节价。

表 5-1　浙江省会计师事务所服务基准收费标准

序号	收费项目	基准收费标准(元)
一、会计报表审计(按资产总额分档计收)		
1	50(含 50)万元以下	1 200
2	50 万～100(含 100)万元	2 000
3	100 万～300(含 300)万元	3 000
4	300 万～600(含 600)万元	4 000
5	600 万～1 000(含 1 000)万元	5 000
6	1 000 万～2 000(含 2 000)万元	6 000
7	2 000 万～4 000(含 4 000)万元	7 500
8	4 000 万～6 000(含 6 000)万元	9 000
9	6 000 万～8 000(含 8 000)万元	10 500
10	8 000 万～10 000(含 10 000)万元	12 000
11	10 000 万元以上	0.12‰

注：根据《浙价服〔2011〕91 号浙江省物价局关于调整会计师事务所服务收费标准的通知》。

会计师事务所服务也可采用计时收费的方式，计时收费具体标准暂由省注册会计师协会确定，报省物价局备案。计时收费通常以每一专业人员适当的小时费用率或日费用率为基础，按照实施专业服务的每个人员所耗用的时间来计算。

2. 佣金

会计师事务所和注册会计师不得为招揽客户而向推荐方支付佣金，也不得因向第三方推荐客户而收取佣金。会计师事务所和注册会计师不得因宣传他人的产品或服务而收取佣金。

(九) 广告、业务招揽和宣传

案例：这家会计师事务所的开业启事有错吗？

某报纸刊载一家会计师事务所的开业启事，其中的部分内容为："本所是在国家工商行政管理局登记注册的全国第一家中外合作会计师事务所，值此开业之际，向多年来与我所合作并给予支持的国内外各界朋友致以深切的谢意，并愿继续为各界人士提供会计、审计、企业咨询、税务等方面世界一流的专业服务。"

请问，这则开业启事是否有悖于《中国注册会计师职业道德基本准则》的要求？为什么？

(资料来源：李若山，刘大贤. 审计学. 北京：经济科学出版社，2000.)

这里所说的广告，是指为招揽业务，会计师事务所将其服务和技能等方面的信息向社会公众进行传播；业务招揽，是指会计师事务所和注册会计师与非客户接触以争取业务；宣传，是指会计师事务所和注册会计师向社会公众告知有关事实，其目的不是抬高自己。

在许多国家，尚不允许会计师事务所通过刊登广告招揽业务；而在一些国家，开始允许会计师事务所刊登广告，在超级球赛、印刷品中做广告宣传已不少见。根据《中华人民共和国注册会计师法》的规定，我国会计师事务所和注册会计师不得对其能力进行广告宣传以招揽业务。会计师事务所和注册会计师不得刊登广告，主要有三条理由：①注册会计师的服务质量及能力无法由广告内容加以评估；②广告可能威胁专业服务的精神；③广告可能导致同行之间的不正当竞争。

第四节　如何提高准注册会计师们的职业道德水平

会计师事务所的生力军是主要来自全国各大财经院校的学生，不少学生在校期间立志成为注册会计师。在学习过程中，他们的误区是只要学好专业知识，通过考试就有辉煌的未来。作为行业引导者，我们必须告诉他们，许多业务精良的注册会计师倒下了，并不是栽倒在对准则不熟悉，以及业务能力上，而是栽倒在未能勤勉尽责的职业道德上。因此，准注册会计师们必须过好下面三关。

1. 培养审计职业情感

每个人都有实现自身价值的理想和愿望，而自身价值则是通过工作和事业的成功来反映与实现的。审计人员既然选择了审计这个工作岗位，就要摆正自己的位置，热爱审计工作。俗话说“三百六十行，行行出状元”，通过努力，在平凡的岗位上同样能做出成绩，取得成功。即使对审计职业不感兴趣，只要树立起“干一行，爱一行”的思想，也会发现审计职业的乐趣。只有热爱审计工作，敬重审计职业，才会全身心地投入到审计事业，发挥自己的才能，在审计领域做出一番成绩，为社会进步做出自己应有的贡献，从而实现自身的社会价值。

2. 构筑职业道德底线

遵守审计职业道德，熟悉和掌握相关的法律法规，不断学习提高审计职业技能。如果审计人员熟悉准则，具有娴熟的审计技能，但是没有道德底线，如何遵循准则、坚持准则，做到客观公正？审计人员学习的内容应该是多方面的，既要学习会计、审计、税法等专业制度和准则，还要学习审计职业道德规范，只有通过不断学习，全面学习，才能使自己懂得什么是对、什么是错，什么可以做、什么不可以做，什么必须提倡、什么要坚决反对，从心理上对审计职业道德有整体的认识。

3. 建立正确的金钱观

建立“自己的钱自己用，别人的钱不能动”的观念。整天与钱财打交道的审计人员受到利益诱惑的机会要比其他职业多得多。这就要求审计人员经常以审计职业道德规范标尺认真度量自己在职业活动中的言行，自我检查，自我批评，不断摒除旧的道德观，在思想反复斗争过程中不断提高自律能力。

课后案例讨论：做假账还是失业——我的求职困惑

祖籍山东阳谷的刘士泉是黑龙江商业大学会计系本科毕业生，毕业4年多，已换了4家单位。时至今日，他仍对做假账坚决说“不”，也因此成为不被企业领导欣赏的会计。刘士泉说：“我感觉疲惫，在谋生与守法间作出选择太难。几年来，最让我感到失望的就是企业诚信。”

刘士泉毕业后到济南某摩托车生产企业财务部工作，后因公司陷入决策带来的困境，便离开了这家企业。不久，他被山东某医药电子商务公司聘用。这家公司主要从事网上招投标业务。刘士泉很快了解到，这个3月才领到营业执照的公司，到6月已亏损40万元。此时，北京总部召集财务人员，要求给山东公司做出80万元的盈利。刘士泉想：“山东公司注册资金不过100万元，怎么可能一下盈利这么多？自己从小规规矩矩，实在不敢承担做假的风险。”于是，他便以“水平太差”为由，主动请求辞职。

之后，刘士泉到山东某大学一校办企业工作。这是一个注册资金仅10万元的小公司，一直处于亏损状态。但公司的外部形象策划很“到位”，对外宣传说，公司依托大学技术优势，产品在市场上很畅销。面对这种情况，刚干了3个月的刘士泉，已有去意。

此时恰逢山东某企业重组上市，公司刊登广告高薪聘请财务经理、主管会计。在参加笔试的100多人中，刘士泉高居榜首。公司要求他前去面试，并说已确定要他。然而，在试用期间，刘士泉发现，济南公司的财务并不像一个大公司的财务，从手工账来看，存在严重账账不符现象。其中还存在造假账的问题，实际盈利200万元，账上却是500万元。刘士泉再次主动请辞。

公司虚报盈利，“包装”上市之说，这下让刘士泉看清了。他很纳闷，这家上市公司的账实不符问题，明眼人都能看得出，为什么还能在上海证券交易所顺利上市呢？

有人对刘士泉说：“社会呼唤诚信，你做得太靠前了。”刘士泉有时也想，假如自己留在先前公司做假账，也许会做得很好，也不至于沦落到今天这个地步。那家公司不是到现在也没出事吗？刘士泉现在开始犹豫：“以后，如果再有老板让我做假账，我要不要做？”这几天，刘士泉仍在为他的求职忙碌着，不知他的职业道德还能持续多久？

（资料来源：是做假还是失业？刘士泉.曾这样痛苦选择.新华网每日电讯，2006-02-24.）

问题探讨：

(1) 你怎样看待刘士泉的选择？

(2) 做假账与信用、职业有什么关系？

(3) 如果你是刘士泉，你的选择是什么？

第六章

CPA考试、会计考证与国际证书

课前案例：菜鸟提问会计考证

各位前辈，我是大二学生，现在在考证、考研和就业之间很迷茫，我不知道到底该怎么办。会计证有几级啊，需要考多少个证？一共需要多长时间能考下来？考证顺序是什么？家里人都想让我考研，考研后好就业，工资高，待遇好，也能缓解现在的就业压力。可是，今年6月可以报考会计从业资格考试了，我要考吧，会耽误考研，考上研以后那证也是废纸一张，不考的话万一真的没考上研究生，我连从业资格证都没有，算什么会计？而且考研时会有很多就业招聘会，想考研就不能去了，我怕错过了机会，到时又考不上研就一无所有了。请各位前辈给点意见吧。

第一节　CPA考试

一、报名程序

参加注册会计师全国统一考试的报名人员（应届毕业生），应当通过中国注册会计师协会（简称中注协）网站“注册会计师全国统一考试网上报名系统”（http://cpaexam.cicpa.org.cn，简称网报系统）进行报名。报名分为注册并填写报名信息、资格审核和交费三个环节。

二、考试科目和考试范围

专业阶段考试科目：会计、审计、财务成本管理、公司战略与风险管理、经济法、税法。专业阶段考试报名人员可以同时报考6个科目，也可以选择报考部分科目。综合阶段考试科目：职业能力综合测试（试卷一、试卷二）。

考试范围：《注册会计师全国统一考试大纲》和《注册会计师全国统一考试大纲》确定了考试范围。

三、考试方式

考试采用闭卷、计算机化考试方式。即在计算机终端获取试题、作答并提交答题结果。

四、考试辅导教材

中注协根据《注册会计师全国统一考试大纲》和《注册会计师全国统一考试大纲》，编写专业阶段 6 个科目考试辅导教材、专业阶段和综合阶段试题汇编，以及经济法规汇编，分别由中国财政经济出版社和经济科学出版社出版发行。报名人员可在当地书店、出版社指定的网上书店或者在省级注协自愿购买。

五、试卷评阅和成绩认定

(1) 考生答卷由中注协组织集中评阅。考试成绩经财政部注册会计师考试委员会认定后发布。考生可登录中注协网站查询成绩并下载打印成绩单。

(2) 每科考试均实行百分制，60 分为成绩合格分数线。

(3) 专业阶段考试的单科考试合格成绩 5 年内有效。对在连续 5 个年度考试中取得专业阶段考试全部科目合格成绩的考生，颁发注册会计师全国统一考试专业阶段考试合格证。

(4) 对取得综合阶段考试科目合格成绩的考生，颁发注册会计师全国统一考试全科合格证。注册会计师全国统一考试全科合格证由考生到综合阶段考试报考所在省级注协申领。

第二节　会计从业资格考试

一、考试介绍

《会计从业资格证书》是具有一定会计专业知识和技能的人员从事会计工作的资格证书，是从事会计工作必须具备的基本要求和前提条件，是证明能够从事会计工作的唯一合法凭证，是会计岗位的“准入证”，是从事会计工作的必经之路。它是一种资格证书，是会计工作的“上岗证”，不分级。

会计从业资格考试一般由省级财政部门组织，考试及报考时间全国各省有差异。

会计从业资格管理实行属地原则。县级以上财政部门(含县级，下同)负责本行政区域内的会计从业资格管理。

二、考试内容

会计从业资格考试科目为：《财经法规与会计职业道德》《会计基础》《初级会计电算化》(或者《珠算五级》)(如果当地考试科目不相同，请以当地官方公告为准)。

《会计基础》《财经法规与会计职业道德》考试均采用闭卷笔试的办法；《初级会计电算化》为上机考试(如果当地考试科目不相同，请以当地官方公告为准)。

无纸化考试形式：2013 年全国会计从业资格考试实行无纸化以后，大部分地区考试时长为每科 60 分钟，三科联考 180 分钟或者两科联考 120 分钟，部分地区在线考试时间稍有区别(请以当地官方公告为准)。

三、报名时间

会计从业资格考试由省级财政部门组织，报考时间全国各省市有差异，上半年考试的报名时间一般集中在前一年的 11 月到当年的 4 月，下半年考试的报名时间一般集中在 6—9 月。

四、报名入口

各地会计从业资格报名时间及考试时间各地不同，一般由各地会计网或财政局网站发布公告，报名方式一般为网上报名或现场报名。

五、考试时间

全国各省市会计从业资格考试时间不同，考试次数也不相同。

六、成绩查询

会计从业资格考试成绩一般在考试结束后的七日至两个月内开始陆续对外公布。一般由各地会计网或财政厅公布。

七、成绩管理

多数省份市级省级地方，考试成绩管理为一次性通过三门为合格。少数地方考试成绩为滚动管理，考生可以在连续两个考试年度内通过全部科目方为合格。全部考试科目合格后可发放《会计从业资格证书》从事会计工作。

八、合格标准

全国各省一般考试试卷满分为 100 分，合格分数一般设在 60 分。(个别地区不相同，请查看当地官方公告)

第三节　会计专业技术初级、中级考试

一、会计专业技术初级资格考试

1. 考试简介

会计专业技术初级资格实行全国统一组织、统一考试时间、统一考试大纲、统一考试命题、统一合格标准的考试制度。初级会计专业技术资格考试，原则上每年举行一次。

会计专业技术初级资格考试合格者，颁发人事部统一印制，人事部、财政部用印的《会计专业技术资格证书》，该证书在全国范围内有效。用人单位可根据工作需要和德才兼备的原则，从获得会计专业技术资格的会计人员中择优聘任。

2. 考试科目

会计专业技术初级资格考试设《经济法基础》《初级会计实务》两个科目。

初级资格考试分两个半天进行，《初级会计实务》为 2 小时，《经济法基础》为 1.5 小时。

初级资格实行无纸化考试。

3. 报名条件

报名参加会计专业技术资格考试的人员，应具备下列基本条件：

(1) 坚持原则，具备良好的职业道德品质。

(2) 认真执行《中华人民共和国会计法》和国家统一的会计制度，以及有关财经法律、法规、规章制度，无严重违反财经纪律的行为。

(3) 履行岗位职责，热爱本职工作。

(4) 具备会计从业资格，持有会计从业资格证书。

报名参加会计专业技术初级资格考试的人员，除具备以上基本条件外，还必须具备教育部门认可的高中毕业以上学历。

4. 报名手续

采取网上报名、网上付费、网上打印准考证、现场审核的方式。经审核合格后，发给准考证。考生凭准考证在规定的时间和地点参加考试。

5. 报名时间

报名时间一般安排在考试年度的 10 月中旬到 11 月底。

6. 考试时间

考试时间一般安排在考试年度的 5 月第三个周末(以当年公布的报名时间、考试时间为准)。《初级会计实务》科目考试时长为 2 小时，《经济法基础》科目考试时长为 1.5 小时；两个科目连续考试。

7. 资格认定

参加初级资格考试的人员须在一个考试年度内通过两个科目的考试，方可获得初级资格证书。

二、会计专业技术中级资格考试

会计专业技术中级资格实行全国统一组织、统一考试时间、统一考试大纲、统一考试命题、统一合格标准的考试制度。会计专业技术资格考试，原则上每年举行一次。

会计专业技术中级资格考试合格者，颁发人事部统一印制，人事部、财政部用印的《会计专业技术资格证书》，该证书在全国范围内有效。用人单位可根据工作需要和德才兼备的原则，从获得会计专业技术资格的会计人员中择优聘任。

1. 考试科目

会计专业技术中级资格考试设《财务管理》《经济法》《中级会计实务》三个科目。

《财务管理》《经济法》为 2.5 小时，《中级会计实务》为 3 小时。

采取无纸化考试试点与纸笔方式。

2. 报名条件

报名参加会计专业技术资格考试的人员，应具备下列基本条件：

(1) 坚持原则，具备良好的职业道德品质。

(2) 认真执行《中华人民共和国会计法》和国家统一的会计制度，以及有关财经法律、法规、规章制度，无严重违反财经纪律的行为。

(3) 履行岗位职责，热爱本职工作。

(4) 具备会计从业资格，持有会计从业资格证书。

报名参加会计专业技术中级资格考试的人员，除具备以上基本条件外，还必须具备下列条件之一：

(1) 取得大学专科学历，从事会计工作满五年。

(2) 取得大学本科学历，从事会计工作满四年。

(3) 取得双学士学位或研究生班毕业，从事会计工作满二年。

(4) 取得硕士学位，从事会计工作满一年。

(5) 取得博士学位。

对通过全国统一的考试，取得经济、统计、审计专业技术中、初级资格，并具备以上基本条件的人员，均可报名参加相应级别的会计专业技术资格考试。

3. 报名手续

采取网上报名、网上付费、网上打印准考证、现场审核的方式。

4. 报名时间

报名时间一般安排在考试年度的3月初。

5. 考试时间

考试时间一般安排在考试年度的9月(以当年公布的报名时间、考试时间为准)。

6. 资格认定

参加中级资格考试的人员须在连续两个考试年度内通过三个科目的考试，方可获得中级资格证书。

小贴士：会计职称

会计职称是衡量一个人会计业务水平高低的标准，会计职称越高，表明会计业务水平越高。现有会计职称：初级、中级、高级和正高级，初级职称有会计员、助理会计师，中级职称有会计师，高级职称有高级会计师和正高级会计师。

对于初、中级资格，国家实行考试授予制度，而对高级资格，国家实行考评结合的授予制度。在实行上述授予制度后，职称不再由国家直接授予，而改为由聘任单位根据规定自行聘用任命，国家只负责授予相应的任职资格。

特别提醒：除需要先参加全国统一的会计专业技术初级资格的考试，通过取得会计初级资格外，还需要有单位聘任你，你才是这个单位的助理会计师。否则你只有资格而没有职称和职位。

第四节 ACCA考试

一、ACCA是什么

ACCA是英国“特许公认会计师公会”(The Association of Chartered Certified

Accountants)，简称 ACCA。它是得到皇家特许(Royal Charter)衔头的英国四大拥有法定权利会计师公会之一，也是世界上最著名的会计师专业团体之一。同时特许公认会计师公会亦是国际会计准则理事会(IASB)和国际会计师联合会(IFAC)的创始成员。

ACCA 是什么国家的证书？ACCA 总部位于英国格拉斯哥(2 Central Quay 89 Hydepark Street Glasgow United Kingdom G3 8BW)，公会专门向世界各地提供特许公认会计师(Chartered Certified Accountant)资格专业考试，现时全球 170 多个国家和地区有超过 14 万名 ACCA 会员及 40.4 万名学生会员。与此同时，在马来西亚，中国的北京、上海、广州、成都、深圳和香港特别行政区及澳门特别行政区设有 ACCA 地方代表处或联络处。

ACCA 自 1988 年进入中国以来，经历 20 余年快速发展，目前在中国拥有超过 23 000 名会员(大陆只有 6 000 名，大部分在香港地区)及 48 000 名学员，并在北京、上海、成都、广州、深圳、香港地区以及澳门地区设有共 7 个办事处。

ACCA 专业资格考试是最具权威性的国际认证资格考试。伴随中国经济金融国际化，在中国持有 ACCA 特许公认会计师资格证书象征着无与伦比的国际财经职业地位和广阔的职业发展前景。目前 ACCA 会员主要就业方向包括花旗银行、汇丰银行、渣打银行、工商银行、中国银行等大型国际国内金融机构；阿里巴巴、通用电气、壳牌和联合利华等大型企业；以“四大”会计师事务所为代表的国际财务金融服务机构。

二、ACCA 的课程设置

ACCA 考试是按现代企业财务人员需要具备的技能和技术的要求而设计的，共有 14 门课程，两门选修课，课程分为三个部分：

第一部分涉及基本会计原理；

第二部分涵盖专业财会人员应具备的核心专业技能；

第三部分培养学员以专业知识对信息进行评估，并提出合理的经营建议和忠告。

ACCA 学员在通过 ACCA 专业资格考试第一、二部分即前 9 门的考试之后，再提交一份研究和分析报告，就有机会获得牛津布鲁克斯大学的应用会计(优等)理学士学位。根据中英双方 2003 年 2 月签订的《中华人民共和国政府和大不列颠及北爱尔兰联合王国政府及托管政府关于相互承认高等教育学位证书的协议》，获得牛津布鲁克斯大学(优等)理学士学位且成绩优异者，在不取得中国硕士学位的前提下，可以直接参加中国博士生入学考试。

学员可以根据自己的实际情况，选择参加培训班或自修以及网上培训来完成 ACCA 考试。

三、2016 年 ACCA 最新的免考政策

(1) 2016 年 ACCA 还是对高校毕业生或在校生有一定的免考政策，其中会计学免试 3～5 门，金融专业免试 1 门，法律、商务、管理类免试 1 门。MPAcc 专业免 9 门，MBA 学位免 3 门。

(2) ACCA 对高校毕业生或在读生的免试都是在 F 阶段的考试，另外是按 F1～F9

的顺序免考：如 MBA 学位免试 3 门，是 F1～F3。

(3) 2016 年 ACCA 和美国注册管理会计师协会(CMA)有着互免政策，2016 年 CMA 仍然可以免考 ACCA 7 门，即 F1～F5，F8，F9(F1 会计师与企业；F2 管理会计；F3 财务会计；F4 公司法与商法；F5 业绩管理；F8 审计与认证业务；F9 财务管理)。ACCA 对于参加专业会计师考试的中国学员的免试政策详情如表 6-1 所示。

表 6-1　2016 年 ACCA 免考政策

注册报名资格	免 试 情 况
教育部认可高校毕业生	
会计学——获得学士学位	免试 5 门课程(F1～F5)
会计学——辅修专业	免试 3 门课程(F1～F3)
金融专业	免试 5 门课程(F1～F5)
法律专业	免试 1 门课程(F4)
商务及管理专业	免试 1 门课程(F1)
MPAcc 专业(获得 MPAcc 学位或完成 MPAcc 大纲规定的所有课程、只有论文待完成)	免试 9 门课程(F1～F9)(F6 的免试需选修中国税制课程)
MBA 学位——获得 MBA 学位	免试 3 门课程(F1～F3)
非相关专业	无免试
所有专业——完成第一学年课程	可以注册为 ACCA 正式学员，无免试
财会专业——第二学年	免试 3 门课程(F1～F3)
财会专业——第三学年	免试 3 门课程(F1～F3)
其他专业——在校生	可咨询微信公众号或者登录英国官网查询
2009 年新政策后 CPA 全科通过	F1～F9(共免 9 门)
CMA 持证者	F1～F5，F8，F9(共免 7 门)

四、考取 ACCA 可以收获的好处

(一) 国际顶级证书

参加本项目学习的学员，可参加由 ACCA 官方组织的全球统一考试，通过考试后，可以收获一系列国际权威的资格证书。

ACCA 系列证书包含有一系列的金融财务国际职业资格。其中包括：

国际商业会计资格证——Diploma in Accounting and Business

高级国际商业会计资格证——Advanced Diploma in Accounting and Business

完成 14 个科目全球考试后，可获得 ACCA Affiliate(准会员)资质，拥有 3 年相关工作经验后可获得备受尊敬的 ACCA Member(会员)资质。

（二）牛津布鲁克斯大学理学学士学位（BSc degree in Applied Accounting）

ACCA与英国牛津布鲁克斯大学合作，在学员通过ACCA前两个阶段的考试后，只需向院校提交相关学位申请论文，即可获得由该所大学颁发的会计学应用理学学士学位。

截至2013年1月，ACCA方向专业在中国有500家签约就业企业，其中主要为世界500强企业和国际国内大型知名企业。薪酬是国内普通统招毕业生起点薪酬的2～4倍。（资料来源：China ACCA网）

小贴士：同寝四姐妹同时考上国际注册会计师ACCA

2016年6月，武汉纺织大学会计学院2016届毕业生刘思彤、郑媛媛、魏美萍、普唱唱成功通过ACCA考试，成为ACCA会员。作为同一个寝室的她们在校期间拿过国家励志奖学金、校奖学金，现在又同时在三年内全科通过ACCA的14科考试，成为市场需求30万、拥有资格者不过万的国际注册会计师。

第五节　CPA Canada考试

CPA Canada原名CGA（Certified General Accountants Association of Canada）。2014年，随着加拿大国内会计师团体一体化进程的推进，CGA正式与加拿大国内另两个职业会计团体合并成为新的CPA-Canada。

一、CPA Canada简介

加拿大特许专业会计师协会（Chartered Professional Accountants of Canada，CPA Canada）是加拿大唯一的专业会计师团体，于2014年10月完成了对本国会计师行业的整合。其前身为加拿大原三大会计师协会——加拿大特许会计师协会（CICA）、加拿大注册会计师协会（CGA-Canada）、加拿大管理会计师协会（CMA Canada）——均是有着上百年历史的世界知名会计师团体，在全球范围内享有良好的口碑和信誉度。合并后，CPA Canada继续发挥原三大会计师协会在审计、财务会计和管理会计等方面的专长，助力中国审计与会计行业的发展。

二、CPA Canada国际认可度

CPA Canada不仅在加拿大会计、商业领域占据着不可动摇的领导地位，其专业证书亦可称为会计师的全球通行护照。由世界主要经济体的顶级会计师协会组成的全球会计联盟（Global Accounting Alliance，GAA）在2005年成立，10个成员协会间不仅资源共享，还可以互认会员资格。作为GAA成员之一的CPA Canada，其会员资格可以轻松换取其他成员协会的会员资格，包括美国注册会计师协会（AICPA）、英格兰及威尔士特许会计师协会（ICAEW）、爱尔兰特许会计师协会（ICAI）、苏格兰特许会计师协会（ICAS）、澳大利亚和新西兰特许会计师协会（ICAAN）、香港会计师公会（HKICPA）、日本公认会计师协会（JICPA）以及南非特许会计师协会（SAICA）。

三、本科阶段——PREP

取得 CPA Canada 会员资格的第一步是完成本科阶段的教育项目——CPA PREP。完成该项目的 14 门单元课程也是学生进入研究生阶段以及参加最后的综合考试的前提要求。CPA PREP 详细的课程列表如表 6-2 所示。

表 6-2 CPA PREP 详细的课程

Module 1：Introductory Financial Accounting	Module 6：Corporate Finance
Module 2：Introductory Management Accounting	Module 7：Audit and Assurance
Module 3：Economics	Module 8：Taxation
Module 4：Statistics	Module 9：Intermediate Management Accounting
Module 5.1：Intermediate Financial Reporting 1	Module 10：Performance Management
Module 5.2：Intermediate Financial Reporting 2	Module 11：Business Law
Module 5.3：Advanced Financial Reporting	Module 12：Information Technology

以上所有课程将在 2016 年 9 月后登陆中国。届时，所有准学员的学习背景将会接受专业评估，以确定其在本科阶段 CPA PREP 中需要完成的课程。进入项目后，学员们将会通过 CPA Canada 在线学习系统完成作业要求，并在期末参加相应的课程考试（形式为机考，60 分为合格）。

四、CPA Canada 项目总览

CPA Canada 教育体系由两个阶段的教育项目和综合考试构成。CPA Canada 除了拥有特许会计师、管理会计师和注册会计师的资源外，另一与众不同之处就在于其独有的会计专业课程教育体系，也是 IFAC（国际会计师联合会）170 多家会计师协会中唯一提供教育项目的会计师团体。CPA Canada 教育体系由两个阶段的教育项目和综合考试构成：

（1）本科阶段会计基础教育——Prerequisite Education Program，简称 CPA PREP，由 14 门单元课程组成。

（2）研究生阶段会计专业教育——Professional Education Program，简称 CPA PEP，由 6 门课程组成。完成本科阶段，并取得本科学士学位是进入此研究生阶段学习的必要前提条件之一。

（3）综合考试——Common Final Exam，简称 CFE，由 3 天的综合考试构成。

完成两个阶段的教育项目以及通过最后的综合考试，同时取得财务与会计相关领域 30 个月或以上的工作经验后，即可申请成为 CPA Canada 会员。

五、综合认证考试——CFE

综合认证考试——Common Final Exam，简称 CFE，由 3 天的考试组成，参加考试的学生需要展现并达到 CPA Canada 技能框架中对学生专业技能掌握的深度和广度的要

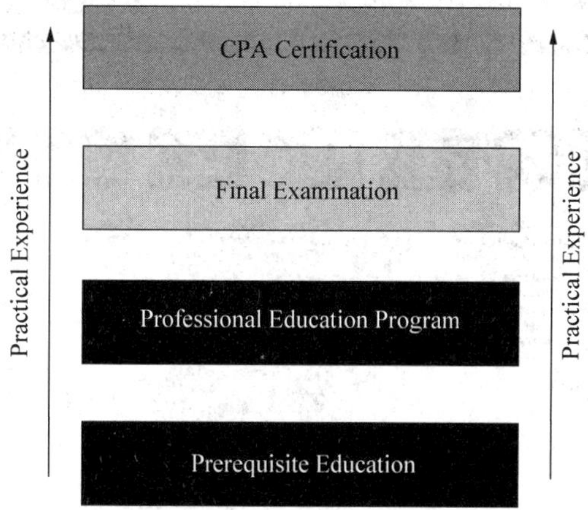

图 6-1 CPA Canada 教育体系

求。3 天的考试分为两个部分：第一天为第一部分，是时长为 4 小时的案例考试，单独考评；第二天和第三天为第二部分，考核时长分别为 5 小时和 4 小时。

第一天的时长 4 小时的案例考试与 PEP 阶段的 Capstone 1 的案例是关联的，重点考查考生的软技能。

第二天和第三天仍为案例考试，重点考查学生专业技能掌握的深度和广度。第二天的考试包含案例阅读时间在内共 5 个小时，考生需从 4 个专业方向中选择一个做角色扮演，虽然案例相同，但考生需根据自己的角色做相应的问题解答。第三天的考试则由若干小案例组成，重点考查考生对财务会计和管理会计知识的理解与熟练运用能力，但同时也包含其他方面的专业知识和技能的内容考核。

六、研究生阶段——PEP

CPA PEP 是相当于研究生程度的专业教育项目，通过模拟真实的商业运营环境，提高学员在专业环境中应用专业知识、专业价值观、专业标准和专业态度去解决实际问题的能力。

该阶段由 2 门核心课程、2 门选修课程（根据个人职业发展需要从 4 门方向课程中选 2 门）和 2 门综合课程组成，分别从财务会计与管理会计的职业广度和专业领域发展的深度来引导、教育学生，同时，兼顾领导能力和沟通能力等软技能方面的培养，全方位提高学生思考和应用能力。而 2 门综合课程（Capstone）的期终考核形式也非笔试——Capstone 1 是综合案例课程，学生以小组合作的形式完成案例分析和展示，课程与最后的综合认证考试有所关联；Capstone 2 是 CFE 的复习准备课，帮助学生将所学知识和技能与真实的工作环境结合起来，以提高学生的综合素质，从而顺利完成最终的 CFE。

取得本科学位（不限专业方向）并完成 CPA PREP 阶段是进入 CPA PEP 阶段的前提条件。CPA PEP 阶段的 6 门课程通过 CPA Canada 在线学习系统提供，学员满足每门课程的要求后方可进入下一门课程继续学习。

CPA PEP 教育项目已于 2016 年 9 月后在中国提供。

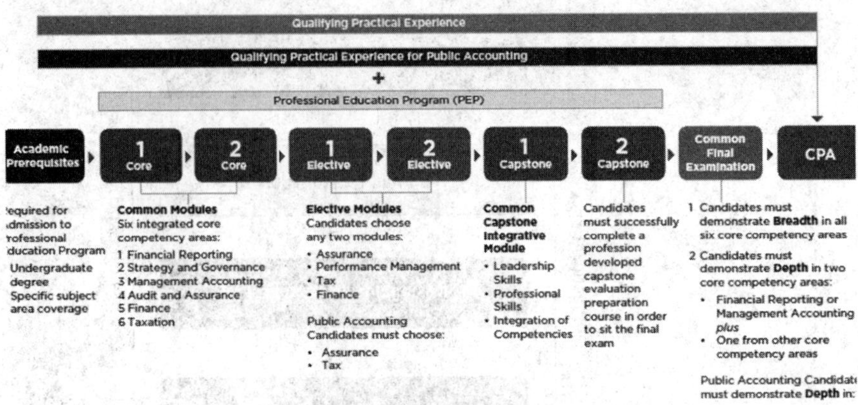

图 6-2 CPA PREP 课程

（资料来源：中国会计视野 CPA Canada 考试专栏）

小贴士：CPA Canada 中国本科合作院校

CPA Canada 中国本科合作院校如表 6-3 所示。

表 6-3 CPA Canada 中国本科合作院校

合作院校	省(市)	Partners	Province/City
对外经济贸易大学	北京	University of International Business & Economics (UIBE)	Beijing
暨南大学	广东	Jinan University(JNU)	Guangdong
上海财经大学	上海	Shanghai University of Finance & Economics(SUFE)	Shanghai
清华大学	北京	Tsinghua University(TSU)	Beijing
南开大学	天津	Nankai University(NKU)	Tianjin
吉林大学	吉林	Jilin University(JLU)	Jilin
东北财经大学	辽宁	Dongbei University of Finance & Economics(DUFE)	Liaoning
中山大学	广东	Sun Yat—Sen University(SYSU)	Guangdong
浙江财经大学	浙江	Zhejiang University of Finance & Economics(ZUFE)	Zhejiang
西南财经大学	四川	South Western University of Finance & Economics (SWUFE)	Sichuan
哈尔滨商业大学	黑龙江	Harbin University of Commerce(HUC)	Heilongjiang
苏州大学	江苏	Soochow University(SZU)	Jiangsu
首都经济贸易大学	北京	Capital University of Economics & Business(CUEB)	Beijing
宁波大学	浙江	Ningbo University(NBU)	Zhejiang
中南财经政法大学	湖北	Zhongnan University of Economics and Law(ZNUEL)	Hubei
河南财经政法大学	河南	Henan University of Finance & Economics(HNUFE)	Henan

第六节　CMA 考试

一、考试简介

美国注册管理会计师(CMA)为美国管理会计师协会(IMA)推出的专业资格,被誉为财会领域的黄金证书和 mini MBA,在全球各行业均得到了广泛应用和认可。CMA 认证能够帮助持证者职业发展,支持企业决策,推动企业业绩发展,保持高水准的职业道德,并在企业战略决策过程中担任重要的角色。

美国管理会计师协会成立于 1919 年,总部设立在美国新泽西州,在全球 140 个国家拥有 300 多个专业分会和学生分会,超过 7.5 万名会员。IMA 于 2005 年年底正式进驻中国,截至 2014 年 6 月,在中国有逾万名会员。

学员一般可以在一年内考下 CMA。

2013 年 IMA 中国区会员薪酬调查报告显示,全球范围内,持有 CMA 认证的专业人士的收入水平至少比未持有 CMA 认证的同行高三分之一;青年专业人士(29 岁以下)从 CMA 认证项目中获益最多,平均工资比未持有 CMA 认证的青年专业人士高 96%。

二、国际、国内双重认可

为打造中国自己的国际化财会人才,CMA 认证还被列为国家人才重点培养项目,在国资委系统内推广。目前,除了来自知名外企、国企、民营公司的学员外,国资委每年均大规模组织了央企的财务人员进行 CMA 学习,以培养更多国际化的财务管理人才。

三、方便灵活参加考试

在中国,每年在 13 个主要城市共设 6 000 个考试场次,供学员随时参加考试。身处世界各地,都会享受到标准化的考场管理与服务,以保证 CMA 考试的安全、可靠、公正。

四、CMA 考试章节及比重

CMA 考试章节及比重如表 6-4 所示。

表 6-4　CMA 考试章节及比重

Part 1——Financial Planning, Performance and Control(财务计划,业绩衡量及控制)(Levels A, B, and C)	
章节内容	**考试所占比重**
External Financial Reporting Decisions——外部财务报告决策	15%
Planning, Budgeting and Forecasting——规划、预算与预测	30%
Performance Management——绩效管理	20%
Cost Management——成本管理	20%
Internal Controls——内部控制	15%

续表

Part 2——Financial Decision Making(财务决策制定)(Levels A,B,and C)	
章节内容	考试所占比重
Financial Statement Analysis——财务报告分析	25%
Corporate Finance——公司理财	20%
Decision Analysis——决策分析	20%
Risk Management——风险管理	10%
Investment Decisions——投资决策	15%
Professional Ethics——职业道德	10%

注：CMA 考试已于 2015 年 1 月 1 日更新为最新考纲。

五、考试语言

中文或英文(自选)。

六、考试时间

CMA 中文考试每年举办三次,CMA 英文考试每年有三个考试窗口(1/2 月,5/6 月,9/10 月)。

七、报名资格

CMA 考试不需要有特别的资质,但获取证书时有要求。

八、考试费用

全部考试费用共约 7 000 元人民币(不包括培训)。

第七节　CIMA 考试

一、考试简介

皇家特许管理会计师公会(Chartered Institute of Management Accountants, CIMA)。

CIMA 成立于 1919 年,总部设在英国伦敦,是全球最大的国际性管理会计师组织。目前拥有 17.1 万名会员和学员,遍布 165 个国家。CIMA 资格不局限于会计内容,而是涵盖了管理、战略、市场、人力资源、信息系统等方方面面的商业知识和技能。CIMA 于 2010 年 5 月在全球范围内采用全新的管理会计师职业资格认证体系。CIMA 的这套全新体系成为第一个也是目前唯一一个达到国际会计联合会(IFAC)国际教育标准的会计职业资格体系。通过 CIMA 三级认证考试并达到工作经验要求者可获得 CIMA 会员资格。CIMA 会员即特许管理会计师,可在其姓名之后加注 ACMA 或 FCMA 专衔标志。

二、课程设置

CIMA 要求学员必须具备三年相关工作经验才能成为特许管理会计师。

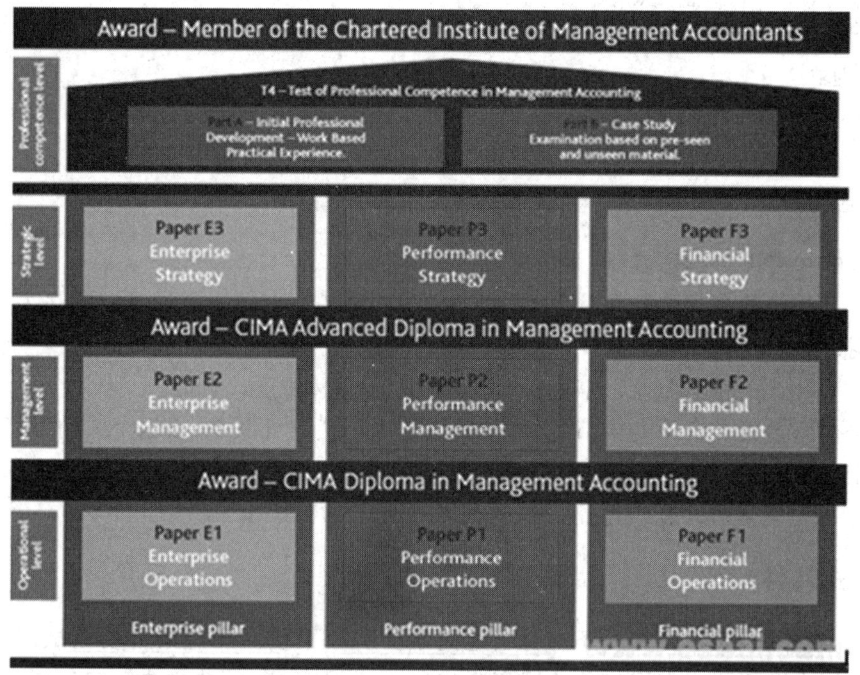

图 6-3　CIMA 课程

三、考试时间

如果参加的是管理阶段和战略阶段课程的考试，一年中只在 5 月和 11 月举行全球统一考试。由于免试申请需要一段时间的处理(28 个工作日)，如果需要申请免试并参加当年笔试，建议至少提前一个月注册，并尽快递交申请免试的材料。

考试时间	注册时间	考试报名时间
5 月考试	1 月 31 日前	3 月 1 日前
11 月考试	7 月 31 日前	9 月 1 日前

最后一关 TOPCIMA 考试有笔考和机考，笔考在 5 月和 11 月，TOPCIMA on PC 机考每年有四次考试机会，分别在 3 月、5 月、9 月和 11 月。学生在电脑上使用 MS Word 和 Excel 完成 TOPCIMA 考试所要求的电子版本报告。答题结束后，由考点负责通过 FTP 上传至 CIMA 指定文件夹，由 CIMA 考官进行阅卷，并判定结果。

四、考试方式

目前只有基础阶段使用计算机进行考试(Computer Based Assessment，CBA)，在中国境内，上海、北京、广州、重庆等地都开设了 CBA 考点，具体联系方式请登录 www.cimaglobal.com/examcentres2 查看。基础阶段课程的考试时间安排灵活便利，无须在网上报名，可以直接与考点联系报名事宜，也可致电中国代表处咨询。管理阶段和战略阶段课程的考试均采用笔试方式。

五、分数线

所有考试及格分数为 50 分，满分为 100 分。

六、报名资格

凡持有大专以上学历者，即可报名成为 CIMA 正式学员。

教育部认可的高等院校在校生，顺利通过第一年的所有课程考试且年龄在 18 岁以上者，即可报名成为 CIMA 正式学员。

凡持有会计类相关职业证书者，即可报名成为 CIMA 正式学员。

不符合以上报名资格的申请者，可与我们的中国代表处联系，根据个人情况经过审核程序决定报考资格。

相当于大学英语六级或托福 580、雅思 6.0 以上的英语水平。

七、免试条件

目前，在中国地区，CIMA 还未对当地的学历和资格设立相应的自动免试确认程序，CIMA 英国专家组将根据提供的免试资料进行逐一评定，并通过邮件告知免试结果。具体免试科目将根据提供的资料进行评估。

由于各大学及其专业的教学大纲有所不同，CIMA 要求出具成绩单来了解其在大学里所修的课程和学时及与 CIMA 学习大纲相关的内容。

如果拥有相关海外学历或者国际资格证书，CIMA 有相应的自动免试确认程序。可以直接登录网站：www.cimaglobal.com/exemptions2 输入该证书的名称或关键词，系统会自动显示能够豁免的科目。

如果参加的是基础阶段课程的考试，注册和考试报名则没有严格的时间限制，因为该阶段为计算机形式的考试，时间安排较为灵活。

小贴士：CIMA 与浙江大学管理学院签署战略合作协议

2016 年 5 月 27 日，CIMA 与浙江大学管理学院成功签署战略合作协议。2014 年财政部发布了《关于全面推进管理会计体系建设的指导意见》，要求加强管理会计高端人才培养，尤其是推动加强管理会计国际交流与合作。这对高等院校的会计教育提出了新的挑战——更加强化会计教育的国际化趋势，改革课程体系。除了为管理学院 MPAcc 和 MBA 学生提供相关免试政策之外，CIMA 还将为学院提供教学支持。双方还可以进行学术交流与合作，如共同开展管理会计专题学术讲座与交流活动，共同发布研究报告，组织开展管理会计案例汉化工作，等等。

第八节　AIA 考试

一、AIA 简介

AIA 即国际会计师公会(The Association of International Accountants)。

AIA 于 1994 年获得英国审计资格(RQB),这是国际会计认证团体所能获得的最高殊荣和认证,意味着一证双师的会员资格彰显出 AIA 证书更高的含金量,AIA 有近 30 万执业会员,分布于全球 140 多个国家,AIA 会员资格已得到包括中国内地、爱尔兰、欧洲、中国香港、马来西亚、新加坡、加拿大、加勒比海、美洲、非洲等许多地区和国家的认可。同时,AIA 还是世界最大的经济体——欧盟特约的审计组织。拥有 AIA 证书即拥有了国际会计师高级专业人才的身份证。

AIA 入驻中国上海已有 12 年的历史。本着"国际会计"的理念致力于开创一个覆盖全球 85 个国家的国际化会计师体系。目前,AIA 已在世界许多国家拥有分支机构并得到法定认可,其会员遍布全球,并于各大跨国企业、中小型企业、私人执业及公营机构担任要职。

AIA 国际会计师课程分为三个阶段,因为其全面完善、综合性强等多项优势,被誉为"财会专业的 MBA 课程"。

二、AIA 注册程序

美都教育作为国际会计师公会中国代表处,全权负责 AIA 课程的培训和考试,有效确保了 AIA 的教学质量。美都 AIA 各门课程考试通过率超过 AIA 全球考试通过率,平均超过 75%,参加企业培训的学员,也将获得由 AIA 总部颁发、全球认可的相应阶段证书。

有志于进入财会、金融、证券、投资、银行、管理、商业等学科领域深造的人士,报考资格为:

(1) 具有教育部认可的本科以上学历,可报名就读国际会计师 AIA 资格课程,成为国际会计师公会的学生会员。

(2) 教育部认可的高等院校在校生,需向国际会计师公会中国代表处提出申请,核准后可就读国际会计师 AIA 资格课程,成为国际会计师公会学生会员。

三、考试规则

1. 考试时间(特殊情况下,考试时间见 AIA 驻中国区的相关机构公告)

(1) 考试于每年的 4 月、7 月、9 月、12 月举行。

(2) 考试时间为 3 小时,及格成绩为 50 分,100 分满分。

2. 考试科目

P1:财务会计 1、P2:管理经济学、P3:管理会计 1、P6:信息处理、P4:商务法、P5:审计和税法、P11:财务会计 2、P10:商务管理、P12:管理会计 2、P9:管理信息、P8:公司法、P7：审计学、P13：财务会计 3、P14：财务管理、P15：税法和税务计划、P16：高级审计。

3. 免考政策

不同学历 AIA 免考科目如表 6-5 所示。

表 6-5　不同学历 AIA 免考科目

学历、专业	免考科目
学历(硕士)	
会计或金融专业	P1～P6
财务专业	P1～P6
MBA	P1～P6
无相关专业	P2,P3,P4,P6
学历(本科)	
会计或金融专业	P1～P6
会计(第二专业)	P2～P6
财务相关专业(审计,税务,财务管理)	P1～P6
商务与管理相关专业	P2,P4,P6
法律专业	P4,P8
无相关专业	P2,P4,P6
学历(大专)	
会计或金融专业	P2～P6
财务专业	P2,P4,P5,P6
商务与管理相关专业	P2,P4,P6
无相关专业	无免试
资格证书	
MPAcc 专业	P1～P12
MBA 学位——获得 MBA 学位	P1～P6

在读学员属于国际会计师公会学生会员(student member)；全部完成 16 门课程，取得 AIA 资格证书，属于国际会计师公会毕业生会员(graduate member)；若拥有 2～3 年工作经验，可申请成为国际会计师公会全权会员(associate member，AAIA)，就可以拥有审计报告的签字权，成为会计师、审计师及 CFO(首席财务官)等。

小贴士：LVMH 集团欢迎 AIA 学员实习

2014 年 3 月，AIA 国际会计师公会职业发展中心负责人 Ms. Olive Ke 成功与 LVMH 香水化妆品(上海)有限公司的财务经理 Ms. Joe Sun 签署协议成为合作伙伴。

LVMH集团(全名Louis Vuitton Moët Hennessy)在1987年由Moet Hennessy和Louis Vuitton两大集团合并成立。作为一个在全球高档消费品行业中居领先地位的集团,LVMH旗下产品包括时装、皮具、葡萄酒、烈酒、名表、珠宝、高级香水和化妆品。LVMH香水化妆品(上海)有限公司是LVMH集团于2000年在中国投资成立的,旗下有Dior(迪奥)、Guerlain(娇兰)、Givenchy(纪梵希)、Make Up For Ever、Benefit(贝玲妃)、Kenzo、ADP(帕尔玛之水)等品牌,现正寻求准备致力于在奢侈品行业发展的优秀人才。LVMH香水化妆品(上海)有限公司财务经理Ms. Joe Sun表示信任AIA国际会计师公会培养的国际专业财务人才,非常欢迎AIA国际会计师公会的历届学员到其公司实习或工作。目前LVMH公司AP的职位正在招聘中,希望AIA国际会计师公会的学生能报名参加。

第九节 澳洲CPA考试

一、考试介绍

澳洲会计师公会(CPA Australia)是澳洲最大的财务、会计及商业团体,也是全球最大的会计专业团体之一,总部设在澳大利亚的墨尔本,拥有逾122 000名会员。公会的会员遍布全球,有23%以上的会员在超过100个澳洲以外的国家工作或居住。澳洲会计师公会的愿景是提供全球认可的专业会计资格,协助会员成为举足轻重的商界领袖。公会的主要角色是通过提供教育、培训及技术建议来支援会员,以保持会员的专业水平,为他们的专业发展增值及提升会员的认受性及地位。澳洲会计师公会于2002年进驻中国,开设北京代表处。为进一步加强与中国会计界的交流和合作,公会已于2006年10月开设上海办事处。公会在广州及澳门地区也设有联络处。

二、澳洲注册会计师课程(CPA Program)

澳洲注册会计师课程包括基础阶段及专业阶段的考试共14科,并紧密结合实际工作经验要求。不同学历及工作背景的人士,在通过个别评审后,可从不同的起点开始澳洲注册会计师课程。考试于每年5月及10月举行,会员可在全球超过240个考试地点,包括香港应考。该课程已取得ISO 9001:2000国际认可资格。通过CPA Program专业考试的会员,更可于全球逾170个专业硕士或工商管理硕士课程中取得学科豁免。

澳洲注册会计师课程的考试为自学课程,方便会员根据个人情况安排学习进度。

三、国际认可

澳洲会计师公会与美国执业会计师公会(American Institute of Certified Public Accountants,AICPA)从2000年起已签订互惠执照协议书。该协议让本公会会员(澳洲注册会计师及澳洲资深注册会计师)在完成美国执业会计师公会的International Qualifications Examination(IQEX)考试,并符合其他的学历及工作经验要求后,可成为美国执业会计师公会的正式会员。澳洲会计师公会亦与以下团体签订了资格互认协议:

加拿大注册会计师协会(CGA-Canada);英国特许公共财务和会计师协会(CIPFA);英国特许管理会计师公会(CIMA);加拿大管理会计师协会(CMA Canada);香港会计师公会(HKICPA);新加坡会计师协会(ICPAS);印度特许会计师协会(ICAI);马来西亚会计师公会(MIA)。

澳洲会计师公会是澳洲政府授权审核会计师移民澳洲申请的专业团体之一。

小贴士:澳洲会计师公会2015年针对宁波大学最新免科政策

根据最新入会政策,宁波大学商学院以下专业的应届本科毕业生,可以获得澳洲注册会计师课程八科基础阶段考试的免试(无免试费用)。通过入会评估后,就能直接成为澳洲会计师公会associate会员,并可报名参加最后六科澳洲注册会计师课程专业阶段的考试(相当于研究生水准)。完成考试且满足三年相关工作经验要求之后,可申请成为澳洲注册会计师,得到全球雇主认可。

- 会计
- 金融学
- 国际经济与贸易
- 工商管理

"澳洲注册会计师奖学金"介绍:凡持有澳洲会计师公会合作高校本科学位的应届毕业生,可申请澳洲注册会计师奖学金。获得奖学金的同学可以免费参加2015年澳洲注册会计师专业阶段的一科考试(价值990澳币),并豁免评估费(价值145澳币)和2015年年费(282澳币),价值总计约人民币8 000元,奖学金以考试券的形式发放。

第十节 CIA考试

一、CIA考试介绍

CIA考试的全称为国际注册内部审计师考试。CIA是国际注册内部审计师(Certified Internal Auditor)的英文简称,它不仅是国际内部审计领域专家的标志,也是目前国际审计界唯一公认的职业资格。CIA需经国际内部审计师协会(Institute of Internal Auditors,IIA)组织的考试取得。IIA是世界范围的内部审计师组织。该协会1941年成立于美国纽约,在联合国经济和社会开发署享有顾问地位,是最高审计机关国际组织的常任观察员,是国际政府财政管理委员会、国际会计师联合会的团体会员。协会现有196个分会,分布在100多个国家和地区。

中国内部审计学会1987年加入该协会,成为国家分会。协会现有全球会员7万多人。IIA自1974年起在全球指定地点举行注册内部审计师资格考试,给考试合格者颁发注册内部审计师证书,授予"注册内部审计师"称号。1998年中国内审协会与IIA签订协议,将IIA在国际上举办的国际注册内部审计师考试引入中国,并取得成功。

中国内部审计协会负责全国国际注册内部审计师资格考试的组织领导和协调工作,负责与国际内部审计师协会的联系和协调工作,并向其报告考试工作情况。设考点的省、自治区和直辖市内部审计(师)协会负责本考点的国际注册内部审计师资格考试的组织领导与协调工作。

二、CIA 证书适用范围及前景

注册会计师资格证书适用于会计师事务所及审计师事务所;审计师则是一种中级技术职称资格;CIA 资格为国际上全球认证的内部审计师资格,在内审领域、管理领域以及咨询领域都有广阔的发展空间。

三、CIA 的优势

(1) 知名度高。国际注册内部审计师是内部审计师职业范围的认证,是内部审计领域的专家标志。考取 CIA,将得到国际内部审计界的终身认可,这也是迄今为止各国公认的内部审计认证资格。

(2) 权威。全世界统一时间、统一科目、统一命题、统一评卷。

(3) 收益大。通过 CIA 考试,得到的不仅是证书和荣誉,而且还有先进的管理思路和模式。CIA 不仅可以作为到优秀企业拿高薪的敲门砖,更主要的是能作为通向高层决策的通行证。

(4) 考试方便。只设 4 门考试科目,每门均为 80 道选择题,且其中 1 门由中国出题,容易备考;全球 200 多个考点、中国大陆 4 个考点任意选择;考试采用中文、英文两个语种,也可自由选择。

四、报名条件

(1) 具有本科及本科以上学历。

(2) 具有中级及中级以上专业技术资格。

(3) 持有注册会计师证书或非执业注册会计师证书。

(4) 全日制本科院校审计、会计及相关专业四年级学生。

报考资格的审查和确认工作由各考点具体负责,考点所在的省级内部审计(师)协会及其下属机构应认真做好报考资质审核和审核资料备案工作。

五、机考范围

2015 年,纸笔考试与机考并行,全国 26 个考点(分考点)组织一次纸笔考试、四次机考。

六、报考平台

机考模式下,考生需使用 IIA 开发的资格考试管理系统(Certification Candidate Management System,CCMS)和 Pearson VUE 机考公司开发的考试预约系统。CCMS 可选择使用中文界面,但考生必须使用英文或拼音输入(仅备用地址、证书姓名两项可输入中文),否则无法正常预约考试。

考生需在 4 年内通过所有科目,否则所有已通过科目成绩作废、考试申请作废,需重新提交申请表、缴纳申请费。

七、考试科目和范围

（一）考试范围

第一科：内部审计基础。具体包括内部审计强制性指南、内部控制与风险、审计工具与技术等。

第二科：内部审计实务。具体包括管理内部审计职能、管理单项审计业务、舞弊风险与控制等。

第三科：内部审计知识要素。具体包括治理与商业道德、风险管理、组织结构/业务流程和风险、沟通、管理与领导规则、业务连续性、财务管理、全球化经营环境等。

（二）题目数量、时间和语种

(1) 第一科试题为125道选择题，考试时间为150分钟；第二、三科试题各为100道选择题，考试时间各为120分钟。

(2) 考试语种分为中文、英文。

八、考试参考用书

考试参考用书由中国内部审计协会组织翻译和编写《国际内部审计专业实务框架》(2013年修订)、《实施国际内部审计专业实务框架》(第3版)、《内部审计基础》(第5版，中英文对照)、《内部审计实务》(第5版，中英文对照)、《内部审计知识要素》(第5版，中英文对照)、《CIA考试习题汇编》(第5版)、《CIA考试习题汇编》(2011年)。

案例：CIA考霸：一个月全科通过

报考的时候我订了全部的书，包括索耶内部审计，当时是想反正以后工作也能作为参考。如果是单纯要考试的人，建议不必买，因为直到考完我都基本没翻过。我是过完国庆才开始看书的，这样算起来也就一个月的时间。首先把3本书粗略看了一遍，看的时候顺便把红皮书上关联的知识点也画了，(注意：黄皮书没什么用，可以不买，我买了不过完全没看过。)看完第一遍的感觉是模糊，跟着看第二遍，这次是看完一节就顺便把每节的题目也做了，先不看答案，自己分析，如果做错了就标注一下，整本书看完就做后附的125道题，这个时候有了个轮廓。然后我下载了600题开始做，因为时间不够，做了几天就放弃了。剩下大概半个月时间时，对考过我已经不太有信心了。这时我决定集中精力做IIA历年考题，尤其是2002年、2004年模拟题。全部做完以后，开始冲刺看最后一遍书，同时把之前做过的全部习题中错误部分又都过了一遍。

总的体会是CIA知识点、考题重复率都很高，建议大家最好一次全考，比较省时。至于做题，如果你时间紧张，一定要把书上的题目和IIA的2002年、2004年模拟题做完。另外强调红皮书，有空要多看看，尤其是临考前几天，突击翻一翻，要有个印象，这个是总的原则和框架，把它理解了，什么题目都难不倒你了。至于辅导班，上不上无所谓，其实网上能找到的资料挺全的，足够用了。

第十一节　MPAcc 考试

一、考试简介

会计硕士专业学位（Master of Professional Accounting，MPAcc，专业学位代码：530100）项目，是经国务院学位委员会批准于 2003 年年底设立的专业学位项目。会计专业硕士学位面向会计职业，以培养具备良好职业道德和法纪观念，系统掌握现代会计学、审计学、财务管理以及相关领域的知识和技能，熟悉国际会计准则，熟悉市场经济规律的高素质、全方位的管理型、应用型会计人才为最终办学目标。

会计硕士专业学位与会计学学术性学位是规格不同的两种学位类型，各有侧重，其招生办法、教育内容、培养模式、质量标准等要突出职业要求，注重学术性与职业性的紧密结合。

二、实施办法

1. 招生与考试

招生对象为具有国民教育系列的大学本科毕业生（一般应具有学士学位）、具有国民教育系列且具有两年工作及以上经验的大学专科毕业生。应届本科毕业生也可报考全日制 MPAcc。入学考试的笔（初）试采取全国联考，统一命题、统一阅卷；面试由各单位自行组织。各单位结合笔（初）试、面试、个人经历和工作业绩组织录取。

2. 培养方式与学习年限

非全日制（即半脱产和在职学习）会计硕士学习年限为三年至四年，其中至少有半年时间在培养单位内学习。全日制会计硕士为脱产学习，学年一般为两年至三年。

3. 课程教学与学位论文

根据《会计硕士专业学位设置方案》和本单位会计硕士专业学位培养方向的要求，参照《会计硕士专业学位参考性培养方案》，有针对性地制订本单位培养方案、设计课程体系、确定教学内容、把握学位论文要求，采取灵活多样的教学方式、精心做好培养工作。组织课程教学与学位论文要紧密结合会计实务、理论联系实际，加强案例教学，注重实际能力的培养，可聘请有实践经验的专家、企业家和政府官员开设讲座。学位论文指导教师和学位论文答辩委员会成员中，应至少有一位具有会计高级专业技术职务的专家。

修满规定学分并通过学位论文答辩者，授予会计硕士专业学位。

三、考试科目

初试：①英语二 100 分。②管理学联考综合能力 200 分。其中数学基础（只考查初等数学，无高等数学）75 分；逻辑推理 60 分；写作（论证有效性分析 30 分，论说文 35 分）。

主要以录取具备职业化素质的人才为主，初试要求偏低，复试重点对考生的综合素质进行考查，尤其重点对职业背景进行考查。

会计专业硕士获得 CPA、ACCA 等多方认证，可拥有部分职业资格免考的优惠政策。

四、2015—2016 年分数线

2016 年会计硕士 MPAcc 国家线公布如下：

A 类考生：总分 165 分，英语 39 分，综合 78 分；B 类考生：总分 150 分，英语 36 分，综合 72 分。

2015 年会计硕士 MPAcc 国家线公布如下：

A 类考生：总分 160 分，英语 40 分，综合 80 分；B 类考生：总分 150 分，英语 35 分，综合 70 分。

注明：A 类院校也就是东部院校，国家为了照顾地区教育水平的差异，分为 A、B 区，B 区是西部地区，分数相对 A 区较低。

五、参考书目

《财务管理学》《中级财务会计学》《高级财务会计》《管理会计》《成本会计》《审计学》。

六、全国 MPACC 院校（177 所）

（一）全国 A 类院校

浙江：浙江财经大学、浙江工商大学、杭州电子科技大学、浙江大学。

江苏：南京大学、南京财经大学、南京农业大学、江苏大学、河海大学、中国矿业大学、江苏科技大学、南京理工大学、南京航空航天大学、东南大学、苏州大学。

上海：上海财经大学（与上海国家会计学院联合培养）、复旦大学、上海交通大学、同济大学、华东理工大学、上海大学。

北京市：北京交通大学、中国人民大学、北京大学、清华大学（与北京国家会计学院联合培养）、中央财经大学、北京理工大学、北京科技大学、北京工商大学、北京林业大学、对外经济贸易大学、首都经济贸易大学、华北电力大学、中国石油大学、北方工业大学。

广东：中山大学、暨南大学、华南理工大学、广东外语外贸大学、深圳大学、广东工业大学、广州大学、广东财经大学。

湖南：湖南大学、长沙理工大学、中南大学、湘潭大学。

河南：河南财经政法大学、河南大学。

山东：中国海洋大学、山东财经大学、山东农业大学、青岛理工大学、山东大学、山东工商学院。

福建：厦门大学（与厦门国家会计学院联合培养）、福州大学。

湖北：武汉大学、中南财经政法大学、华中科技大学、湖北经济学院、中国地质大学、武汉理工大学。

天津：南开大学、天津财经大学、天津大学、天津商业大学。

陕西：西安交通大学、长安大学、西安石油大学、西安理工大学、西安科技大学、西安外国语大学、西安工业大学。

四川：西南交通大学、四川大学、西南财经大学。

重庆：重庆大学、重庆理工大学、西南大学、重庆工商大学。

江西：江西财经大学、华东交通大学、江西理工大学。

安徽：安徽财经大学、合肥工业大学、安徽大学、安徽工业大学。

黑龙江：哈尔滨商业大学、东北林业大学、东北农业大学、黑龙江八一农垦大学、哈尔滨工业大学、齐齐哈尔大学。

吉林：吉林大学、吉林财经大学、东北师范大学。

辽宁：东北财经大学、东北大学、沈阳工业大学、大连理工大学、辽宁大学。

内蒙古自治区：内蒙古大学。

山西：山西财经大学、太原理工大学、山西大学。

河北：河北经贸大学、河北大学、燕山大学。

（二）全国B类院校

新疆：新疆财经大学、石河子大学。

甘肃：兰州商学院、兰州理工大学、兰州大学。

云南：云南财经大学、云南民族大学、云南大学。

广西：广西财经学院。

贵州：贵州财经大学。

第十二节 Maud考试

一、考试简介

审计硕士专业学位英文名称为Master of Auditing，简称Maud。

审计硕士专业学位培养目标是：培养具备良好的政治思想素质和职业道德素养，系统掌握现代审计学基本理论及相关领域的知识和技能，具有开阔的国际视野、较强的专业能力、能够创造性地从事审计工作的高层次、应用型审计专门人才。

审计硕士为全日制硕士，主要面向应届生招考。

二、初试科目

(1) 外国语(英语二)。

(2) 管理类联考综合能力，其中包含三部分(数学、逻辑、写作)。

三、招生院校

西安理工大学、河南大学、江西财经大学、山西财经大学、武汉理工大学、四川大学、东北财经大学、华南师范大学、苏州大学、南开大学、云南大学、吉林大学、天津财经大学、石河子大学、华中科技大学、中央财经大学、厦门大学、东华大学、浙江工商大学、新疆财经大学、陕西师范大学、中南财经政法大学、中国人民大学、武汉大学、首都经贸大学、财政部财科所、河北工业大学、湖南大学、北京国家会计学院、上海国家会计学院、厦门国家会计学院、南京大学、南京审计学院、中山大学、上海立信会计学院等。

第十三节 全国硕士研究生入学考试

1. 初试时间

全国硕士研究生招生考试初试时间为每年年底，一般安排在12月底。时间为当日上午8:30—11:30，下午14:00—17:00。

2. 初试科目

初试方式均为笔试，科目有思想政治理论、外国语、业务课一和业务课二。

3. 报名要求

硕士研究生招生考试报名包括网上报名和现场确认两个阶段。所有参加硕士研究生招生考试的考生均须进行网上报名，并到报考点现场确认网报信息、缴费和采集本人图像等相关电子信息。应届本科毕业生原则上应选择就读学校所在省(区、市)的报考点办理网上报名和现场确认手续。

4. 报名流程

考生登录“中国研究生招生信息网”(公网网址：http://yz.chsi.com.cn，教育网址：http://yz.chsi.cn，以下简称“研招网”)浏览报考须知，按教育部、省级教育招生考试管理机构、报考点以及报考招生单位的网上公告要求报名。

5. 现场确认

现场确认时间。具体时间由各省级教育招生考试管理机构根据本地区报考情况自行确定和公布。请考生及时关注各省级教育招生考试管理机构发布的公告，在规定时间内到指定地方现场核对并确认个人网上报名信息。逾期不再补办。

6. 打印准考证

在指定日，考生可凭网报用户名和密码登录“研招网”下载打印《准考证》。《准考证》正反两面在使用期间不得涂改。考生凭下载打印的《准考证》及居民身份证参加考试。

小贴士：考研——给梦想一双翅膀！

考研不是无间道，而是开往春天的地铁！作为一项伟大的工程，它是对人的意志力、判断力、忍耐力等综合能力的考验。一鼓作气，相信自己，就什么都有可能！如果考研是你一直追寻的目标，那么既然选择了远方，便只顾风雨兼程。征服畏惧、建立自信，成长路上勇往直前，找回心中的傲然自我！挑战考研，全身心投入，让自己由内而外华丽蜕变！人生梦想何时实现？让考研助你一飞冲天！

专业院校之于考研，犹如灯塔之于航船。明确目标方向，有的放矢，专注备考，实现鲤鱼跃龙门的跨越，由本科晋级研究生，开启人生新阶段！预祝所有考生为自己精准定位，精确导航至理想目的地！

课后讨论：我们要拿多少证才算够

小沈从长春某大学毕业，原籍湖北的她想在长春找到一份好工作，于是便和大量的证件结下不解之缘。如今，她手里的证件至少有40个。“我找工作时，用绳子把各种各样的证件绑成一摞，拎着证件去各个单位应聘，那时的感觉是既自豪又无奈。”小沈说，她从大一开始，就把大部分时间用在了考证上，成了“疯狂考证族”。她学的是法律专业，律师证无疑是分量最重的一个证书，此外，她还考了英语四六级证、计算机二级证、心理咨询师证、导游证等多本证书。“在白领圈也流行着那句话，‘多个证书多条路’。不管自己是否需要，但只要听到证书对职场有帮助，我都会投入大量的精力、时间和金钱去考，似乎少拿一本就落在人后……”

三年来，小杨马不停蹄地考了十多本证书，包括计算机二级证、注册会计师证、律师证等。最近他又“迷”上了 MBA，交往了3年的女友忍无可忍，痛苦地和他提出了分手。他说，他也不知道这些证考来有什么用，但多本证书对自己只会有好处，不会有坏处。他的心里总有一种危机感，总担心别人超过自己，丢掉白领的饭碗。

陈信元(上海财经大学副校长)：我们学校十多年前就开始引进国际上的从业资格认证项目。单是会计学院就引入了英、加、美三个不同系统的认证项目，它们都提供国际公认的资格证书。我认为，证书本身肯定不是国际化的标准，但不可否认，权威的证书能够增加就业机会。几年前我们有学生在应聘时碰到这么一件事情：一家跨国公司面试，问学生有没有 ACCA 证书，并表示只要通过前四门考试就录用。如今这样的事很难再发生了。可见，学生的综合能力更多地还是体现在他所在学校的教育背景上。

潘飞(上海财经大学会计学院副院长)：我们提供很多种证书的培训和考试，但我始终告诉学生，将来你们毕业找工作，手上“含金量”最高的还是财大的毕业证书。国际认证资格的课程和高校教学是两个不同的体系，后者往往更注重知识本身，而前者更注重技能的培训。就拿 ACCA 的教材来说，前几门在书名上还有“会计”的痕迹，到后面几门就完全看不到了，公司法、管理学等各个方面无所不包，“复合”的味道非常浓。学生如果经过了这样的系统培训，不仅是对知识，更是对方法和行业背景的学习。只要不陷入“盲目考证”的误区，接受相关行业的国际从业资格培训有益无害。当然，考国际证书要求学生投入比较多的精力和财力，是相当艰苦的过程，切忌盲目。

谢志刚(国际从业资格教育学院院长)：不能说在国外读过书、会说英语、拿到一个国际证书就是国际化人才了。在某个特定的行业里，你既懂得这个专业的国际规则，又对中国有所了解，才能称之为“国际化”，国际化人才从来都不能脱离本土。

张臻(国际授权职业测评师)：国际证书含金量到底怎么衡量，我认为因素很多，其中最重要的一点是颁证机构的资质是不是过硬。否则，招聘方不会对你的证书感兴趣。一般而言，业内权威机构和政府许可的证书“含金量”一般都比较高。我想现在用人单位在人才消费的考虑上越来越理性，他不会因为你有了某张证书就对你的能力充分信赖，证书只是背景参考，他必须全面衡量应聘者的能力与职位要求是否匹配。国际化人才始终是在国际化的企业管理中成长起来的，证书与人才间的真正距离就在这里。

（资料来源：小白领三年疯狂考证.新文化报，2012-10-27.）

问题讨论：

(1) 我们要拿多少证书才算够？

(2) 考证如何结合人生职业规划进行？

职 业 篇

第七章

审计职业规划、职场应聘与创业攻略

快速阅读：普华永道对大学生的建议

普华永道(PwC)会计师事务所作为全球最大的会计师事务所之一，被评选为中国最受欢迎的雇主之一。普华永道人力资源部高级经理就毕业生规划与择业如此回答。

(1) 普华永道欢迎怎样的人才。我们注重个人的综合能力，我们热诚地欢迎既认真敬业，又能够开拓思路、不断创新的人才，并在团队合作中培养其领导能力。我们对专业不设任何限制。

(2) 要热爱。对于绝大多数应聘者来说，这是毕业后的第一份职业，也是个人职业生涯的起点，选择一份适合并具发展潜力的职业至关重要。建议同学们在择业时详细了解该行业的情况，明白自己是否喜欢和适合这个行业。希望同学们因为热爱而踏入这个行业而不是随波逐流。

(3) 重视网申。对所有的招聘者来说，递交申请表或者简历至关重要，因为这是你和公司的第一次沟通，如何在大量申请人当中脱颖而出决定着你能否得到面试机会。希望同学们能认真听取各大校园宣讲会上的现场介绍，仔细填写网上申请表，认真而有针对性地回答申请表中的每一个问题。

(4) 招聘人才看重什么。对高校毕业生，我们会综合考虑他们的在校成绩、获奖情况和社会实践活动等因素。对毕业生来说，我们寻求有国家公认相关学历的人选，对那些希望加入审计行业的人来说，参加过一门会计学课程学习很有必要，有相关会计学专业背景更好。对于希望加入诸如审计行业的经验丰富的人选，我们比较偏好候选人拥有诸如CPA或ACCA等会计专业资格证书。

对高校毕业生来说，我们寻求有相关学历的人选，英语是一项基本工具。面试时，我们经常采用的测试形式有给出题目进行演讲、辩论，小组讨论，商业案例分析，英文写作，等等，每年的招聘过程中，我们都会设计不同的题目。

(5) 大学生职业发展道路该如何规划？在PwC加入审计、税收或咨询服务行业的一般都是硕士起步，然后慢慢升级。他们在各个级别都得工作一段时间，包括高级助理、经理、高级经理。每个级别都有一定的技能要求。能否提升取决于个人能力。表现最棒的职员有机会入股，成为合伙人。

(资料来源：http://www.yjbys.com/bbs/793068.html.)

第一节　未来审计师：审计人的职业规划

西方有一句谚语说："如果你不知道你要到哪儿去，那通常你哪儿也去不了。"几年前，美国作家盖尔希伊出版一部畅销书《开拓者们》，他在撰写这部书的时候，通过一份内容十分广泛的"人生历程调查问卷"，间接地访问了6万多名各行各业的人士，发现那些最成功和对自己生活最满意的人至少有两个共同的特点：第一，他们喜欢有更多的亲密朋友；第二，他们都致力于实现一个其实际能力所难以达到的目标。据研究，这些开拓者觉得他们的生活很有意义，而且比那些没有长远目标驱使其向前的人更会享受生活。人生规划既是一个实现你终生目标的时间坐标，也是一个实现那些影响你日常生活的无数更小目标的时间坐标。人生规划是要使你的注意力集中起来，在一个特定的时间范围内充分地利用你的脑力和体力。

一、职业规划的概念

职业规划是职业生涯规划的简称，是对职业生涯乃至人生进行持续的、系统的计划的过程。具体来讲，就是指个人发展与组织发展相结合，在对个人和内外环境因素进行分析的基础上，确定一个人的事业发展目标，并选择实现这一事业目标的职业或岗位，编制相应的工作、教育和培训行动计划，对每一步骤的时间、项目和措施做出合理的安排。

二、职业规划设计原则

(1) 择己所爱。从事一项你所喜欢的工作，工作本身就能给你一种满足感，你的职业生涯也会从此变得妙趣横生。兴趣是最好的老师，是成功之母。调查表明：兴趣与成功概率有着明显的正相关性。在设计自己的职业生涯时，务必注意：考虑自己的特点，珍惜自己的兴趣，择己所爱，选择自己所喜欢的职业。

(2) 择己所长。任何职业都要求从业者掌握一定的技能，具备一定的能力条件。而一个人一生中不能将所有技能都全部掌握。所以你必须在进行职业选择时择己所长，从而有利于发挥自己的优势。运用比较优势原理充分分析别人与自己，尽量选择冲突较少的优势行业。

(3) 择世所需。社会的需求不断演化着，旧的需求不断消失，新的需求不断产生。新的职业也不断产生。所以在设计你自己的职业生涯时，一定要分析社会需求，择世所需。最重要的是，目光要长远，能够准确预测未来行业或者职业发展方向，再做出选择。不仅仅是有社会需求，并且这个需求要长久。

(4) 择己所利。职业是个人谋生的手段，其目的在于追求个人幸福。所以你在择业时，首先考虑的是自己的预期收益——个人幸福最大化。明智的选择是在由收入、社会地位、成就感和工作付出等变量组成的函数中找出一个最大值。这就是选择职业生涯中的收益最大化原则。

三、职业规划设计方法

面对毕业，我们都有这样的问题：我未来的路在哪里？如何找到我满意的工作？所以每个人其实都潜移默化地在心里想过自己的职业规划。也许这只是一个很模糊的意识。只要通过问自己以下几个问题，职业生涯规划过程就明确了。

(1) What you are? 首先问自己，你是什么样的人？这是自我分析过程。分析的内容包括个人的兴趣爱好、性格倾向、身体状况、教育背景、专长、过往经历和思维能力。这样对自己有个全面的了解。

(2) What you want? 你想要什么？这是目标展望过程。包括职业目标、收入目标、学习目标、名望期望和成就感。特别要注意的是学习目标，只有不断确立学习目标，才能不被激烈的竞争淘汰，才能不断超越自我，登上更高的职业高峰。

(3) What you can do? 你能做什么？自己的专业技能何在？最好能学以致用，发挥自己的专长，在学习过程中积累自己的专业相关知识技能。同时个人工作经历也是一个重要的经验积累。判断你能够做什么。

(4) What can support you? 什么是你的职业支撑点？你具有哪些职业竞争能力，以及你的各种资源和社会关系？个人、家庭、学校、社会的种种关系，也许都能够影响你的职业选择。

(5) What fit you most? 什么是最适合你的？行业和职位众多，哪个才是适合你的呢？待遇、名望、成就感和工作压力及劳累程度都不一样，这就看个人的选择了。选择最好的并不是合适的，选择合适的才是最好的。这就要根据前四个问题再回答这个问题。

(6) What you can choose in the end? 最后你能够选择什么？通过前面的过程，你就能够做出一个简单的职业生涯规划了。机会偏爱有准备的人，你做好了你的职业生涯规划，为未来的职业做了准备，当然比没有做准备的人机会更多。

通过以上的简单步骤和原则，个人就可以设计职业生涯规划了。根据不同的情况，个人可以制定一个整体生涯规划，作为一个纲领性长期规划；或者制定一个3～5年的生涯规划，作为一种发展的中期规划；或者制定一个1年的生涯规划，作为一个可操作性强、变化较小的短期规划。有了规划生活就有了目标，就不会迷失前进的方向。

案例：奶奶为孙女规划职业人生路（审计方向）

孙女就读“财务管理”专业，如今大学生涯即将结束，意味着新的选择又将开始。是“考研”继续深造，还是就业走向社会？父女俩的想法是继续深造——考研，而我的想法有点儿保守。我分析了当前的经济形势，认为受金融危机的影响今年的就业形势一定很严峻，这将会造成一大批本科毕业生涌向考研的行列，增加考研竞争强度。但我又不想挫伤孙女的积极性。于是经过磋商确定了“两条腿走路”的策略，即考研和就业同步进行。

事实证明，我的想法和确定的策略是正确的。虽然考研的录取分数线还没有公布，然而排名已经确定，继续深造的概率很低。回过头来再看看就业的情况如何呢？不幸又被我言中。今年的就业形势也非常严峻。受金融危机的影响，国有大型企业几乎很少招聘，而中小企业用人条件很苛刻。普遍的要求是实用主义，有工作经验的是首选。在考研不成、就业困难的情况下我的孙女应怎样规划自己的人生？这是我们祖孙三代面临的选择。

——地理条件：男孩志在四方。然而女孩呢？那最好守家在地，不要远去他乡。特别是要考虑大城市买房难的困境。

——企业选择：国企或较大型正规一点的私企是理想的选择。但是难以规避岗位的选择和竞争。而中小私企又无法逃脱为老板做假账的风险。

——发展的空间和前途：与企业的产品设计、生产规模和发展息息相关。为此中小企业难以有较好的发展空间和前途。

——专业对口：这是就业选择的前提，只有专业对口英雄才有用武之地。

经过磋商我们得出了以下的结论：

(1) 坚持双向选择，确定就近就地，以国企为主、私企为辅的择业原则。

(2) 坚持专业对口、行业不限的原则。不论是工、商、医、学、科研等单位，只要专业对口就可以。

根据上述原则，我提出了一个具体建议：那就是选择一家会计师事务所，作为审计助理或实习生，边工作(实习)边学习，用两年的时间考取注册会计师和注册评估师。我认为这有以下诸多好处：

(1) 符合以上就地就近的就业原则。

(2) 有足够的发展空间，前途无限。

(3) 规避了当一名会计难免为老板做假账的风险。

(4) 考取注册会计师不会出现考公务员的面试“黑箱操作”。

听了我的意见后，孙女、儿子，连一向不太表态的老伴儿都乐了，说：“这的确是个好主意。”儿子说：“我补充一点，就是有招聘的、符合理想的单位可以先投简历，去面试。实行两条腿走路嘛。”

(资料来源：我帮孙女规划自己的人生.中国会计视野，2010-11-03.)

四、选择企业、事务所就业的优缺点

(一) 在小企业做会计的优缺点

小企业会计业务上能独当一面，很多业务都可以接触到，虽然工作较多、较为烦琐，但也可以学到不少东西。由于工作内容较为简单，时间充裕，所以可以利用宝贵的时间来考取各种证书，例如注册会计师、中级职称等，为今后更好的发展谋求出路。当然，在小企业担任会计也存在诸多不足之处。首先，小企业业务少，业务核算简单、较为单一，可以深入学习的东西并不充足，所学到的诸多理论知识在此处并无广泛用武之地。同时由于小企业会计素质要求较低等各方面的影响，会削弱年轻人的工作劲头及上进心。

(二) 在大企业做会计的优缺点

大企业的会计对于职称、学历和素质等要求都会比较高，因此名声好、薪水高。但是，大企业的会计岗位分工很细，比如总账会计、成本会计、应收会计、应付会计和税务会计等，因此，全面锻炼业务能力有限，不利于熟悉会计各岗位工作。

（三）在事务所工作的优缺点

（1）开阔视野，增长见识。对于刚进入事务所工作的会计来说，一般都是从审计助理开始做起。审计助理的工作虽然相对简单，但四处奔波的经历仍能让你碰到很多案例，虽然最初工作时并不会深入接触这些业务，但对于知识面的扩展等诸多方面都有好处。

（2）锻炼能力，提升专业技能。在事务所工作过一段时间的人们就会发现，事务所繁忙的业务对自身耐力、能力的锻炼以及专业技能的提高是难能可贵的。由于事务所业务广泛、复杂，因此在事务所工作必须不断加强自身专业知识的学习，随时充电。所学到的课本上的理论可以拿到现实工作中运用，使自身素质以及业务专业性不断提高。

（3）丰富经验，积累人脉。在事务所工作两三年之后，全国各地大大小小的企业你可能都已审计过，国企、私营、事业单位等的财务状况都是怎样，就算你不精通，也能略知一二。错账、乱账等在工作中会常常接触到，几年的事务所生涯一定会使你的经验丰富度实现质的飞跃，同时这段经历对自身人脉的积累将十分有利。

当然，在事务所工作有诸多好处，但也存在弊端。笔者总结了以下几条。

（1）工作压力大，生活没有规律。

（2）女同志由于身体、家庭等条件限制，不适于长期在事务所工作。

（3）小型会计师事务所在风险控制等方面存在缺陷，不如大所健全。同时，“四大”的晋升机会比内资所要多。

（四）在银行工作的优缺点

在银行工作收入高，但工作劳动强度大，负有一定存款指标压力。

五、会计人职业生涯规划

1. 在小企业工作的会计人职业规划

小企业熟悉业务—考证—事务所（进一步提高）—大一点的企业（财务主管）。

2. 在事务所工作的会计人职业规划

考证 CPA—事务所（锻炼业务积累人脉）＋就读 MBA（MPAcc）—中型企业做财务主管—高层管理。

3. 考研的会计人职业规划

考研—考 CPA—事务所—证券公司、投行；

考研（MPAcc）—大型企业主管助理—财务总监；

考研（学术型硕士）—考博—高校—会计教授。

第二节 职场应聘：怎样写好审计简历

一、如何写出精彩简历

（一）写作前——合理布局

(1) 尽量使你的简历简短，只使用一张纸。雇主可能会扫视你的简历，然后花 30 秒来决定是否见你，所以一张纸效果最好。

(2) 目标一定要明确。一定要在简历最醒目处，明确表述清楚自己希望工作的“目标城市”“目标部门”以及“目标岗位”。特别是要重视自己理想的职位是什么，然后从专业、技能、经验、兴趣等方面简单分析你的目标职位的由来。绝对忌讳那些“眉毛胡子一把抓”的申请者，而这种对自己职位没有明确目标的申请者，也是最容易被淘汰的对象。

(3) 采用倒叙方法。很多人在写简历时，喜欢从过去讲到现在。建议最好采用倒叙方式来写，直接从最接近的时间入手，让简历筛选者更容易获得重要的信息。

(4) 写上简短小结。这其实是最重要的一个部分，小结可以写上你最突出的几个优点。没有什么应聘者会写几句话，但雇主们却认为这是引起注意的好办法。

（二）写作中——突出 HR 认可的“好经验”

1. 经验宜精不宜多

以往的工作经验或者实习经历是简历描述的重头戏。为了表现自己经验丰富，很多求职者把经历一栏填得满满当当。特别是应届毕业生，东拼西凑，有时甚至把短短两周的实习经历也写上去。这些毫无亮点的经历并不能给求职成功增加砝码，反而让 HR 感觉你三心二意，十分浮躁。建议选择一些有特色的经历进行润色，筛减一些无用信息，以便突出重点，令人一目了然。

2. 经验与应聘职位一致

每个职位的经验要求不同，因此 HR 在审视简历时，最关心的是求职者的经验是否与岗位要求相符。但是很多求职者，特别是大学生，将众多毫不相关的经验写在一起，前台、文员、会展、行政……让 HR 看了头疼。建议首先明确自己的求职意向，描述的经验和所投的职位要一致。

3. 经验必须突出业绩

市场上有经验的求职者很多，有优秀业绩的求职者却甚少，而业绩恰恰是 HR 筛选的标准。求职者在经验描述中，不仅仅要写出“做了什么”，更要突出“取得了怎样的业绩”。例如从事销售工作，你带领的团队完成了 50%的区域销售指标，在公司名列第一；又如你的策划方案获得了××奖项；再如在你的管理下，生产量提升了多少个百分点……建议量化你的业绩，让 HR 明明白白地看到你的能力。

4. 经验最好找出亮点

除了合适的经验和突出的业绩，在一些竞争激烈的岗位，你还得比拼“荣誉”。比如“三好学生标兵”“优秀学生干部”“社会实践先进个人”“优秀实习生”“领军人物”等，这些荣誉是经验中最可贵的“亮点”，必须在描述中予以突出。此外，若参加过一些重大活动，如大学生辩论赛、大学生创业大赛，或有过著名公司的实习经验，参与过导师特殊项目、中外大学交流生计划，有出国实习经历，等等，都一定要重点陈述。建议突出你的闪光点，让HR眼前一亮。

（三）写完后——适度包装

1. 用细节打动人

对简历外形的包装，最高境界是在朴素中见匠心，用细节打动人。如果你擅长书法，可以在简历前附一封手写的求职信；如果你有美术功底，不妨在信封的适当位置画些漂亮图案；如果你对邮票有心得，还可以在信封上贴一两枚精美的特种或纪念邮票，与满眼的民居邮票“形成视觉反差，说不定对方是个集邮爱好者呢！这些细节，都可以令你的简历在第一眼就显得出挑”，给人留下深刻印象。

2. 使用别致的版式

在简历的版式上也可以动些脑筋。比如借鉴报纸的编排方式，用小标题、横栏、竖栏、方框等工具，在视觉效果上做到重点突出，充分强化你的个人优势，淡化劣势。

二、一位财务经理对应届生的建议

大部分应届毕业生简历的基本模式都是：个人简历、基本信息、求职意向、所学专业、考证证书、个人能力、实践经历和自我评价这几部分内容。

但当你简历看多了以后，对以上几部分就会形成一些自己的看法，同时对其结构做出自己的一些思考，对其表述提出一些自己的建议和意见。下面说说我的看法：

1. 基本信息

这部分一般都是姓名、性别、专业、毕业学校、所学专业、联系方式等。需要特别注意的是一定要有具体的联系方式，比如我见过有的学生留了个手机号码，结果打过去说是欠费停机，当然我们可以相信他是换了号码而忘记更新简历上的号码，但这从另一个侧面反映出该学生在求职或在投递这份简历时的一种不负责任的心态。

2. 求职意向

有的学生写得好，比如“愿意从事审计及其相关财务类工作”，而有的学生则写“希望从事企业经营管理类工作”，我们不能说他写错了，但至少看起来没有前者清晰，让人摸不清你究竟对什么类型的工作更有兴趣，因为企业经营管理类工作有很多，比如营销管理、人力资源管理、财务管理、生产管理等这些都是企业经营管理，难道硬是要让人家相信你是真正的“万金油”不成？求职意向一定要有针对性，目标要明确，志向要坚定，当然，你可以写几份不同的简历，比如有的是希望从事HR的、有的是希望从事生产管理的、有的是希望从事市场营销的，这完全可以，但千万别把它们混合在一份简历里。

3. 所学专业

有的学生在一份简历里，所学专业课程占了简历篇幅的1/4左右，让大家知道你学过哪些课程的出发点是好的，是希望向公司展示自己的专业能力，但没有必要把你所学的专业都列出来，你需要列的是与你所应聘职位有直接联系的专业，有的学生应聘的是审计方面的工作，简历里把他学的课程全给列上了，而且还占了不小篇幅，当然这和目前高校学科设置有关，但作为应届毕业生，你得花心思去想公司需要怎样的审计人员，他们最希望从简历上搜索到什么信息。

4. 个人能力

以下是我从一名学生的简历中选出来做引子的，他在个人能力处写道：个人能力：大一任班级体育委员时组织多次班级活动，所在班级获学院足球、排球冠军；大二任班级文娱委员，组织班级参加学院健美操大赛获二等奖；组织并参与为期一个月的"关于中国农民工回流的调查"，获会计学院"暑期社会实践先进个人"。以上与其说是个人能力，不如说是经历，"个人能力"需要写的是你能做什么，会做什么，掌握了什么，熟悉了什么，熟练了什么，精通了什么，等等，而不应该是你做了什么。

5. 实践经验

这是我看简历比较注重的一环，我希望应届毕业生们在写简历的时候能把这一栏提前，较之所学的专业，我更希望先看到你对自己实践经验的详细介绍，而不希望看到你学了什么专业，因为学的你不一定都懂了，而你做的至少会给你留下更深的印象，也更能从你所做的事中更全面地了解你的能力及经历。以下引用某学生的实践经验：

某年某月—某年某月　在某市和同学两人合力举办补习班，为期一个月

某年某月—某年某月　做关于农民工春节回家消费调查，并做成调查报告

某年某月—某年某月　在某事务所审计实习

某年某月—某年某月　在广州市某公司财务处实习

看了以上的实践经验，我一点儿感觉都没有，仿佛对他的实践经验仍然是相当陌生，为什么呢？因为我只知道他做了什么事，而不知道他在这些实践中都负责什么、主要做了什么、有什么步骤、有什么计划、有什么结果、自己有什么收获。比如在"实习"一栏，我更希望看到的是：你主要负责什么、做了什么、学会了什么。当然我不需要你大篇幅说明，我只希望你能言简意赅地浓缩你的实践经验。

6. 自我评价部分

我看很多应届毕业生的简历，可以说90%左右的自我评价都是放在简历的最后，其实我个人更倾向于在个人信息之后就能看到他对自己的评价，这样能让我先对他有一个大概的印象。下面引用某学生的简历："我来自太原，一个正在努力求发展的城市。同我的家乡一样，我同样渴求机遇，渴求发展。我为人乐观开朗，大方风趣，更富有亲和力和想象力，乐天的性格使我坦然面对困难和挫折。在大学四年里，我努力抓住所有可以发展自己的机会，完善自己，改变自己。我深知机会的可贵，但只要给我一个机会，我同样可以撬起地球！"自我评价，什么是评价？就是对自己的总结，你的性格、你的希望、你的能力等。我们来看以上引用，第一、二句很明显不适合放在自我评价里，这里更应该是事实描述，而不是叫你去抒发自己的情怀。在他这段话里，只有第三句可以算是自我评价，他说了他的性格乐观，风趣、有亲和力和想象力、能从容面对困难等。最后一句话是表决心，但感觉太虚了，至于"给你一个支点你就能撬起地球"这样的豪言壮语，没几个人会相信的①。

---

① http://blog.sina.com.cn/s/blog_4bfd3a9f01008ud3.html，应届生如何写简历？（成功率最高的建议）_森林_新浪博客

案例讨论：一位财务经理招聘的经历

我在宁波的一家集团公司任职，2009年11月13/14日，公司高层领导率我们六人一行专程到西安体育馆参加大型人才招聘会，专门招聘应届大学毕业生，主要招收销售人员、生产管理、工程技术、行政助理、财务人员、国际贸易等一共30人左右。我是财务部经理，主管财务人员的招聘，我谈谈我对此次招聘会的感受。

13日早上8:30，我们早早来到体育馆，一共三个摊位。不久，就有大学生来咨询，人不多，我耐心地观察、了解每个大学生。大约10点，人流到达高峰。由于我公司宣传做得好，大大的广告到处可见，不一会儿，我的周围便是人头攒动，学生们抢着与我说话递简历，还有学生跑到摊位里面站在我后面，围得水泄不通，好几次差点把我的桌子给挤倒了。我从来还没有见过这种火爆的阵式，也就不管三七二十一，来者不拒，凡是递简历的都先收下了。由于人多，我不得不多次中止手中的工作，站起来维护秩序……到了下午3点左右，我们就收场，四个工作人员每人拎着沉沉的简历。到了宾馆，我们大致数了一下简历，大约有2 000份，应聘财务人员的简历有140多份，而此次计划招财务人员5名，看来应聘比例是3.5%左右，比考CPA难多了。这么多人要在第二天全部由我一个人面试完，工作量太大了。于是我打算先初步根据简历筛选一下，同事也同意我的做法。可是看了几份简历，也看不出什么好坏来，十有八九的学生都是三好学生、优干、奖学金生，计算机二三级，英语四六级……我都傻眼了，大学生个个优秀，怎么办呢？简历实在是太多了，没有办法，我们只有先归类成销售、生产、技术、国贸、财务、行政等，然后看看简历上的照片，看一下人长得怎么样，如果不行，咔嚓，靠边站，要是没有照片，也请出局(所以应聘的时候一定要提供照片，否则人多了面试官实在记不住你是谁)。同事开玩笑说：我们这是在选美呀。经过两个多小时的努力，终于初步选定了一部分人，将近有二分之一的同学，连第一道面试关都没有参加，就被我们这些“草菅人命”的家伙给“枪毙”了。接下来是打电话通知，这些同学接到电话，兴奋地高呼起来，我想他们可能是有生以来第一次参加面试找工作，所以比较兴奋。

第二天，我们在西安五星级宾馆开设了面试现场会。我端坐在面试官的位置上，向来来往往的学生们发难了：你认为财务人员需要具备哪些素质？你觉得一个企业的负债能力用哪些财务指标考核？你对西安的人文环境有哪些感受？你在工作中最看中哪些？等等。经过整整一天的初试，从40人中确定了14人进行最后的复试。

第三天，同样的五星宾馆，14位大学生来了11位，他们将接受我的“面试”20分钟，首先是现场10分钟做两道会计分录的试题。我看有些大学生真是白白花了四年父母的血汗钱，10分钟过去，一道题都不会做，会计分录借贷方不等，做销售收入不计提销项税……我说的全是真的，凭心说，这两道题，应该是初级职称考试的选择题难度，但是，11个大学生中，竟然没有一个全做对。笔试后，我就是提一些非专业的问题：如愿不愿意到民营企业上班？自己家乡与陕西有哪些异同？对我公司的了解程度如何，等等，总之，我给他们留了一个宽松的面试环境。最后确定了5个大学生被录取。

(资料来源：我在西安当招聘官的经历.中国会计视野社区，2009-01-18.)

第三节 职场新人兵法

课前小贴士：职场新人成功“四部曲”

第一部：不懂做人也不懂做事，工作做不好，还很“拽”，领导和前辈批评几句就不干了。很多职场新人都有这种现象。

第二部：懂做事，但不懂做人。工作有进步了，但个人英雄主义很浓厚，只考虑自己利益，不考虑客户、同事和公司利益，缺乏团队精神和职业信仰。

第三部：懂做人，但却不愿做事。比如刚提拔到一个领导岗位，就不愿亲力亲为去做事情了，其实很多事情，还是得领导分工，需要领导出面才能做好。

第四部：也是最成功的阶段，就是懂做人，也愿意做事。

职场新人进入企业，过渡过程越短，与企业融合越快，发展就越快。这个过渡过程时间的缩短，要靠新人们自己的努力，别人只能帮你，而不能替代你。所以，你要做好职场各门功课：

一、熟悉自己的行业、企业、部门、岗位

如果选择去一个根本不了解的公司，这是一种冒险，不要轻易决定第一份工作。一般来说，新人的第一次职场体验是相当重要的，它会使新人对职场产生一种固定印象，形成固定心理状态，从而影响到今后的职业心态和职业规划。所有后来产生的问题，症结都可以归结为对企业文化的不了解，这些往往就是企业的生存法则，最终决定了你以什么形象出现在公司、用什么样的方式进行日常工作、怎样与领导和同事们打交道。如果你是个有心人，就能及早适应新环境，在未来的工作中游刃有余。

所以，入职前和入职后都要尽快进行探险：

(1) 了解公司所在行业的发展状况：该行业是朝阳产业，还是夕阳行业？这样你就能知道几年后自己积累的工作经验，对职业发展有什么帮助。如果转入相关行业，还需要补充哪些技能，或自己可对哪些领域进行研究、谋求发展。你可以在工作中不断关注行业评论，听取前辈们的观点，渐渐深化认识。

(2) 了解公司在行业内的地位，关注公司的战略发展，所在公司是属于行业龙头，还是面临内忧外患、业绩正在下滑等。这样你就能知道自己能和公司一起走多远，你的3～5年计划也就有了雏形。即使公司在规模、盈利、薪酬等各方面都不算最好，但是对如一张白纸的新人来说，有足够的东西可以学习是最宝贵的。工作技能、企业规章制度、企业管理、上岗培训的知识积累，以及对职场礼仪、办公室政治等职场潜规则的学习，都是职场生存的重要基础。

(3) 关注职业机会，熟悉公司内部的组织结构。这包括公司有哪些部门，各个部门的职能、运作方式如何，自己所在部门在公司中的功能和地位，所在部门内同事的头衔和级别，公司的晋升机制，等等。对公司整体框架有了概念，你就能初步明确自己在公司的发展前景，从而争取主动、实施计划。在做好本职工作、积累职场经验的同时，还可以积极为

下一份工作做准备。比如了解心仪职业的职业定义和应该具备的职业技能、核心竞争力，利用空余时间提升自我。

(4) 熟知工作程序和工作环境。与你工作相关的人和事必须在最短的时间内熟悉；熟知自己的工作性质和工作任务，你的岗位有些什么要求，责任有多大，处罚如何规定，必须牢记在心；熟悉公司的业务范围和与你岗位有关的客户情况，这些方面的内容越详细清楚，对你就越有帮助；了解前任在该岗位时的工作状况，这样就有一个比较。知道做到什么程度会受到赏识，出什么差错会被炒鱿鱼。

二、扎得住根，才会枝繁叶茂

俗话说，"良好的开端是成功的一半"。

你首先要学会适应。你可能不习惯一些制度、做法，这时，你千万不要用你的习惯去改变环境，而是要学会入乡随俗，适应新的环境。首先要有自信。其次做事要有耐性，要充分发挥自己的主观能动性和创造性，凡事要进行具体分析、具体对待，以脚踏实地的工作作风赢得同事的支持和信任。最后就是要学会扎根基层。古代有一句名言叫"将帅必起于卒伍，宰相必起于州部"。降低就业期望值，也应该建立在大学生对自己职业发展的明晰规划的基础上，在一个行业准备好从底层做起，不断积累经验提升能力，才有可能为今后的职业发展打下一个良好基础，形成一个有延续性的职业发展历程。

不要一个公司不习惯就跳到另一个公司，不要以为以自己的条件随便跳个槽就能比现在强，外面的世界并不像自己想象的那么简单。如果你对一个公司还不是非常了解，不要轻易跳槽，一般我们在招聘时都会考虑员工的稳定度，对于毕业生来说，在公司里能够不断成长、不断学到新东西，这就是最重要的了，这样你一两年之后再出来，一定会找到一个比现在好很多的工作。

三、学会冷静思考，丢掉幻想、面对现实

年轻人容易将事情看得简单而理想化，在跨出大学校门之前，都对未来充满憧憬，初出校门的大学生不能适应新环境，大多与其事先对新岗位估计不足、不切实际有关。当他们按照这个过高的目标接触现实环境时，许多所谓的"现实所迫"让他们在初入职场时就走了弯路，以至于碰了壁还莫名其妙、不知所措。往往会产生一种失落感，感到处处不如意、事事不顺心。这类年轻人对自己的职业生涯规划大多呈现两种极端的态度：一种是职业生涯规划目标过于远大，另一种则是完全没有规划。因此毕业生在踏上工作岗位后，要能够根据现实的环境调整自己的期望值和目标。

有一些年轻人好高骛远、自命不凡，对有些事情不屑去做，总认为自己应该去做更大、更重要的事情，甚至一进单位就想身居要职，这是不现实的。上司或同事往往并不了解你的才能，开始不会委以重任，多半是一些琐碎的小事，无非是整理文件、打印资料之类的事情。但不要以为这样就可以消极怠慢，要认真对待，因为这是公司让你熟悉业务的开始，是经验从无到有的开始。不要自视清高，以为大材小用，或者几天没达到自己的目标，就开始怀疑是否选错了单位。领导之所以不放手让你单独做大事，是因为他还不能肯定你具备应有的实力。抛开急功近利的想法，不要盲目地为追求高薪或其他眼前利益而不停

地跳槽，这其中有一个从量变转为质变的过程，万万不可操之过急。要学会吃苦耐劳，更要戒骄戒躁，并适时盘算自己的未来。比如，明确自己的专业特点及发展方向，寻找新的工作平衡点，学会为自己减压，确定跳槽的标准，等等。作为初涉职场的新人，对自己有所期待固然是好事，但一定要有针对性地确立目标。时时不要忘了还处在试用期，企业最反感那些一上来就想当经理的新人。期待高薪高职没有错，但核心的问题是：你先要站好眼前的岗位，做好每项负责的工作，让你的老板发现你有做经理的潜质，有培养的价值，并让老板因为你的出色业绩而不断做出提升职位的决策，最后成为公司独当一面的挑大梁人才。

一些精明的主管在提拔你之前往往会用几件小事来考察你的工作作风、团队精神、办事能力以及眼光魄力。想要干出名堂，想要灿烂辉煌，你先得耐得住寂寞。除了力争在最短的时间内，尽善尽美地把领导交给你的小事完成，你别无选择，只有自己认真去做了，才能够真正地了解公司的各种业务，否则对你下一步的工作极为不利，这是取得上司信任的最有效的途径。

四、适者生存、能者成功

初出校门的大学生不能适应新环境，大多与其事先对新岗位估计不足、目标不切实际有关。当他们按照这个过高的目标接触现实环境时，往往会产生一种失落感，感到处处不如意、不顺心。因此毕业生在踏上工作岗位后，要能够根据现实的环境调整自己的期望值和目标。

就自己来说，对这个问题不能理想化，想问题不能主观多于客观，对外部要求应切合实际，承受挫折的能力要强，要擅长自我调整。尽可能地开动脑筋去学习和积累，不断地充实和提高自己，这时候吃的苦、受的累，这时候获得的积累，将是你职业生涯中一笔宝贵的财富。

“金无足赤，人无完人”，再好的单位也不可能有你想象的那么完美。但是一个企业能生存、能发展自然有它的道理，我们不能仅盯着它不合理的一面而忽视了它合理的一面。如果你遇到了“月球效应”，感到失落与彷徨，别急，问一问自己，是不是自己要求有点儿不切实际了？是不是自己的想法过于主观了，是不是太理想化了？找个时间，跟老员工谈谈心，找好朋友聊聊天，把“掉在地上的心”重新拾起来，踏踏实实走好初入职场的第一步。

早年在广州打工有两句话至今让笔者记忆犹新：一句是“适者生存、能者成功”，另一句叫“今天工作不努力，明天努力找工作”。年轻人有的是青春与激情，任何困难都无须惧怕，既然选择了远方，就只顾风雨兼程，义无反顾，职业生涯才会顺风顺水！

学会在苦差事中潜水，学会接受重创。世界上最成功的人士同时也是最脆弱的。如果你对任何事情都充满热情，那么你也会不止一次地受到无辜的伤害，但完全没必要为此忧心忡忡，你应该学会把受到的伤害转化成实现下一个目标的力量。

把现在的工作当成你漫漫求索之旅的重要起点，加上勤奋，你一定能迅速胜任第一个任职岗位，并不断积累经验、增长才干，这样，你的青春、智慧和汗水必定会在基层建设中开花结果。如果你忍耐不下去，那么你就没有明天了。

其实，我们中的大多数人都需要用一生的时间来追求人生目标，很多时候，这种人生目标是与职业目标联系在一起的。所以,求职或是跳槽,寻找一份属于自己的职业,在我们追求人生目标的过程中总起到关键性的作用。职业意味着什么?有时候,它意味着"一个人在这个世界上一生的工作",即事业。人们在给人盖棺定论时常说,"他的一生做出了光辉的事业"。有时候,这个事业与我们从事的职业重叠。

职场如战场,这场没有硝烟的战争不会有永远的赢家和输家。对大学生来说,没有工作经验,缺乏实践,这是可以理解的,但是我们的态度要端正,要努力去学习,不要眼高手低,要从自我做起,脚踏实地,扎住根,才会枝繁叶茂。

五、脚踏实地,从小事做起、从基层做起

职场新人在自己部门可以从整理报纸文件、接听电话等做起,为其他同事做些辅助性工作,如打印资料、填写简单表格等,业余时间打扫一下卫生、帮老同事倒杯水,给人留下勤快的印象,又易于融入同事圈中,与同事们相处和谐,得到大家的帮助支持。

常言说得好,"合抱之木,生于毫末"。在即将开始的基层第一任职实践中,你只要立足本职,从点滴学起、做起、干起,在实践中不断提高自己的综合能力,胜任本职工作只是时间长短而已。千万不要采取消极的态度,要么不去做,要么推诿、拖拉,要么敷衍了事,无论哪一种情况都会给工作带来损失。在试用期出错,特别是一些影响较大的差错,等于宣布了职位的"死刑"。在工作中要千方百计避免出错,做事一定要克服马马虎虎的习惯,谨小慎微,遇事多想,仔细认真,反复检查;提前做些准备,以免措手不及。对一些拿不准的事情,一定要请示领导或请教同事。要督促自己、观察别人,只要是交给自己的事情就非要踏踏实实做好不可,做得好会对工作、对自己有益。万一做错事要主动承担责任,想办法弥补。事情做不好没关系,但只要勇于承担责任,公司就会原谅,反倒会对你更加信任。相反,我们经常会碰到一些新人用"没经验"作为逃避责任的托词,其实这是公司比较反感、最不能容忍的地方,也是一些公司不愿意用新人的一个原因。

六、学会妥协,是职场制胜法宝

做好自己不愿做的事,学会妥协,向职场妥协、向现实妥协。人的一生,有多少时间是在做自己愿意做的事情?不多。这是很多人得出的结论,也是人类许多痛苦的根源。人的性情不同、志趣不同,对待眼前事情的态度就不同。譬如善于独立工作的人,可能就不愿意去管别人。

上司在用人的时候要考虑根据每个人的不同特点去安排他适合的工作,但是事实上任何一个上司都不可能完完全全地"人尽其才"。在这种情况下,学会做好自己不愿意做的事情就十分重要。事实上,从更广泛的人生意义上说,能否做好那些自己不愿意做的事情是一个人是否成熟的标志,也是一个人能否取得人生成功的主要因素。这个世界不是为你准备的,这个职位也不是为你设立的。出于一种对自己、对别人、对集体、对事业的责任,你必须认真地对待那些你不愿意做的事情,而且要想方设法把它们做好。是你要去适应环境和社会,而不是要求环境和社会去适应你,尽管你可能并且可以凭借自己的力量最大限度地去改善你周围的环境。

人们不愿意做的事通常是那些自己认为不擅长的事,所以心里发怵。在很多情况下,

这是人们对自己认识的误区。如果经理们作为上级和旁观者认为他们并不是不可能把这些事情做好，就应该鼓励他们去做，甚至有时候命令他们去做，一旦做成功，他们的信心就会增加，在将来的工作中可能就不会再胆怯了。

另外，笔者还感觉到现在的大学生受不了一点点委屈，耐不了一丝丝寂寞，他们害怕挑战和压力，一旦受挫，就变得缺乏自信，怨天尤人。公司里许多问题因此出现，人们对自己不愿意做的事情通常会采取消极的态度，要么不去做，要么推诿、拖拉，要么敷衍了事，无论哪一种情况都会给工作带来损失。对这个问题的预防办法，除了上述的教育之外，经理们要做的事情是对自己下属的性格和习惯应该有充分的了解，知道他们对什么样的事情会去积极地处理，而哪些事情他们根本不愿意做。对于那些他们不愿意做的事，要督促他们、观察他们，甚至有时候帮助他们，让他们知道这件事是非做不可的，做得好会对工作或者他们自身有益。

刚参加工作的时候，最怕的就是单位不安排做事，让你无所事事，那样学不到东西，不会有进步。一些人怕吃苦，责任感差，还不能完全适应学生与职员之间的转换，不懂得凡事一定要对自己、工作负责，不管发生什么错误都不会有别人来为自己补救，更不会轻易让错误过去。“硬着头皮、咬着牙”把你不愿意做的事情做得漂亮，将会比你做好擅长的事情有大得多的收获。

七、正确认识自己，调整就业心态

毕业生刚刚工作最容易犯的一个错误就是心态不好，认为事事应该绝对公平，认为以自己的才能应该有一个更好的位置或薪水，这种心态是最要不得的。看到身边的同事与自己拿一样的薪水或更高的薪水，却做着比自己少得多的活时，千万不要心理不平衡，要知道，能够给你更多的任务，承担更多的责任，这其实正是领导对你的重视，眼光要看长远一些，要想到自己可以从繁重的工作中学到更多的东西，可以比别人更快地成熟成长，对于新毕业的学生来说，积累经验是最重要的。

不要以为能者多劳，多劳多得，世界上没有这么公平的事，只要你还不想离开这个公司，千万管住自己，不要向你的领导或同事抱怨，尤其不能抱怨待遇等方面的问题，世界上没有不透风的墙，这是公司最忌讳的，你做再多的工作都难以消除领导心中的阴影。只要你想在那里继续干下去，就要主动调整心态，看到公司好的一面，千万不要与领导谈条件。

心态将决定我们的生活。唯有心态解决了，你才会感觉到自己的存在；唯有心态解决了，你才会感觉到生活与工作的快乐；唯有心态解决了，你才会感觉到自己所做的一切都是理所当然。新人最需要的是以下几种心态：

行动的心态：行动是最有说服力的，我们需要用行动去证明自己的存在，证明自己的价值。如果一切计划、一切目标、一切愿景都是停留在纸上，不付诸行动，那计划就不能执行，目标就不能实现，远景就是“肥皂泡”。

给予的心态：没有给予，你就不可能索取。要索取，首先学会给予。给予我们的同事以关怀；给予我们的经销商以服务；给予消费者满足需求的产品。

学习的心态：干到老，学到老。竞争在加剧，学习不但是一种心态，更应该是我们的一种生活方式。21 世纪，实力和能力的比拼将越加激烈。谁不学习，谁就不能提高，谁就不会去创新,谁就会落后。同事、上级、客户、竞争对手都是老师。谁会学习,谁就会成功,学习增强了自己的竞争力,也增强了企业的竞争力。

老板的心态:与老板换位思考,像老板一样思考、行动。具备了老板的心态,你就会去考虑企业的成长,考虑企业的费用,你会感觉到企业的事情就是自己的事情。你知道什么是自己应该去做的,什么是自己不应该做的。反之,你就会得过且过,不负责任,认为自己永远是打工者,企业的命运与自己无关。你不会得到老板的认同,不会得到重用,低级打工仔将是你永远的职业。

包容的心态:我们是为客户提供服务、满足客户需求的,这就要求我们学会包容,用包容的心态,包容他人的不同喜好,包容别人的挑剔。你的同事也许与你也有不同的喜好,有不同的做事风格,你也应该去包容。

八、不断提高你的情商指数

近年来,国外心理学家提出了"情商"(EQ)的概念。所谓情商,是测定和描述人的情绪情感的一种量化指标。情商理论的创始人沙洛维和梅耶教授在1996年把情商界定为:对情绪的知觉力、评估力、表达力、分析力、习得力、转换力、调节力,涵盖了自我情绪的控制调整能力、对人的亲和力、社会适应能力、人际关系的处理能力、对挫折的承受能力、自我了解程度以及对他人的理解与宽容等。

情商概念的提出是对传统的智商(IQ)理论的大胆改进。智商是先天的,带有无可奈何的宿命论色彩,而情商则可以通过后天习得,如合作意识、形象意识、开放的学习意识、角色转换意识和敬业精神等,都可以通过个人的学习与修养来形成。智商的分数可以用来预测一个人的学习成绩,而情商的分数则是预测一个人能否取得职业成功或生活成功的一个有效依据。现代心理学认为,情商作为一种非智力因素,对一个人的事业成功非常关键。美国成人教育学家卡耐基说:"一个人的成功,只有15%是靠他的专业知识,而85%要靠他良好的人际关系和处世能力。"

情商指数是通过一系列精心设计的测试题目得出的,分为个人情商和人际情商两方面。有些人充满自信、情绪稳定、态度乐观,这种人的个人情商很高。有些人很善于与人相处,对别人有同情心,能左右别人、引导别人,社会适应能力强,这种人的人际情商很高。反之,有些人悲观、抑郁、情绪多变,惯于高估困难、低估自己,这种人的个人情商就比较低。一个个人情商很低的人,不容易取得事业的成功。这就是一些智商很高的人,其事业成绩反而不如一些智力平平者的原因。低情商者,可以从事一些情商要求比较低的职业,如图书管理员、出纳员等;高情商的人则可以去做律师、侦探、管理人员或领导人等。

每一个事业成功的人,无疑需要具有较高的情商,只有以融洽的人际关系为基础才能发挥作用、实现职业人的价值。而成功的情商要求具体如下:

(1) 要保持健康积极的心态,能用理智驾驭自己的情绪,始终保持昂扬的斗志,对生活充满信心。这是做好思想政治工作的主观条件。要想给人以精神上的前进动力,不仅取决于说理教育的理性力量,积极的情绪能给人以鼓舞和信心,消极的情绪则会给工作对象带来负面影响。设想一下,如果一个人自身性格孤僻、情绪恶劣,怎么可能调动别人的积极性?又怎么有人将你放在主管位置上?

（2）要能够及时了解别人的情绪，理解别人的感受，察觉别人的真正需要。这是具有良好情商的基本素质。只有敏感细致、见微知著，时刻把工作对象的喜怒哀乐看在眼里、放在心上，才有可能理顺情绪、疏通思想、化解矛盾。

（3）要能营造和维系融洽的人际关系，能够适应别人的情绪。俗话说"千人千模样，万人万脾性"，工作决定了要与各种各样的人打交道，必须有结交各种人、团结各种人、与各种人交流的雅量，切不可由着自己的性子搞小圈子和亲亲疏疏，更不能有唯我正确的"霸气"和唯我独尊的"官气"。

所以，从情商理论的角度来看，思想政治工作是一门业务性很强的科学工作，对于从事这项工作的人选，除了要加强政治素质、文化素质和道德素质等方面的要求之外，还应当把高情商作为一项基本的职业素质来看待。

水至清则无鱼；海纳百川，有容乃大。我们需要锻炼同理心，我们需要接纳差异，我们需要包容差异。

九、熟读办公室政治，妥善处理人际关系

办公室政治，是一门很难的学问，新到一个公司，你首先要做的就是在最短的时间内融入这个集体，避免受到排挤和孤立。对于准白领的大学生，对搞好同事关系的"游戏规则"就要有更多的了解，才能与他们和谐相处，并从中享受到融入集体所带来的好处和乐趣。概括起来就是：为人上锐气藏于胸，和气浮于脸，才气见于事，义气施于人；处事上对上司先尊重后磨合、对同事多理解慎支持、对朋友善交际勤联络、对下属多帮助细聆听、向竞争对手露齿一笑。

对于多数初涉职场的新人来说，短时期内就在工作上做出令人刮目相看的业绩不是一件容易的事，但你完全有理由不把自己的人际关系搞得乱七八糟。日本给人际关系取了一个形象而动听的名字叫"人脉"，相信良好的人际关系是每一个职场新人都热切盼望的。它不仅可以带来一份快乐的心情，让工作本身注入一种享受的成分，更能提供许多有形或无形的契机，帮助你的计划在成功或失败之间更大限度地倾向于前者。

与周围同事处理好关系，同事们不仅可以帮助你、指点你、向你传授经验，而且在试用期结束时，可以帮你"说好话"。如果你的同事一致反映你这人不错，挺能干的，很有潜力，那你的试用期肯定会通过，因为他们的评价直接影响着领导最后的决定；如果与周围同事的关系很僵，有些同事可能会在工作中故意为难你、卡你，使你试用期的工作成绩为零，还可能向上级反映你这人能力差、不爱学习等，那么你的试用期能否通过就难说了。

处理好人际关系的要点在于：谦虚、热情、诚恳，以交朋友的方式处理与周围同事的关系。平时多虚心请教，礼貌待人，尊重别人，对别人的事情主动热心地帮忙，不要怕吃点小亏、受点委屈。一个人的态度、理念和做事的习惯最关键，有一点要切记：切勿眼睛朝上。如果只注意与顶头上司搞好关系，而与一般同事淡然处之，别人会对你产生趋炎附势、谄媚巴结的印象，心生反感。另外，不能遇到大人物是一个样子，遇到小人物又是另一个样子。势利的人常常让人瞧不起。客观地说，对上级与普通同事应该是稍有区别的，但不是势利眼，不是奴才相。而且对初来者，一个好的群众基础可能比上司的赏识更实用。

在身边的同事中，总有一些人爱说长道短、评论是非，作为新人，不可能了解事情的来

龙去脉，更没有正确分析判断的能力，因此最好保持沉默，既不参与议论，更不散布传言，也不要急于与某个人或某个圈子打成一片，以免一不留神就卷入是非旋涡。避开一些态度消极的同事，你就会感觉好一些。如果跟着掺和，别人就会把你看成没有品位、没有教养、低级趣味的人。

把夸夸其谈的时间、抱怨的时间、与同事探讨家长里短的时间统统用来冷静地思考、高效率地做事。许多初涉职场的大学生常抱怨"理想与现实有很大差距"，在单位里自己"吃的是杂粮，干的是杂活，做的是杂人"。经常看到事物坏的一面是人类的本性，但总是看到坏的一面会使事情变得更加糟糕。试着把目光投向事物的光明面，要做到这一点非常简单，而这样做的确可以收到持续的良效。公司里可能有很多的东西是不太合理的，或者是不够完善的。只是处在你的位置上，最好的做法就是保持沉默。古人有言，不在其位不谋其政，你现在要做的最重要的还是适应环境。一个只知道抱怨的员工是不会得到老板赏识的。如果你能心甘情愿做杂人、干杂活，那么，你就是在给自己加分，很快就会被老板"相中"。因为许多老板都认为：能把公司的不起眼的事都认真做好的人，肯定是敬业、有责任感的员工。不久，他就会安排"大任"于你，为你施展才华创造机会。

课后案例讨论：职场攻略——告诉你一个真实的事务所

这是我从日记中整理出来的，告诉你最真实的事务所生活，最真实的"四大"。

一、一年级(上)

20天的培训结束了，从此开始了第一年的"小朋友"生涯。

痛苦的历程就此开始。这不是一个简单的case，又是我最讨厌的日本客户。说讨厌，是因为日本工厂等级森严，对中国人的管理严格，而且还有很多条条框框的约束，让我这种自由散漫的人很反感。但其实，日本人的认真和严谨又是让我非常佩服的。

第一天，到客户公司，听见客户抱怨我们的价格太贵。

第二天，客户说：这个问题你来问我干吗，你们自己去查。

第三天，早该准备好的资料还没有着落，连要审计的报表也没有报出。

第四天，老板下现场，一个电话让我们饥肠辘辘等到晚上8点。老板到了后，朝我们几个新员工看看，面无表情。

这是我在日记《后来》中写下的一段话：

"也许到自己一无所有的时候，才真正属于自己。因为已经没有别的东西了，只好为自己考虑。这是一份历经千辛万苦得来不易的工作，我不敢去怀疑自己是不是真正热爱它。像极了一座围城，外面的人要进去，里面的人拼命想出来。我是哪一类呢？我想我是那种进去看一眼再决定取舍的人。这样做有两种结果：抛弃它，以及被它抛弃。"

读书和工作原来有如此大的差异。原来我是那么不更人事。如梦初醒，醒来是一笔笔欠债，要压上所有的快乐去偿还。金钱也已经失去了刺激，我需要的是时间。我可以忍受肉体的劳累，却不能不在乎精神的疲惫。近乎精力憔悴。我的学生气，正在一点一点褪去。

一转眼到了12月，peakseason越来越近了，CPA的成绩也即将揭晓。2003年的12

月31日，是值得我永远铭记的日子。这是我进公司之后，第一次，也是唯一一次，被客户辱骂到痛哭流涕，原因是我翻了她强行不让我翻又说不出理由的增值税凭证。那是一个国企的40岁左右的上海女人，骂的什么我已经忘记了。只记得那天刚刚得知当年考了五门CPA悲惨地只通过了最简单的一门，心情已是低落到极点。然后经她训斥，本来脸皮就薄的我，居然克制不住流下泪来。躲进会议室，越是不想去想，人就越像一架只会流泪的机器，机械地掉着眼泪。第一年，工作才正式开始三个月，我真的什么都不懂，被客户欺骗、看不起，怎么会那么委屈。同事们走上来劝我，我努力想挤出一个笑容，却比哭还难看。负责的女senior一直搂着我的肩膀，我多想就扑进她的怀里痛哭一场不管任何后果！可是不行，我痛苦而清晰地意识到，还有一个下午一个晚上的审计，我必须坚持到最后，却不能哭着坚持。晚上还要和客户一起吃饭，我可以在自己人面前丢脸，但无论如何不能在外人面前丢自己的脸，无论如何不能让他们看见我的泪痕。我必须忍住！那一刻我想了那么多，我慢慢地忍，慢慢地平静，慢慢地装成若无其事。可是我的心里真的像刀绞一样痛！

那天晚上12点，新年的钟声敲过，我正坐在回家的出租车上。终于可以无所顾忌地发泄了，可是我没有。我对自己说：这一切都是一种经历，都值得纪念。

二、一年级(下)

度过了一个忙季，很想请假休息一下，可是一直都排不出时间。现在回头想想，那个忙季我没有遭遇刚接到offer时传闻的天天加班到凌晨的情况。我知道自己不属于做得很辛苦的那类，但不知道这样属于幸运还是不幸。有一起进来的同事，做到腰椎间盘突出，躺在病床上，公司便解雇了他。从这个意义上说，我还是幸运的，至少还很健康，也没有因为劳累发很多"豆豆"。所有的auditor都是好了伤疤忘了疼的人，包括我。再怎么劳累，再怎么没有自己的时间，再怎么抱怨，忙季一过去，都烟消云散了。

我不明白，一个国际性的事务所，为什么对它最最宝贵的资产如此重压，一点都不懂得珍惜。那天，我在客户那里亲眼看见我们负责的女senior，一个非常倔强的人，在电话里被manager骂哭，一边接电话一边拿纸巾擦眼泪，引得客户纷纷侧目。据说只是因为她没有去做manager要求她做的而其实是manager分内的事。其实我是爱公司的，从一开始就是，甚至不惜加班，不怕牺牲个人时间。可是现在有点失望，这仿佛都只是一厢情愿的暗恋而已。

到现在为止，我都觉得，第一年是最痛苦的。因为什么都不懂，客户不理你，有时候还遭到冷嘲热讽。有些senior应该做却不想做的、肯定讨骂的事，差你去做，然后被骂回来。有时候两头不讨好。遇到脾气不好的senior，也会对你很不耐烦。不过，这是没有办法的。每一个行业的新手都会被人欺负。这个阶段，一定要忍过去。我开始觉得人最难得的品质其实是勇敢：勇敢面对自己的缺点，勇敢面对别人的指责，勇敢面对未知的现实，勇敢面对过去的失败。

三、二年级(上)

做了审计之后，发现自己的话越来越少，牢骚越来越多，脾气也越来越大，也越来越不在乎别人的想法。可能每一份工作做久了，都会影响人的性格吧。

这一年，因为安然事件，美国证监会通过了萨班斯法案，就是俗称的"SOX404"。公司开始无比重视客户的内部控制，要求分析性复核施行所谓的“四步法”，即在了解客户的基础上，按照审计师的经验建立一个独立的“期望值”，然后与实际的财务结果进行比较，如果有很大的差异就意味着潜在的审计调整。谢天谢地，到今天，我终于可以勇敢地说出来，这个所谓的“四步法”，简直就是一堆垃圾。我读过一些这方面的书，知道虽然它的初衷是好的，就是作为审计师一定要非常了解客户的业务，这个我完全同意，但是事实上非常难以操作。不是所有的科目都可以设立一个“期望值”。假如说销售额和成本费用科目可以按照客户的预算，那么资产负债表的各项余额更可能受年底突发事件的影响而根本无法预计。即使能够估计出比上年同期增长多少减少多少，也无法精确地估计出增长、减少了10%还是9%。连客户都无法做这样的估计，我们又怎么可以？最后造成的结果就是，同事都开始投机取巧。对小客户，直接拿上年的数字做比较。对要求比较高的客户，就想尽各种方法从中算一个貌似比较接近实际的数字，或者知道了实际结果之后倒算一个数字用于比较。到现在，其实我都不知道该怎么为银行存款建一个合理的“期望值”，也没有人教我，因为其实大家都一知半解，却没有人承认。这其实是促使我离开的一个原因。我实在无法忍受把大量的时间花在这种毫无意义的事情上，加班到凌晨只是为了让“期望值”在老板眼中看起来比较合理。我无法忍受。做了senior之后我也对小朋友说，你们的“四步法”我不关注，看都不看。我只看关键的东西，而那些只是形式。

这一年的忙季连同之前的上半赛季，我度过了一段后来被称之为“梦魇”的日子。

那是一家上市公司。不幸的是，我一直觉得那只是一家依靠雕虫小技正好赶上互联网大发展侥幸上市圈了钱却没什么前途的公司，一家成功后就找个御用文人替高管写了本歌功颂德的恶心之极的书的公司。当然，这不是正题。先列个中期审阅的安排吧：

10月28日，星期四，开了大半天的会，什么也没有做。

10月29日，星期五，做计划，内控。

11月1日，星期一，继续做计划，开审计取证会议。

11月2日，星期二，讨论以前发现的关键审计问题。

11月3日，星期三，开了大半天内部成员会议。

11月4日，星期四，开始做期望值和实质性测试，声称星期五，也就是明天，就要做出所有审计调整。

11月5日，星期五，继续做期望值和实质性测试k。

11月7日，星期日，加班写分析性复核。

11月8日，星期一，汇总调整和分析性复核，一边贴数据库。

11月9日，星期二，写完分析性复核，贴完数据库。

一共13天，前9天完全没有效率，然后突然要在后5天中做出调整，毫不合理的审计安排。此间，我还被迫抽出整整一个上午的时间用Excel画一张详尽的“组织结构图”，只有寥寥几个格子不超过10人啊！这样做只因为经理要求每一个线条都要笔直对齐，每一个格子大小都要完全吻合，而且要美观大方！最后结果老板居然还没有看。可能我不属于追求完美的人，而让我想不明白的是，为什么要把有限的时间花在这种细枝末节的事情上？一定还有什么更重要的需要去完成。如果我是一个领导者，我不会在乎一根线条的粗细。

我在日记《大哭一场》中写道："在这里，你完全就是一个傀儡，就是一个木偶，上面怎么说，就怎么做。端茶倒水盛饭是小事，亦步亦趋最重要。她说话可以大声可以撒娇，你说话一定要轻轻巧巧。回答问题不能有丝毫差错，思路不同就要全盘推倒。哭累了最多妈妈出来安慰几句，明天还要硬着头皮上班，没有人可怜。快1点钟了，还是赶快睡吧。auditor的生活，反正就是这么一部水深火热的屈辱史。有时候想想觉得自己真像一个被虐狂，好难受。一份工作，如果做到每天睁开眼睛就有人间炼狱的感觉，我不知道是不是该继续坚持下去。"

四、二年级(下)

这是CPA丰收的一年，我一下子英勇无比地通过了最难考的三门，顺利地连自己也没有想到。于是，我和男朋友都只剩下了最后一门，下一个目标眼看就要实现了。年末盘点这一年，有小小的得意。但要在这一行混，CPA还是早一点取得好，否则以后只会越来越忙，越来越缺少复习的时间。

身边开始有同事来来去去，进进出出。我却对自己说，一定要做满三年。并且一定要有独立领导一个团队的经验，才可以允许自己跳槽。确实，我也做到了。三年中，我一心一意心无旁骛，拒绝了外面的一切机会。即使知道月薪比其他的一家"四大"低了20%，我也没有动过跳槽的心思。对比了从其他"四大"跳过来的同事，我知道，如果过去，只能做边缘的差工作，而且也失去了人脉，只会对自己的发展不利。从选择财务作为大学的专业开始，我就知道，自己只能顺着这条路走下去了。

IPO是很苦的，很多人都躲闪不及，但很能学东西。我知道工作是各取所需，没有辛苦付出就没有得到。于是，那整整五个星期高强度的工作，我没有一天休息，没有一天回家，做到天天汗流浃背，神经高度紧张。Senior好像在故意锻炼我，分配给我很多重要的科目。为了把国企的权益做清楚，我去客户档案室查了十年的相关凭证！为把三年一期的未分配利润带平、为把调整做对，我做到头晕眼花出错然后被senior狂骂！我知道自己不够聪明，所以只好用勤奋来弥补。那时我想自己怎么那么命苦啊！忍辱负重！然后一个人夜里会突然醒过来孤独地哭。(我是不是很会哭啊？不过这是一种健康的发泄方式，而且自从前一年12月31日的经历之后，我便没有在别人面前流过泪。)成功是不是必须忍辱负重受很多苦呢？结果，脖子断了，腿软了，眼睛瞎了，身体累了。终于有一天我发现坐着也心跳得厉害。妈妈听了很心痛，一个电话命令我一定要回上海休假看医生。这时项目暂时告一段落，我终于能够请假回家了。幸好，心脏没有大碍，医生只说我需要休息。

可是，即使在这样的时候，我也保持工作之后看一个到两个小时的CPA，以及周末抽一天做练习。我希望最后一门能够顺利地通过。而这时，只是当年的5月。我的坚持和毅力，的确为我带来了很多。

五、三年级(上)

终于升到了senior，我感觉自己一点点强大起来。在那个IPO上我遇到一个极为强劲的senior，教了我很多technical的东西。我是在那个IPO上一点点成长起来的，一直到他们觉得我有能力做这个8人团队的inchargesenior。这一年，我有三分之一的时间在外地，其中大部分在西北。见不到家人，我觉得我失去了很多，可是得到了更多。我不想贪图安逸，我要看见自己的进步。所以我不后悔自己的选择。

三年级上的生活很平常，一切都步入正轨。应该说，和一些同事相比，我做得不是很辛苦，因为有一个大项目，我不用被迫转战一个星期一个的小项目。但是我的项目都在外地，意味着除了休假我就必须离开上海。虽然我是个喜欢旅行的人，但有时候难免会想家。

六、三年级(下)

Game over！终于，在进公司的第三年，我通过了所有的CPA考试，也成为那时我们组同一级别唯一一个通过所有CPA的人，以及经理以下级别唯一一个同时拥有CPA和ACCA的人。男朋友也顺利通过最后一门。这一年，我们幸福地结婚了，我的目标一个个实现了！

结婚之后我还是有很多改变的。一度想不明白，不是女子无才便是德吗？为什么在人生最初的、最好的22年，我要发奋读书，兢兢业业，努力找一份好工作？越来越多的女孩子，把下半辈子的希望寄托在另一个男人身上。这种感觉在结婚的那一天尤为强烈。后来我终于想通了。所有以前吃过的苦，受过的委屈和挫折，都是为了充实自己、提高自己，以避免因为没有财力而必须找一个富有却不相爱的人结婚，也不用被迫以嫁人为手段来改善生活——这对性格独立的我来说很重要。现在我很庆幸，能够抛开物质的东西去找一个真正相爱的人。

我在日记《希望》中写道：

“有时候我问自己：你想要什么呢？一个幸福的家庭？一份过得去的工作？

是的，我的家人都健康平安，也都疼爱我；我的工作比较适合我的性格，待遇也不错。换句话说，我对当下的状态还是比较满意的。那么，还有什么可抱怨的呢？还有什么比快乐更重要呢？

本来不是一个喜欢争论和善辩的人，父母给我好强的性格，再以平和的心境作弥补。有时候也会偷懒。我不妒忌他们，因为他们付出比我多。这世界本没有什么绝对的公平，付出多少得到多少。不喜欢这个游戏规则，走人；如果想留下，就得适应它。有些东西永远无法改变，逃避不是一个好的方法。

我对自己的要求就是：踏踏实实做事，快快乐乐做人。踏踏实实做事是真理。无论别人怎么对你，都不要以工作态度作为报复的一种手段。充实自己、提高自己，断了别人闲嘴的路。学到的本事是自己的，抢也抢不去，以后到哪里都不怕。快快乐乐做人，这点最重要。虽然工作也很重要，但家庭总是第一位的。永远不要把工作中的不良情绪带到生活当中去。

我一定会努力，也会保持心态平和。努力，不是为了证明什么，不是为了争取什么，更不是为了改变什么。努力，只是为了对得起自己的良心，也不让帮助我的人失望。我相信，努力了，好的结果自然而然会来；不来，我也会为自己尽力了而心安。”

七、四年级

这个时候，开始有猎头联系我。那是世界数一数二的公司，航空母舰，在招类似财务管理培训生之类的职位，要求在“四大”工作三年至四年，两年内审了解业务之后转FM/FC/CFO，每年招3～4次。这家公司的培训机制绝对是一流的，在业界也很有名。之前也有类似的岗位找到我，都是世界500强，但都是单纯的内部审计，我连面试都没去。说实话，我一直觉得内部审计这个职位很尴尬。虽然公司有很多同事出去都做了内审，但我是不会为了这样的职位轻易跳出去的，哪怕薪水再高也不去。我真正想去的是财务。吸引我的恰恰是这个可以转成财务管理层的机会，以及公司的名声。是的，我要承认，我没有很远大的志向，我不想做什么上市公司的CFO，拿很多option。我只是一个女人，要一个幸福的家庭，让家人开心是我的责任；其次才是一份过得去的工作。我不要很多钱，那意味着失去更多。我与熟悉的同事聊了之后才知道，其实很多人都去应聘过，有些没有拿到offer，拿到offer的现在已经转成了FMorFC，并且做得很开心，至少比auditor强。于是我决定趁英文还没有完全忘记之前去试一试。说实话，这居然是我大学毕业之后的第一次面试。

第一轮，第二轮，因为一直出差，所以都是人力经理英文电话“面试”。一直到第三轮之前，我都抱着“试试看”的态度，只当是一个机会，而不是一个“必不可少”的机会。

让我彻底转变看法的恰恰是第三轮面试。这一轮英文面试进行了整整一天。通过前两轮面试已经去掉了一大半候选人，因此一共只有四人参加，两人来自英文母语的国家，还有一人和我一样是本土的。四人当中只有我一个是女的。从早到晚，包括中饭，一个美国人，一个日本人，一个新加坡人，一个澳大利亚人，两个马来西亚人，三个中国人。有趣的是，我进公司三年说的英文大概还没有那一天说得多。从高级审计经理的专业问题考察，到人力资源经理的职业规划问题；从问答环节，到当场做一个presentation；一天下来，我一直表现的是最真实、最自然的一面。最后，也是我万万没有想到的，我不仅得到了offer，而且得到了今年大中华区这个薪酬水平最高的offer！最重要的是，我觉得自己得到了认可——苦苦等待三年半，在公司一直得不到的机会，原来就在这里。三年的蛰伏，在苦苦等待了三年半希望被承认之后，终于决定放弃，然后启程，去一个真正需要我的地方。

八、后记

我把职场最初的、最纯真的三年留给了公司。无论它对我如何，我的心里都只有感激。的确，这里有我三年的成长过程，三年来学到的东西、三年来的进步，点点滴滴我铭记在心，不敢忘记。哪怕是最痛苦的经历，也让我感激，因为没有那些挫折我的人生便无法完整。也同样感谢那些一直带我、关心我的manager和partner，没有他们的鼓励我无法坚持到现在。可是现在，我要去追求另一个舞台。这其实是一个异常艰难的决定！

享受完难得的假期之后，我又该启程了。又是一个起点，前途未卜。我也会继续写着日记，记下一段自己的历史。每一次总结总能促使我去思考一些东西，明白一些道理，为下一段旅程做准备。我又开始为自己许下一个个目标，希望能一个个实现！

（资料来源 http://blog.sina.com.cn/signorjohn.）

第四节　会计毕业生如何创业

“创业创新”一词持续走热，反映了我国在经济下行形势下，加速发展模式转型、开拓经济新增长点的决心。中央做出的发展创业孵化和营销、财务等第三方服务的部署，无疑是助推创业创新热潮再攀高峰的又一力举。

一、会计专业创业优势和劣势

1. 创业优势

会计专业学生有丰富的知识储备且学习能力很强，包括各种会计专业知识、创业知识、电子商务知识，领悟能力强。有朝气，敢于尝试新鲜事物，思维活跃，敢想敢干，有拼劲。而且多半没有成家，无家庭负担，可以全身心投入创业活动中。

2. 创业劣势

会计工作对实际操作能力要求较高，然而学生在校主要任务是学习，参加实习和实践不多，创业实战经验不足，好点子很多，就是无的放矢，好多创业点子经不起考验；缺乏基本创业能力，包括融资能力、敏锐的市场触觉，缺少核心竞争力，缺少人脉；心理素质不强，承担压力能力欠缺，很容易产生挫败感，导致难以长期坚持，甚至有的人还没有创业，只是听说创业艰难就已经放弃；喜欢纸上谈兵，眼高手低，市场观念淡薄。

3. 创业机会

会计工作专业性强，不论何种创新创业活动，都需要会计服务；近年来，我国高度重视发展新兴产业，创新创业的文化氛围日益浓厚，政府还给予大学生各种创业优惠政策，鼓励大学生自主创业；还有四大注册会计师事务所以及国内的一些事务所给在校大学生越来越多的实习机会，在校学生可以利用课余和放假时间参加各种实习与社会实践，积累创业经验；各种创新创业计划大赛在各大高校如火如荼地展开，这些活动给大学生创业奠定了基础，许多学生脱颖而出；作为第二大经济体，中国消费群体广泛，消费潜力巨大，只要你有创意，市场前景十分广阔；经济全球化下，席卷全球的金融危机给世界经济带来猛烈冲击，当然，这也帮我们认清了经济形势，摸清了市场，也带来了很多机遇。

4. 创业威胁

很多学生观念依然陈旧，觉得会计越老越吃香，还是就业靠谱；经济增速放缓使得本来就严峻的就业形势雪上加霜；虽说大学生创业教育初步渗透到大学生教育管理的过程，但其中也不乏各种理由，一方面，我国创业教育起步晚，发展不是很成熟；另一方面，传统教育着重灌输理论知识，在很大程度上忽略了能力的培养。

二、会计专业大学生如何成为成功的创业者

1. 扎实自己的专业知识

会计专业的大学生不仅要掌握会计方面的知识，法律、财政、金融、管理知识也是必须掌握的。会计电算化也对大学生电脑操作能力提出要求。为此，在校期间，会计专业大学生要有意识丰富自己的知识结构。

2. 培养创新精神，善于抓住机会

有目的的创新构成创业精神的基础，创业之所以有风险很大程度上是由于一些所谓的创业者并不明确他们在做什么。要培养创新精神，就要求我们平时多深思、多探索，养成独立深思的好习惯，因为好的习惯是成功的一半。选择有利的创业项目，对机会做出快速反应，大多数创业机会都不是显而易见的，显而易见的机会总有人去开发，有利机会也就

不存在了，这要求我们时刻关注市场动态，看清市场上缺少什么或者需要哪些改善，这些正是创业者创新的落脚点。

3. 磨炼自己的意志

创业成功的概率十分小，往往会多次失败，这个过程一波三折，失败者十之八九，纵观我们知道的创业神话事例，成功的创业者大多为创业殚精竭虑，努力寻求机会，将机会变成有价值的东西，有目标就要持之以恒，要相信自己的选择，要知道那些为大家所知悉的创业家好多都打拼了十几年才有今天的辉煌。

4. 增强自己的胆量

创业活动需要冒险，需要胆量，这里所说的冒险不是一味地承担风险，换句话说我所说的冒险不是冒进，冒进会使事情变得一团糟。创业者们总是比其他人更容易适应动态变化的情况，要成为成功的创业者，必须容忍风险和各种不确定性，对公司的未来要保持乐观，对于创业过程中遇到的问题随时加以调整，降低风险。

5. 培养管理能力和领导力

好多创业公司开始的时候运转得都还不错，究其失败的理由就是公司管理不完善。要管理人首先要懂人，合格的管理者能抓住其团队成员的需求，调动每位员工工作的积极性，为企业创造更多价值。成功领导者不需要凭借组织授予的正式权力对别人施加影响，他们善于化解矛盾，懂得在适当时间以理服人，或是以情感人，他们也知道什么时候该做出妥协，什么时候该做出必要让步。

6. 选准目标和创业欲望

不论我们做什么，目标和欲望都是行动的动力与源泉，有目标的人心里才有方向，他才会有更大的可能成功。不论你是希望追求个人价值、实现个人地位，还是出于改善经济的考虑，有了目标和欲望，才能坚定信念，才能坚持做下去获得成功。

7. 增强人际交往能力

做事、做生意难免与人打交道，人际交往能力是创业者一个的重要能力。人际交往过程中要做到真诚待人，尊重他人，学会沟通，以礼待人，努力提高自己的修养，这样就能建立自己的人脉网，为自己的事业做铺垫。

会计专业的大学生不必拘泥于就业或是考研考证，好的创业点子加上较高水平的创业能力，相信你一定能另辟蹊径，创业顺利。

三、会计创业服务范围

会计创业服务是指在规定的时间内按协议提供标准化的财会服务，以适应企业对财务工作需求、节省管理时间、降低运营成本。因此，财务第三方服务受到很多中小企业的青睐。

服务形式包括代理记账、涉税处理、工资、职工福利及内部审计服务，主要是为企业提供生成财务、会计信息服务。多由一些中小会计师事务所和代理记账公司提供。

高端服务包括：企业纳税筹划、内部控制设计、投资可行性分析、投资风险评估、融资项目筹划（包括筹措借款、发行债券和股票等）、财务分析、盈利预测等。一般由具有一定规模、专业水平和能力的大型会计师事务承担。

四、"互联网+"深刻影响会计创业服务

在"大众创业、万众创新"的浪潮下，会计服务行业正在经历着前所未有的转型，这在与市场最为贴近的会计师事务所、代理记账机构等会计专业服务机构中表现得最为明显。

1. 传统业务谋求突破

在互联网、大数据、云计算等多种技术迅速发展的当下，传统的会计服务业务开展模式正在急速转型。总体来看，在国家大力扶持"双创"的背景下，小微企业数量的井喷式增长，将造成传统的会计服务业务需要以更低的成本以及更高的效率出现，才能够在激烈的竞争中获得更大的市场份额。例如代理记账行业，其提供的与代理记账相关的各种财税服务，是小微企业成长过程中较为关键、需求量较大的服务之一。对于初创期的小微企业而言，在这方面的投入既有必要，又不能太高。

在"互联网+"以及"微利时代"的共同作用下，越来越多的代理记账机构正在通过线上线下相结合的方式，为小微企业提供基础的代理记账服务。北京华财会计股份有限公司董事长王久立向记者表示，随着小微企业的大量涌现，代理记账机构可以利用互联网技术，采用线上线下相结合的方式为小微企业服务，将小微企业代账业务中具有共性的部分，变成相对标准化的服务产品。这种方式能够降低小微企业在相关财务工作的投入，并且更具效率。

2. "互联网+"引入高端会计服务业务，增强个性化服务

浙江中兴会计师事务所所长马洪明在接受本报记者采访时表示，"互联网+"时代的来临，正在促使会计服务机构为创业企业提供越来越多的个性化定制服务。"比如一些创业企业在融资过程中，股权设立、股权结构变化等涉及的财税服务，在过去是某些大企业的高端定制业务，现在将会越来越多地出现在创业型中小企业中。"此外，与会计服务相关的咨询以及培训业务需求也逐渐增多。浙江中兴会计师事务所下属的培训机构，目前已经开展了三次针对小微企业负责人财会税务基础知识普及的免费讲座。另外一个重要的培训就是，他们联合上海国家会计学院举办"新三板企业财务总监培训班"，向拟在新三板和已经在新三板上市的企业财务负责人提供相关财会知识的培训。国家对在新三板上市的企业会计核算工作有着明确的要求，而在新三板上市的企业大部分都是中小企业。这些企业在上市之前，由于内部治理结构的原因，其会计核算主要为满足相关税务要求而展开。而在上市之后，企业治理结构发生了变化，根据相关监管要求，企业自身会计核算的目的也会发生相应变化，不能按照上市前的体制进行。这意味着，上市中小企业的财务负责人对相关财会业务素质以及水平的提升，产生了巨大的需求。

五、会计创业计划书

以"东海会计代理记账有限公司创业计划书"为例。

东海会计代理记账有限公司创业计划书

会计运行系统需从零开始建立，再加上投资人缺乏企业财务管理知识，聘请或培训这方面的专业人才成本较高，如果采取代理记账，不仅节省开支，还可以获得代理记账机构

高质量的会计服务,可谓一举两得。

特别是那些在短期内无法扩大经营规模的中小企业、县域经济、民营企业,当需要由增值税小规模纳税人身份向一般纳税人资格转换时,会因账务处理要求高、进项税款抵扣严、纳税筹划难度大而增加会计成本。如果是小型商贸企业、工贸企业申办一般纳税人资格认定,需要依法建立健全的会计机构,设置完整的会计账簿,聘请有任职资格的会计专业人员,进行规范的会计核算,其涉税业务"规定动作"多,"自选动作"少,打不得"擦边球",就更有必要实行代理记账。

同时,代理记账还适合分支机构庞大的企业。这类企业在其财务部门下面设有很多分支机构,各种业务分开处理。虽然建立了各分支机构相互之间的牵制制度,在一定程度上可以防止造假账,但却是以较高的会计成本为代价的。加上各分支机构功能不同,分工较细,资源利用程度不一样,产生冗余分支机构的可能性大。假如把这些冗余分支机构的财会业务交给代理记账机构去办理,那么,既可充分利用资源,又能提高工作效率,降低管理成本,可谓一石三鸟。

此外,众多业务规模较小的厂矿、季节性经营的店铺,"开三停四"的生产企业,以及不具备设置专职会计人员条件的小型经济组织、新兴产业团体、按规定应当建账核算的个体工商户,实行代理记账处理会计事务,可以避免人力资源的浪费。

哈尔滨是中国沿边开放带上最大的中心城市,地处东北亚经济区的中心位置,是第一条欧亚大陆桥的重要连接点,也是拓展俄罗斯、独联体及东欧市场的"桥头堡"。作为国家老工业基地,经过多年的发展,工业基础雄厚,历来是资金、技术、人才等各种要素的集聚地和辐射源。国家实施振兴东北老工业基地的战略举措,使哈尔滨金融业面临前所未有的历史性机遇。这无疑也给包括代理记账行业在内的会计服务行业带来了无限商机。据不完全统计,截至目前,哈尔滨市已有100多家代理记账机构在财政部门领取代理记账许可证并在工商部门登记注册,主要从事会计核算咨询、代理记账、代办企业注册登记等会计服务,有的公司同时为上百家中小企业提供代账服务。从这些单位取得的收入看,目前代理记账取得的收入约占总收入的30%。从代理记账的方式看,因收入有限,有部分公司尚未配备会计软件,仍采用手工记账;从代理的形式和收入分配方式的情况看,多数公司采用公司与客户联系,取得代理资格后,再分配给相关财务人员进行业务处理,代理费用以合同方式支付给代理记账公司的方式。

对于广大的中小企业来说,"代理记账"并不是一个陌生的名词。找一名经验丰富的会计代理公司的账目,是很多企业通行的做法。为了迎合这一市场需求,近年来,一些专门提供代账服务的代理记账公司应运而生。据调查统计,目前中国约有1 200万元的财务从业人员,其中使用过一种以上财务软件的占80%以上,可见电算化的普及率已经相当之高。作为新兴产业,在线会计服务也越来越多地走入了人们的视野。与传统手工做账相比,在线会计服务的使用大大提高了财务人员的工作效率,也为代理记账行业的发展注入了新动力。

从以上的分析情况来看,使用在线会计服务(伟库网记账平台)从事代理记账服务,市场前景是非常广阔的。

（一）市场拓展方案

针对以上行业特点，我们制定了以下经营目标及营销策略：

1. 经营目标

短期内创造品牌，并建立稳定的客户群；争取利益最大化；服务区域全覆盖。

2. 营销策略

（1）关系营销

关系营销自古以来就长盛不衰，在网络发达的今天仍然是非常重要的营销方式。不论古代、现代，国内、国外，关系营销都是企业的常用方法。对本公司来说，在各行业的朋友是很好的关系营销资源，可以通过他们向企业宣传代理记账的好处、推广代理记账业务，并给予一定的费用作为回报。有些地区可以通过与政府部门的良好关系成为工商、财政等政府部门推荐或指定的代理记账业务承接单位。

（2）行业互助营销

我们公司成立时间不长，规模都不大，资源有限，可以通过与上下游单位的相互合作来获得业务。上游可以与“代理注册公司”合作，遇到需要新注册的公司业务可以推荐给“代理注册公司”，承接“代理注册公司”客户的代理记账业务；下游与“会计师事务所、律师事务所”等单位合作，推荐“审计、律师”等业务给“会计师事务所、律师事务所”，承接“会计师事务所、律师事务所”客户的代理记账业务。这样也可以形成“一条龙”服务，给客户提供方便。

（3）广告营销

广告营销主要包括纸媒体广告、广播电视媒体广告、网络媒体广告等方式。相对来说，我们公司规模不是很大，广播电视媒体广告成本相对较高，效果不明显。虽然网络媒体广告发展很快，但是纸媒体广告仍然占有重要位置。因为很多中小企业的管理者多处在中年，习惯了从报纸等纸媒体获取信息，包括广告信息，所以在纸媒体做广告仍然有一定效果。随着网络的快速发展和管理者的年轻化，网络媒体广告将是未来的主流，在相关网站做广告，可以吸引客户并提高知名度。广告营销还包括 E-mail、QQ、手机短信等非常规营销方式。

（4）拓展服务项目

一个企业长期稳定的发展，离不开业务的拓展。本公司预计一年内专项从事代理记账业务，并使之不断完善。随着业务深入，我们还将开拓代办业务（包括代办工商执照、税务登记、银行开户及各种保险业务等），委托办理业务（包括资产评估、验资、质量认证、计划书等），内部审计业务，等等。

（5）树立典型业务、建立良好的客户形象

在各行业选取典型业务进行宣传，并保持长期联系。在不断树立品牌的同时提升公司的行业形象。

(6) 其他

在以上营销策略的基础上本公司采用“低成本,高效率”的营销理念,采用伟库网记账平台高效快捷地处理业务。同时在代理形式和收入分配方式上,对注册资本较大、业务量多的客户实行常年驻点代理,代理费由代理会计直接领取,不参与单位分配,只负责向公司推介审计和资产评估业务,这样既赢得了客户的好评,调动了代理会计的积极性,又拓展了代理机构的业务。

(二) 财务预测

1. 财务预测总表

财务预测总表如表 7-1 所示。

表 7-1 财务预测总表

单位:元

公司成立后的年限	预估营业收入	支出费用	净利润
第一年	160 400	119 100	41 300
第二年	281 340	144 300	137 040
第三年	381 340	186 200	197 140

2. 财务预测明细表

财务预测明细表如表 7-2 所示。

表 7-2 财务预测明细表

单位:元

预 算 项 目	初始投资	第一年	第二年	第三年
初始投资				
注册资金	30 000			
房租/年	12 000	12 000	12 000	12 000
办公桌椅卷柜	2 200			
两台电脑	8 000			
打印机复印机	6 500			
电话(传真)	300			
装修	1 400			
办公用品	800			
证照费用	800			
流动资金	8 000			
小计	70 000			
收入				
小规模企业代理费		46 800	84 240	115 440

续表

预 算 项 目	初始投资	第一年	第二年	第三年
一般纳税人代理费		72 000	134 400	182 400
新公司设立登记手续费		9 000	8 000	12 000
公司变更手续费		8 000	8 400	8 800
上门取票收入		21 600	36 000	50 400
办公用品纸张收入		3 000	5 500	7 500
收入小计		160 400	281 340	381 340
支出				
业务支出(伟库网代理记账平台)			3 600	
工资		72 000	90 000	118 800
福利费				
餐补		14 400	14 400	14 400
话补		4 800	4 800	4 800
车补		7 200	7 200	7 200
办公用品支出		1 000	2 000	3 000
保险费支出		2 100	2 400	2 400
应交税金等		3 600	9 500	15 000
其他支出		2 000	2 000	3 000
支出小计		107 100	132 300	172 200
净利润		41 300	137 040	197 140

3. 预测说明

1）行业一般标准

(1) 代理记账市场小规模纳税人企业：200～300 元/月，一般纳税人企业：300～500 元/月。

(2) 代理记账公司上门取票据每月加收 100 元。

(3) 新公司的设立，工商登记。税务登记手续费为注册资本的 5‰。

(4) 办理会计变更手续费 400 元。

(5) 客户应承担的相关费用如税务资料、税务申报表、会计账本、凭证、报表、笔墨、纸等会计用品。每年 100 元。

2）公司经营年收支

(1) 第一年收入：9 900×12＋5 000＋2 500＋1 500＋8 000＋3 000＋21 600＝160 400(元)。预计平均代理 30 家企业：一般纳税人(400 元/月)，小规模纳税人(260 元/月)，各 15 家，收入为 9 900 元。其中代理新公司的设立登记等相关企业 16 家：1 家注册资金为100万的手续费为5 000元,5家注册资金为10万元手续费为2 500元,10家注册资金为3万元手续费为1 500元,20家会计变更手续费8 000元,客户应承担的相关费用如税务资料、税务申报表、凭证、报表、笔墨、纸等会计用品每年100元,合计3 000元,上门取票18家收入21 600(元)。

支出:(6 000+1 200+400+600)×12+1 000+3 600+2 000+2 100=107 100(元)。

工资:总经理1500元/月+业务总监1 200元/月+常务经理900元/月+3×会计人员800元/月=6 000(元)。

福利费:餐补6×200=1 200(元)。电话费补:总经理业务总监2×200=400(元)。车补:6×100=600(元)。

税务资料、税务申报表、凭证、报表、笔墨、纸等会计用品每年1 000元。

应交税金(营业税、城建税)、其他应交款(教育费附加、地方教育费附加)、防洪保安费、工会经费、城市生活垃圾费等合计约为3 600元。

保险费(五险一金)预计为:2 100元。

其他支出费用预计2 000元。

净利润:160 400-107 100-12 000=41 300(元)。

(2) 第二年收入:223 440+8 000+8 400+5 500+36 000=281340(元)。

预计代理记账增加13家一般纳税人企业,12家小规模纳税人企业,收入为223 440元。

预计新公司设立登记手续费为8 000元,办理变更手续费为8 400元,客户应承担的相关费用如税务资料、税务申报表、凭证、报表、笔墨、纸等会计用品每年100元,合计5 500元,上门取票共30家,合计36 000元。

支出:(7 500+1 200+400+600)×12+2 000+9 500+2 400+2 000=132 300(元)。

工资:总经理1 800元/月+业务总监1 500元/月+常务经理1 200元/月+3×会计人员1 000元/月=7 500(元)。

福利费不变:餐补1 200元,电话费补400元,车补600元。

税务资料、税务申报表、凭证、报表、笔墨、纸等会计用品每年2 000元。

应交税金(营业税、城建税)、其他应交款(教育费附加、地方教育费附加)、防洪保安费、工会经费、城市生活垃圾费等合计约为9 500元。

保险费(五险一金)预计为:2 400元。

其他支出费用预计2 000元。

净利润:281 340-132 300-12 000=137 040(元)。

(3) 第三年省略。

(三) 远景规划

1. 充分利用伟库网代理记账平台,拓展业务范围

我公司拟使用伟库代理记账平台作为代理记账业务的专业工具,该平台具有方便、节约成本等优点,但是该平台目前还有一些不完善之处。例如,该平台对会计科目的设置不是很完善,也不很方便,常常需要会计人员手工增加一些科目,并且该平台目前只适用于小企业,这对我公司向一些有代理记账需求的大公司拓展代理记账业务产生很大的局限。

可以说伟库代理记账平台的发展及其功能的完善对我公司的影响是非常巨大的，我公司相信，随着伟库的不断发展和完善，我公司的业务范围也会逐步拓展。

2. 做出属于自己的服务品牌，扩大公司在社会上的影响力

我公司属于服务性行业，就要按照服务业的要求去为被代理企业服务。只要我们秉承“为所有合作者的发展壮大做出不懈努力，先合作者之利益，后自我之利益”的服务理念，就可以在以“口碑”为特殊传播形式的商界开拓出自己的一片天地。

3. 增强员工素质，提高服务质量

我公司秉承的经营理念是“以质量求生存”，为了坚持这一理念，我公司拟将在未来的建立、发展过程中招聘更多的具有专业素质的会计人才，并且为他们提供一些培训和继续教育的机会。

综上所述，尽管代理记账服务还是一个新兴的行业，但其存在和发展是历史的必然，随着多种经济形式的进一步发展，代理记账必然会迎来新的时代，只要我们能够拥有清醒的头脑，扬长避短、不断开拓，本公司的辉煌指日可待，向本公司进行投资绝对是明智的选择。

资料来源：网易博客.跳姐的青草地.

案例：公瑾财务拥抱“互联网+”开启代理记账O2O模式

北京公瑾财务咨询有限公司（以下简称公瑾财务）以互联网O2O模式的代理记账为标签，依托智能高效的“慧算账”平台，加上一支互联网化的销售团队，迅速发展成为代理记账行业的黑马。在财税服务行业，伴随着大量“互联网＋”的关键词出现，传统企业开始尝试加互联网，但看似简单的加法，最终效果如何也是众说纷纭。公瑾财务从成立之初就标榜以互联网模式代理记账，从最开始的“摸着石头过河”，尽量采用O2O的做法，到现在线上线下全面发展，一站式解决所有财税问题，显然已成为这个行业最前沿的企业。

公瑾财务负责人杨金澎表示：“公瑾财务最突出的优势在于将代理记账互联网化，不过仅仅这样还不足以让广大的企业用户买账。企业寻求代理记账更看重的是用户体验、服务价格、服务的质量，如果将这三方面都与互联网结合，才会实现1＋1＞2的效果。”

借助云和移动互联网技术，提升客户体验。说起互联网模式，最热门的关键词莫过于“用户体验”，其重要性可见一斑。但用户体验说起来简单做起来难。为了更好地提升用户体验，公瑾财务走访了全国各地的代账公司、会计事务所、代账协会等服务机构以及多家小微企业进行实地调研。调查发现，一些代账公司服务不透明，平时只报税，不建账，利用企业主不懂会计事务的漏洞乱收费、多收费。针对这种情况，公瑾财务依靠“慧算账”平台，借助云和移动互联网技术，将每笔账都记录得清清楚楚。企业可以通过微信实时查看每月全面清晰规范的财务状况和申报进度，做到完全公开、透明、可见，避免糊涂账、乱收费。同时，为客户提供财务风险预警，公瑾财务资深高级会计师团队定期为用户提供财务状况分析以及风险提示预警。除此之外，在用户个性化需求方面，公瑾财务还为企业提供财务规划服务，例如投资理财、金融贷款、承兑汇票。

创建互联网化营销团队，优化代账流程，价格竞争处于绝对优势。在市场竞争压力下，有些代账机构为争取客户降低收费标准，用低微的价格承揽业务，以勉强维持生存，最终形成恶性循环，难以持续健康发展。“‘拿着卖白菜的钱，操着卖白粉的心’用来形容行业现状一点儿也不为过，成本高、利润低、地下机构挤占市场、找不到业务。”这是杨金澎调研后的深切感受，他表示，“一个客户收取 200 元到 300 元，然后几个会计完成 50 个企业的服务模式毫无利润可言，‘鱼和熊掌不能兼得’，让从业者几乎撑不下去。”据悉，公瑾财务成立了一支互联网化的营销队伍，电销团队、大客户团队分工作业，仅用一个月时间，便签约客户 1 500 多家，完成了传统机构三五年才能实现的目标。发展至今，营销模式越来越成熟，新增用户数量也稳步攀升。同时，由于使用了“慧算账”平台，可自动记账、批量申报，优化代账工作流程，使公司提升了 50% 的记账效率，降低了 40% 的人工成本。

杨金澎在提到公瑾财务报价时说道：“公瑾财务在保持高速发展的同时，通过‘慧算账’平台及团队给客户的服务体验，带来非常好的口碑宣传及用户转介绍，客户开发的成本也得到了一定降低。同时，我们提供贴心的上门取票服务，让客户省心、放心。当然客户也可将票据快递给我们，我们将在次年续费时给客户补贴每月 30 元的费用。总之，在价格竞争中，我们处于绝对的优势。”

建立完善会计系统，专业会计师保证服务质量。据杨金澎透露，公瑾财务聘用了专业的财税服务团队，建立了完善的会计系统，仅代账会计便达几十人，且皆为中级会计师，平均代账经验在 5 年以上，具有为企业提供全方位财税咨询的能力。与此同时，代账会计全部熟练使用“慧算账”工具，大大提升了工作效率，节省了时间。现阶段，代账会计每月每人代账 100 户，后期为 200 户。此外，公瑾财务对所有签约客户都做出了承诺。如若账务处理和申报纳税出现错误，公司将全权承担赔付责任，让企业真正实现税务无忧。

“一些地下记账公司因为单纯追求利润及作业流程管理问题，为客户做账以省事、省时为出发点，存在大量的错账、乱账，更有甚者直接给企业零申报，为企业后期发展埋下了严重的隐患。所以企业为避免出问题，最好每月征期内到代账公司查看自己的财务报表并登录国、地税的客户端查看自己企业是否已报税。”杨金澎建议道，“其实企业选择代账公司最重要的还是多问多看，选择性价比高、服务有保障的代账公司合作，将服务、价格、保障条款落实到合同中。”

第八章

审计法律责任：以注册会计师法律责任为例

课前案例：万福生科、绿大地造假遭重罚

表 8-1 万福生科、绿大地欺诈上市处罚结果

处罚对象	万 福 生 科	绿 大 地
上市公司	证监会拟责令万福生科改正违法行为，给予警告，并处以 30 万元罚款；对董事长兼总经理黄永福给予警告，并处以 30 万元罚款；同时对严平贵等其他 19 名高管给予警告，并处以 5 万元至 25 万元罚款。此外，拟对龚永福、覃学军采取终身证券市场禁入措施	证监会拟责任绿大地改正，给予警告，并处罚款 60 万元。给予原董事长何学葵，时任董事、财务总监蒋凯西终身证券市场禁入。给予时任副董事长赵国权，时任董事胡虹、黎钢、钟佳富、普乐、罗孝银、谭焕珠，时任总经理毛志明、徐云葵，时任副总经理陈德生警告，并分别罚款 30 万元。给予独立董事郑亚光警告，并罚款 10 万元
会计事务所	拟对中磊会计师事务所没收业务收入 138 万元，并处以 2 倍的罚款，撤销其证券服务业务许可。对签字会计师王越、黄国华给予警告，并分别处 10 万元、13 万元罚款，均采取终身证券市场禁入措施。对签字会计师邹宏文给予警告，并处 3 万元罚款	撤销深圳市鹏城会计师事务所证券服务业务许可，拟对相关责任人员行政处罚和终身证券市场禁入
保荐机构	拟对平安证券及相关人员采取以下行政处罚和行政监管措施：对平安证券给予警告并没收其万福生科发行上市项目的业务收入 2 555 万元，并以处 2 倍的罚款。暂停其保荐机构资格 3 个月	拟对联合证券进行行政处罚
保荐人	对保荐代表人吴文浩、何涛给予警告并分别处以 30 万元罚款，撤销保荐代表人资格，撤销其证券从业资格，采取终身证券市场禁入措施；对保荐业务负责人、内核负责人薛荣年、曾年生和崔岭给予警告并分别处以 30 万元罚款，撤销其证券从业资格；对保荐项目协办人汤德智给予警告并处以 10 万元罚款，撤销其证券从业资格	撤销相关保荐代表人资格和证券从业资格

续表

处罚对象	万 福 生 科	绿 大 地
刑事处罚	证监会已将万福生科及两名涉嫌犯罪的人员移送公安机关处理，将追究刑事责任	昆明市中级人民法院对绿大地案作出一审判决：认定绿大地公司犯欺诈发行股票罪、伪造金融票证罪、故意销毁会计凭证罪，判处罚金1 040万元；何学葵被判处有期徒刑10年，蒋凯西、庞明星、赵海丽、赵海艳等也分别被判处2年3月至6年不等有期徒刑及罚金

一、对万福生科及其相关人员处罚

2013年，证监会开出“史上最严厉罚单”：对“创业板造假第一案”万福生科涉嫌欺诈发行及相关中介机构违法违规案进行重罚，万福生科董事长被采取终身证券市场禁入措施；平安证券被暂停3个月保荐资格，同时证监会已将万福生科及两名涉嫌犯罪的人员移送公安机关处理(2014年原董事长龚永福因欺诈发行股票罪、违规披露重要信息罪，被判有期徒刑3年6个月)。相比于绿大地案的处罚措施，本次证监会对万福生科案在处罚力度和范围上都有所升级。

对万福生科处罚创多项“第一”。本次证监会对万福生科的处罚措施开创了多项“第一”，如第一次对保荐机构(平安证券)单独立案；第一次对保荐机构在保荐业务过程中的违法违规行为实施暂停保荐业务资格；第一次对保荐机构实施“没一罚二”；第一次连带处罚；等等。

本次罚单具体处罚措施如下：证监会拟责令万福生科改正违法行为，给予警告，并处以30万元罚款；对董事长兼总经理龚永福给予警告，并处以30万元罚款；同时对严平贵等其他19名高管给予警告，并处以5万元至25万元罚款。此外，拟对龚永福、覃学军(注册会计师)采取终身证券市场禁入措施。拟对中磊会计师事务所没收业务收入138万元，并处以2倍的罚款，撤销其证券服务业务许可。

对签字会计师王越、黄国华给予警告，并分别处10万元、13万元罚款，均采取终身证券市场禁入措施。对签字会计师邹宏文给予警告，并处3万元罚款。

对平安证券及相关人员采取以下行政处罚和行政监管措施：对平安证券给予警告并没收其万福生科发行上市项目的业务收入2 555万元，并处以2倍的罚款，暂停其保荐机构资格3个月。

对保荐代表人吴文浩、何涛给予警告并分别处以30万元罚款，撤销保荐代表人资格，撤销其证券从业资格，采取终身证券市场禁入措施；对保荐业务负责人、内核负责人薛荣年、曾年生和崔岭给予警告并分别处以30万元罚款，撤销其证券从业资格；对保荐项目协办人汤德智给予警告并处以10万元罚款，撤销其证券从业资格。

二、对绿大地及其相关人员处罚

对虚增资产、虚增业务收入而轰动一时的绿大地造假案，证监会给出的处罚措施如下：拟责令绿大地改正，给予警告，并处罚款60万元。给予原董事长何学葵，时任董事、财务总监蒋凯西终身证券市场禁入。给予时任副董事长赵国权，时任董事胡虹、黎钢、钟佳富、普乐、罗孝银、谭焕珠，时任总经理毛志明、徐云葵，时任副总经理陈德生警告，并分别罚款30万元。给予独立董事郑亚光警告，并罚款10万元。

证监会拟对联合证券、天澄门、深圳鹏城进行行政处罚，撤销深圳鹏城证券服务业务许可，拟对相关责任人员实行行政处罚和终身证券市场禁入，撤销相关保荐代表人保荐代表人资格和证券从业资格。

在刑事处罚方面，昆明市中级人民法院对绿大地案作出一审判决：认定绿大地公司犯欺诈发行股票罪、伪造金融票证罪、故意销毁会计凭证罪，判处罚金1 040万元；何学葵被判处有期徒刑10年，蒋凯西、庞明星、赵海丽、赵海艳等也分别被判处2年3月至6年不等有期徒刑及罚金。

（资料来源：万福生科与绿大地案对比：处罚力度和范围均加大.人民网，2013-05-15.）

第一节　审计法律责任与注册会计师“诉讼爆炸”

一、审计法律责任

我国《审计法》规定的法律责任分为被审单位的法律责任和审计人员的法律责任。

关于被审单位的法律责任，《审计法》规定(第四十七条)：“被审计单位违反审计法和本条例的规定，拒绝、拖延提供与审计事项有关的资料，或者提供的资料不真实、不完整，或者拒绝、阻碍检查的，由审计机关责令改正，可以通报批评，给予警告；拒不改正的，对被审计单位可以处5万元以下的罚款，对直接负责的主管人员和其他直接责任人员，可以处2万元以下的罚款，审计机关认为应当给予处分的，向有关主管机关、单位提出给予处分的建议；构成犯罪的，依法追究刑事责任。”

关于审计人员的法律责任，《审计法》规定(第五十五条)：“审计人员滥用职权、徇私舞弊、玩忽职守，或者泄露所知悉的国家秘密、商业秘密的，依法给予处分；构成犯罪的，依法追究刑事责任。审计人员违法违纪取得的财物，依法予以追缴、没收或者责令退赔。”

因此，审计法律责任就是指被审单位和审计人员违反审计法规而应承担的法律后果。

二、注册会计师“诉讼爆炸”

(一) 公众觉醒，注册会计师面临诉讼危机

从20世纪60年代中期以来，世界各国针对注册会计师的法律诉讼案件急剧增加，有人戏称注册会计师的“诉讼爆炸”时代已经到来。美国“六大”会计师事务所在一份题为《美国的责任危机对会计师职业界的影响》(1992)的报告中写道：“现在的责任制度使得法律诉讼像传染病一样在会计职业界和商业社会传染开来，它威胁着独立审计职能的发挥和财务报告制度，威胁着美国资本市场的加强和美国经济的竞争性。——众多无正当理由的诉讼和强制清偿是会计师职业界责任问题的主要原因。”

四大会计师事务所同时指出，诉讼费用和保险金已成为事务所第二大支出，为解决法律诉讼，美国会计职业花费了9%～12%的审计和会计支出，对整个会计职业界的总索赔

额近300亿美元。安达信会计师事务所公共评论委员会1996年度报告清楚地写道："近年来法律诉讼的费用发生了突发性的增长。仅仅在五年前的1991年,美国'六大'会计师事务所发生的直接法律诉讼费用只有3.67亿美元,相当于它们会计和审计服务收入总额的7%。三年之后的1994年,这些事务所诉讼的直接费用支出已增长到1991年的3倍,超过了10亿美元,占到会计和审计收入的20%。"

近年来,在我国先后出现的"琼民源""大庆联谊""成都红光""黎明股份""ST郑百文"等会计师事务所负有一定责任的上市公司重大造假案件,给我国的证券市场带来重大影响,使广大投资者对证券市场产生了"信任危机",以注册会计师事务所为首的中介机构成为公众打假的新焦点。中国股民的维权意识也在提高。新浪财经在2009年10月刊登了一篇名为《股民状告五粮液和其审计机构或成A股索赔第一案》的新闻:四位股民向成都中级人民法院状告五粮液和四川华信会计师事务所,请求确认华信出具的五粮液审计报告为不实报告,并要求被告赔偿原告投资损失15万元。这并不是第一次股民因为误信事务所的不实报告导致经济损失而要求民事赔偿,2008年就有一位叫张正的股民起诉某上市公司造假,被法院受理并获调解。

(二)注册会计师"诉讼爆炸"的主要成因

1. 公众扩大审计"期望差距"

"期望差距"是指社会公众对注册会计师审计作用的理解与注册会计师审计行为结果的差距。这种"期望差距"主要来源于社会公众对注册会计师职业的过高期望,以及对注册会计师审计活动的特性不了解。社会公众总是期望注册会计师能够为他们投资决策的信息真实性提供某种"担保",经过注册会计师审计的企业财务信息应该是100%的真实、可靠,不存在任何形式的误导。注册会计师"无保留意见"的审计报告应能确切地表示企业不会经营失败并有足够的偿债能力等。注册会计师越来越明显地被看成是财务信息的担保者而非独立、客观的审查者和报告人。但是,注册会计师自身认为,他们提供的是"合理保证",而不是"绝对保证"。公众与注册会计师对审计报告作用存在不同的理解。

2. "深口袋"(deep pocket theory)现象的进一步蔓延

"深口袋"理论是指任何看上去拥有经济财富的人,不管其是否有过错或应受惩处的程度如何,其受到法律起诉的可能性往往大于普通公众。根据公众的一般社会道德标准和习惯,人们总是倾向于同情"受害者"、弱者或穷人,而忽视该结果产生的真正原因。这种现象在有关注册会计师的法律诉讼问题上十分突出。社会公众日益感到注册会计师是拥有较多财富的团体,不管他们是否真正有错,只要在经济纠纷中将他们推上被告席,就很有可能获得经济上的补偿。发生在美国近30年来的判例,也在某种程度上支持了社会公众的这种"逻辑"。

3. 现代审计技术的缺陷

现代企业健全的内部控制制度为注册会计师审计提供了极大的便利,并成为现代抽样审计的基础。但是由于内部控制制度的固有限制以及抽样审计的抽样风险,使得注册会计师并不能保证将全部的错误和舞弊事项揭示出来。特别是企业高级管理人员的有意舞弊或非常规业务的发生等,都可能造成以内部控制评价为基础的抽样审计模式的失败。

另外，制度基础审计也对注册会计师提出了更高的要求，它要求注册会计师具备更加丰富的审计经验和专业判断能力，并对企业的生产经营及其所处的经济环境等均非常熟悉。所以现代审计的固有缺陷也在技术上加大了注册会计师承担法律责任的可能性。

4. 审计成本效益原则

成本效益原则要求注册会计师合理地安排审计工作，避免那些不必要的审计程序，以节省审计工作的成本。追求经济效益是任何经济组织的主要目的和生存发展的动力之一。但是，审计工作的成本和质量又是一对天生的矛盾，如果处理不好，同样会增加注册会计师承担法律责任的机会。加上会计市场的无序竞争和低价揽客等，使得会计师事务所为了自身的生存和发展，只能降低审计工作质量，加大了注册会计师承担法律责任的风险。

5. 审计人员的职业素质低下

审计工作的特点决定了注册会计师必须具备吃苦耐劳的敬业精神和严谨认真的工作作风。在业务素质方面，要不断地进行继续教育和在职学习，才能胜任注册会计师的工作。很多审计失败的案例告诉我们，注册会计师在审计工作中不能恪尽职守并保持应有的职业谨慎，对发现的问题不能给予应有的职业关注，也是造成注册会计师审计失败，进而承担法律责任的常见原因。

6. 客户的造假手段高超

在经济利益的驱动下，出于各种动机，企业管理当局往往会采取编造、变造和伪造等手段编制虚假的财务报表，而且方法也越来越复杂、隐蔽。这样就会在会计环境上给注册会计师造成困难，导致注册会计师出现更多的审计失误，同时也增加了承担法律责任的可能性。

7. 消费者自我保护意识加强

在证券市场中，保护中小股东的合法权益是稳定繁荣证券市场的重要保证。由于注册会计师的工作失误而造成财务信息消费者——投资人的经济损失，必将使注册会计师自己面临来自投资人的民事赔偿诉讼。

第二节　注册会计师的法律责任

案例：小事务所败诉——赔完只剩一条板凳

某年7月，骄阳似火，在S省D市的中级法院的法庭上，该市的L会计师事务所的法定代表人、主任会计师G某某在焦急地等待法院的一审判决。此时，尽管酷暑当头，她的心情却分外冰冷。因为，在近一年的审理过程中，法官已明确告诉她，在这起公司债权债务的纠纷中，事务所作为追加的第三被告，可能在该起债权债务纠纷中难辞其责。这起几年前收费仅500元的变更验资业务，这次可能让他们付出昂贵的代价。因为，他们当时给作为被告的公司的变更验资资本金额为350万元，扣除第一期开业验资中的35万元，实收资本是由另一家事务所执行验资的，加上变更验资时该公司实有资本为256万元。这样，虚估的实收资本高达59万元。他们清楚地知道，根据1996年最高人民法院的56号函的精神，他们有可能将对这些验资不实的实收资本承担赔偿责任，这对一个年收入不满

30万元的小会计师事务所来说，简直是一个天文数字，她一直为此忧心忡忡……

法官要求全体起立，宣读一审判决："……依照《中华人民共和国民法通则》第一百一十二条，《中华人民共和国经济合同法》第三十四条第二款第五目以及最高人民法院有关司法解释的规定，判决如下：

(1) 被告H镇政府于本判决生效后10日内，以原D市工程××厂的所有资产清偿尚欠原告D某建工筑公司工程款及其损失共计人民币2 625 506.72元。

(2) 被告L会计师事务所对原D市工程××厂资产偿付债务不足部分，在验资不实的人民币350万元范围内承担赔偿责任。

(3) 被告W会计师事务所(开业验资的事务所)对原D市工程××厂的债务不承担责任。"

L会计师事务所一年三起官司，最后赔得只剩一条板凳。

一、注册会计师法律责任的认定

(一) 违约

所谓违约，是指合同的一方或几方未能达到合同条款的要求。当违约给他人造成损失时，注册会计师应承担违约责任。比如，会计师事务所在商定的时期内，未能提交纳税申报表，或违反了与被审计单位订立的保密协议，等等。

(二) 过失

所谓过失，是指在一定条件下缺少应有的合理的谨慎。通常将过失按其程度不同分为普通过失和重大过失两种。

1. 普通过失

普通过失(也有的称"一般过失")通常是指没有保持职业上应有的合理的谨慎。对注册会计师则是指没有完全遵循专业准则的要求。比如，未按特定审计项目取得必要和充分的审计证据就出具审计报告的情况，可视为一般过失。

2. 重大过失

重大过失是指根本没有遵循专业准则或没有按专业准则的基本要求执行审计。

另外，还有一种过失叫"共同过失"，即对他人过失，受害方自己未能保持合理的谨慎，因而蒙受损失。例如，被审计单位未能向注册会计师提供编制纳税申报表所必要的信息，反而又控告注册会计师未能妥当地编制纳税申报表，这种情况可能使法院判定被审计单位有共同过失。再如，在审计中未能发现现金等资产短少时，被审计单位可以过失为由控告注册会计师，而注册会计师又可以说现金等问题是由缺乏适当的内部控制造成的，并以此为由反击被审计单位的诉讼。

(三) 欺诈

欺诈又称舞弊，是以欺骗或坑害他人为目的的一种故意的错误行为。作案具有不良动机是欺诈的重要特征，也是欺诈与普通过失和重大过失的主要区别之一。对于注册会计师而言，欺诈就是为了达到欺骗他人的目的，明知委托单位的财务报表有重大错报，却加以虚伪的陈述，出具无保留意见的审计报告。

与欺诈相关的另一个概念是“推定欺诈”，又称“涉嫌欺诈”，是指虽无故意欺诈或坑害他人的动机，但却存在极端或异常的过失。推定欺诈和重大过失这两个概念往往很难界定，在美国许多法院曾经将注册会计师的重大过失解释为推定欺诈，特别是近年来有些法院放宽了“欺诈”一词的范围，使得推定欺诈在法律上成为等效的概念。这样，具有重大过失的注册会计师的法律责任就进一步加大了。

（四）过失影响因素

“重要性”和“内部控制”这两个概念有助于区分注册会计师的普通过失与重大过失。

首先，如果会计报表中存在重大错报事项，注册会计师运用常规审计程序通常应予以发现，但因工作疏忽而未能将重大错报事项查出来就很可能在法律诉讼中被解释为重大过失。如果会计报表有多处错报事项，每一处都不算重大，但综合起来对会计报表的影响却较大，也就是说会计报表作为一个整体可能严重失实。在这种情况下，法院一般认为注册会计师具有普通过失，而非重大过失，因为常规审计程序发现每处较小错报事项的概率也较小。

其次，注册会计师对会计报表项目的实质性测试是以内部控制的研究与评价为基础的。如果内部控制不太健全，注册会计师应当调整实质性测试程序的性质、时间和范围，这样，一般都能合理确信发现由此产生的报表重要错报、漏报，否则就具有重大过失的性质。相反的情况是，内部控制本身非常健全，但由于职工串通舞弊，导致设计良好的内部控制失效。由于注册会计师查出这种错报事项的可能性相对较小，因而一般会认为注册会计师没有过失或只具普通过失。

（五）过失确认缺乏统一标准

《注册会计师法》明确规定注册会计师仅就自身的“重大过失”和“故意”行为对第三者承担法律责任，《中华人民共和国刑法》（以下简称《刑法》）中也明确提出了注册会计师要为“故意”和“重大过失”承担刑事责任。但是目前却无区分“普通过失”“重大过失”和“故意”等的专业判断标准。

另外《最高人民检察院、公安部关于经济犯罪案件追诉标准的规定》中对注册会计师的刑事责任追诉规定仅有损失数额的绝对数：故意提供虚假证明文件给国家、公众或者其他投资者造成的直接经济损失数额在 50 万元以上的；重大失实的，造成的直接经济损失数额在 100 万元以上的，都应被追诉。这些规定没有损失的相对百分数，这就没有考虑到相同的损失数额在不同的经营规模的公司中所占的重要性是不同的，这不利于在刑事判决中保护注册会计师的权益。

案例：股民状告科龙案

据中国证监会统计，科龙电器从 2002—2004 年采取虚构主营业务收入、少计诉讼赔偿金等手段编造虚假财务报告，虚增利润总额达到 3.87 亿元。2005 年 7 月 29 日，科龙原董事长顾雏军被拘。随后，包括顾雏军在内的9名科龙前高管因涉嫌虚假出资、出具虚假财务报表、挪用资产和职务侵占4项罪名被起诉。2008年1月，佛山中院一审判决顾雏军有期徒刑10年。

从2007年开始，已经有近200名股民状告科龙公司并索赔，其中有141人获得总共1 000多万元的调解赔偿。29名股民因调解不成，最后就只好进入诉讼程序。29名原告诉称，他们根据广东科龙电器股份有限公司所披露的财务会计报告、上市报告文件、临时报告等文件及其他文件和相关信息，得出科龙电器公司业绩优良的判断，进而对科龙电器公司的股票进行投资。但事实上，科龙采取各种造假行为，导致2002—2004年共虚增利润38 719.27万元。而德勤事务所作为科龙公司年度报告审计机构，出具虚假审计报告。由于两被告的虚假陈述行为，导致原告在证券交易中作出了错误的投资判断，遭受经济损失。科龙方面辩称，公司对于股东损失虽应承担责任，但须扣除股市不景气因素的影响，同时，德勤作为科龙公司年度报告审计机构，出具虚假审计报告，应对科龙公司的损失赔偿承担连带责任。德勤方面则辩称，在审计以及出具财务报表的过程中，没有与科龙公司的前管理层进行串通，不存在故意行为。

案件受理后的焦点主要集中于虚假陈述事实如何确定，审计事务所是否应担责及股民的损失是否与虚假陈述有关。

（资料来源：29股民告科龙造假虚增数亿利润索赔210万.和讯网，2009-08-18.）

（六）走出过失确认的误区：只要遵循准则就没有过失

确认注册会计师在执业过程中的过失行为，主要以独立审计准则和公认的专业关注、专业技能和胜任能力水平为准绳，以注册会计师实际执业情况为根据。独立审计准则虽然可以规范注册会计师执业行为，防止其出现过失，但不能绝对保证遵循它的注册会计师就不出现过失。即便《准则》能够覆盖所有可能出现错弊的可能，也不能保证注册会计师保持了应有职业谨慎只要注册会计师报告出现虚假或不实，虽然遵循准则，但也不能逃避过失的嫌疑，也要确认为过失。例如1969年美国诉西蒙大陆售货案，注册会计师注意到客户几个问题，包括对关联方借款的不适当确认和以虚价公司股票作保证的借款。但是，当时还没有有关关联方交易的公认会计原则，也没有这方面的审计准则，注册会计师发表了无保留意见。法院强调注册会计师应当评价财务报告的公允性，应当保持足够的职业谨慎，而不只是判断财务报告的编制是否符合公认会计原则，因而裁定注册会计师有严重过失。在审计司法实践中，审计工作底稿是记录审计工作全过程的最原始的文字材料，是判断注册会计师是否有过失行为的重要证明材料。

二、注册会计师法律责任的分类

注册会计师因违约、过失或欺诈给被审计单位或其他利害关系人造成损失的，按照有关法律和规定，可能被判负行政责任、民事责任或刑事责任。这三种责任可单处，也可并处。

行政处罚对注册会计师个人来说，包括警告、暂停执业、吊销注册会计师证书；对会计师事务所而言，包括警告、没收违法所得、罚款、暂停执业、撤销等。

民事责任主要是指赔偿受害人损失。

刑事责任主要是指按有关法律程序判处一定的徒刑。一般来说，因违约和过失可能使注册会计师负行政责任与民事责任，因欺诈可能会使注册会计师负民事责任和刑事责任。这些法律责任条款散见于《注册会计师法》《中华人民共和国公司法》（以下简称《公司法》）和《中华人民共和国证券法》（以下简称《证券法》）和《刑法》等法律规定中。

（一）注册会计师的行政责任

案例：深圳经济特区会计师事务所行政责任的案例

深圳经济特区会计师事务所（以下简称特区所）对原野公司一案由于会计师事务所出具虚假报告造成严重后果而被撤销、没收财产，有关注册会计师被吊销资格，是追究行政责任的经典案例。

特区所自原野公司成立以来一直承担该公司主要查账验资工作，在五年内先后为公司出具了71份查账和验资报告。在出具的验资报告中，特区所主要存在三个方面的重大过失：①自原野公司成立到上市的两年时间内特区所先后三次主要的验资报告中，对存在的投资不实、分配不合理、虚列资产项目等未作任何披露和提出任何异议，而全部予以确认；②特区所对原野下属的“原丰”“原野时装”“福华”，均存在严重虚假问题；③对于1989—1991年连续三年原野公司年度财务报表的审计报告严重不实。

根据财政部《对于深圳经济特区会计师事务所严重失职给予严肃处理的通知》精神和中国注册会计师协会、财政部会计师事务管理司联合调查组的建议处理意见，广东省财政厅于1992年9月18日正式作出处理决定，主要处理意见如下：

（1）特区所立即停业整顿，由深圳市财政局冻结特区所一切财产，并派出得力干部组成工作组，负责整顿工作。

（2）注销3人注册会计师资格。

（3）对于其他签署过不实查账验资报告的有关人员，待进一步查清责任后再作处理。

1. 注册会计师行政责任的概念及其法律解释

行政责任是指注册会计师或会计师事务所在提供专业服务时，因违反注册会计师行业管理的法律、法规和规章，受到行业管理部门专业处罚的一种责任。从本质上讲，行政责任是一种职业责任。

《注册会计师法》第三十九条规定“会计师事务所违反本法第二十条、第二十一条规定的，由省级以上人民政府财政部门给予警告，没收违法所得，可以并处违法所得一倍以上五倍以下的罚款；情节严重的，并可以由省级以上人民政府财政部门暂停其经营业务或者予以撤销。注册会计师违反本法第二十条、第二十一条规定的，由省级以上人民政府财政部门给予警告；情节严重的，可以由省级以上人民政府财政部门暂停其执行业务或者吊销注册会计师证书”。

《公司法》第二百零七条规定“承担资产评估、验资或者验证的机构提供虚假材料的，由公司登记机关没收违法所得，处以违法所得一倍以上五倍以下的罚款，并可以由有关主管部门依法责令该机构停业、吊销直接责任人员的资格证书，吊销营业执照。承担资产评估、验资或者验证的机构因过失提供有重大遗漏的报告的，由公司登记机构责令改正，情节较重的，处以所得收入一倍以上五倍以下的罚款，并可以由有关主管部门依法责令该机构停业、吊销直接责任人员的资格证书，吊销营业执照”。

《证券法》(2014)第二百零一条规定“为股票的发行或者上市出具审计报告、资产评估报告或者法律意见书等文件的专业机构和人员，违反本法第四十五条的规定买卖股票的，责令依法处理非法获得的股票，没收违法所得，并处以所买卖的股票等值以下的罚款”。

《证券法》第二百零七条规定：“……在证券交易活动中作出虚假陈述或者信息误导的，责令改正，处以三万元以上二十万元以下的罚款。”

2. 我国注册会计师行政责任是职业责任

我国注册会计师的行政责任实质上是一种职业责任。为什么国外称为职业责任而我国却称为行政责任呢？这是由于中国特殊的注册会计师体制形成的。

中国注册会计师协会这一组织，顾名思义，应是一个行业组织或民间团体，这是因为中国注册会计师协会的建立也是按照中国成立社团的规则，通过向民政部的社团管理处登记后，才予以成立的。既然是一个行业组织或民间团体，那么在这一行业内它的最高权力机关就应是中国注册会计师协会本身。按照国际上民间团体和行业组织惯例，某一行业协会对其会员做出处罚决定，只能是职业处罚，而不是行政处罚。但是，中国注册会计师行业是一种特殊的体制。根据《注册会计师法》第一章第五条的规定，“国务院财政部门和省、自治区、直辖市人民政府财政部门，依法对注册会计师、会计师事务所和注册会计师协会进行监督、指导”。也就是说，在中国，注册会计师协会只是一个日常行业管理部门，而不是最高监督、指导部门。行业中的许多权力如注册会计师的考试、会计师事务所成立的审批以及对注册会计师的处罚等，都掌握在国家财政部门手中。因此，实际上中国注册会计师行业的管理部门是双重的。一般管理由注册会计师协会来执行，而一些重大的活动，则由政府部门中的财政部门来进行。由于对注册会计师及事务所的处罚不是来自协会而是来自政府部门，因此，称其为行政责任比称其为职业责任更为贴切。由此可见，正是中国注册会计师行业的特殊性，才决定了其会员要承担行政责任，而不是职业责任。

（二）注册会计师的民事责任

1. 注册会计师民事责任的概念及其法律解释

注册会计师的民事责任是指注册会计师或会计师事务所因违反合同或不履行其他义务，或由于过错侵害国家的、集体的财产，或侵害他人财产、人身的行为而承担的一种民事赔偿责任。从原则上来，民事责任是一种经济责任。

《注册会计师法》第四十二条规定“会计师事务所违反本法规定，给委托人、其他利害关系人造成损失的，应当依法承担赔偿责任”。《证券法》第二百零二条规定“为证券的发行、上市或者证券交易活动出具审计报告、资产评估报告或者法律意见书等文件的专业机构，就其所应负责的内容弄虚作假的……造成损失的，承担连带赔偿责任”。

《最高人民法院关于审理涉及会计师事务所在审计业务活动中民事侵权赔偿案件的若干规定》(法释〔2007〕12 号)(以下简称《司法解释》)是最新的司法解释：

强调了过失比例责任，规定了属于“过失”的十种情形。《司法解释》第六条第二款规定："注册会计师在审计过程中未保持必要的职业谨慎，存在下列情形之一，并导致报告不实的，人民法院应当认定会计师事务所存在过失：①违反注册会计师法第二十条第（二）、（三）项的规定；②负责审计的注册会计师以低于行业一般成员应具备的专业水准执业；③制定的审计计划存在明显疏漏；④未依据执业准则、规则执行必要的审计程序；⑤在发现可能存在错误和舞弊的迹象时，未能追加必要的审计程序予以证实或者排除；⑥未能合理地运用执业准则和规则所要求的重要性原则；⑦未根据审计的要求采用必要的调查方法获取充分的审计证据；⑧明知对总体结论有重大影响的特定审计对象缺少判断能力，未能寻求专家意见而直接形成审计结论；⑨错误判断和评价审计证据；⑩其他违反执业准则、规则确定的工作程序的行为。"

《司法解释》严格区分了会计师事务所主观故意和过失所应承担的赔偿责任。主观故意和过失是两种不同性质的问题，《司法解释》对此进行了责任区分，明确规定，会计师事务所如果与被审计单位恶意串通或其他主观故意给利害关系人造成损失的，会计师事务所应当与被审计单位一起承担连带赔偿责任；会计师事务所如果因工作过失给利害关系人造成损失的，应当根据其过失大小确定其赔偿责任。

规定了会计师事务所不承担民事责任的"五种情形"。《司法解释》第七条规定："会计师事务所能够证明存在以下情形之一的，不承担民事赔偿责任：①已经遵守执业准则、规则确定的工作程序并保持必要的职业谨慎，但仍未能发现被审计的会计资料错误；②审计业务所必须依赖的金融机构等单位提供虚假或者不实的证明文件，会计师事务所在保持必要的职业谨慎下仍未能发现其虚假或者不实；③已对被审计单位的舞弊迹象提出警告并在审计业务报告中予以指明；④已经遵照验资程序进行审核并出具报告，但被验资单位在注册登记后抽逃资金；⑤为登记时未出资或者未足额出资的出资人出具不实报告，但出资人在登记后已补足出资。"

规定了应酌情减轻会计师事务所责任的情形。《司法解释》第八条规定："利害关系人明知会计师事务所出具的报告为不实报告而仍然使用的，人民法院应当酌情减轻会计师事务所的赔偿责任。"

2. 注册会计师违约民事责任的构成要件

违约责任是合同当事人违反合同义务的法律后果，因此违约责任的存在须以合同义务的存在为前提。违约责任的构成要件有四个：①违反合同的行为；②违约方的过错；③损害事实的存在；④损害事实与违约行为存在因果关系。其中，满足前两个要件，注册会计师对客户就构成违约，应负违约责任。而只有当四个要件同时满足时，注册会计师才可能以赔偿损失的形式来承担责任，也就是进行民事赔偿。下面将具体讨论注册会计师对客户承担民事赔偿责任的四个要件及其相关问题。

（1）注册会计师存在违反合同的行为。注册会计师在执业过程中若未能按合同约定完成工作的，会计师事务所应承担违约责任。

注册会计师的违约行为主要有以下三种情况：

① 不能按时完成工作，出具审计报告。

② 不能按专业要求，出具合法的审计报告。

③ 不能对执行业务过程中获知的商业秘密进行保密。

(2) 注册会计师有过错。过错是一种主观状态，是行为人承担民事责任的主观要件。在一般情况下(除法律另有规定外)，只有行为人主观上有过错，行为人才对其不法行为所造成的损害承担民事责任。因此，过错是注册会计师民事责任的一般构成要件之一。

注册会计师承担法律责任的前提是执业过程中存在过错，而判断有无过错的标准是什么呢？大而言之，是有关的法律、法规，包括《民法通则》《注册会计师法》《公司法》等。具体而言，则是注册会计师执业准则、规则，主要是指《中国注册会计师独立审计准则》。反之，如果注册会计师按照执业规范的要求实施了必要的审计程序，既不存在与客户串通舞弊、故意提供虚拟报告的情况，又不存在疏忽大意或过于自信的过失，则应认定其不存在过错，不应承担法律责任。

(3) 存在损害事实。损害事实的客观存在是确定民事赔偿责任的首要的必要条件。从司法实践上看，确定行为人是否应承担民事赔偿责任，首先是看有无损害事实的发生。

在民事上，无损害即无责任，这是由民法的任务决定的。以损害事实为责任的构成要件，是民事责任与其他法律责任的重要区别之一。

如前所述，注册会计师对委托人的民事责任主要是违约责任，违反合同约定产生的损害损失，它既可以表现为委托人现有财产的损失，也可以表现为未来收益的丧失，即通常所说的直接损失以及间接损失。

(4) 存在行为与损害事实之间的因果关系。民事责任构成要件中的因果关系，是指损害事实与行为之间的相互关联性，也就是说，若某一损害事实是由某人的行为引起的，损害是行为的结果，行为是损害的原因，则二者之间就有因果关系。

强调这一要件，是要强调只有在注册会计师的主观的违约行为与委托人之间的财产损失之间存在因果关系时，注册会计师才承担民事责任。也就是说，委托人发生了某项财产损失，注册会计师也的确违反了合同的约定，并且具有主观上的过错，但是该项损失不是由注册会计师的行为引起的，注册会计师对这项损失也无须负赔偿责任。

案例：万福生科造假案受损股民获赔3亿元

万福生科造假使得不少股民在这只股票上遭受损失。因此，平安证券主动拿出3亿元补偿受损股民，对那些亏损累累的股民来说，无疑是“天上掉馅饼”。知名证券维权律师、浙江裕丰律师事务所高级合伙人厉健告诉扬子晚报记者：“无论是赔偿金额、出资主体，还是补偿方式，都是史无前例的，这一事件在中国证券民事赔偿史上无疑具有里程碑之意义，极大地鼓舞了投资者依法维权之信心。”这是我国证券市场主动赔付投资者损失的首个成功案例。

根据万福生科虚假陈述事件投资者利益补偿专项基金最终统计结果，截至2013年6月28日15时，同时完成网签及有效申报、与平安证券达成有效和解的适格投资者人数为12 756人，占适格投资者总人数的95.01%，对适格投资者支付的补偿金额为1.78亿元，占应补偿总金额的99.56%。截至目前，这是国内虚假陈述赔偿案中覆盖投资者最多的个案，更是最终获赔与应该赔付投资者覆盖率最高的案例。

(资料来源：万福生科赔偿案收官“高覆盖短周期全额赔”成就新标杆. 证券时报，2013-07-20.)

（三）注册会计师的刑事责任

1. 注册会计师刑事责任的概念及其法律解释

注册会计师的刑事责任是指注册会计师因工作中存在违法行为，由国家司法机关予以追究，并给予刑事制裁所承担的法律责任。

《注册会计师法》第三十九条、《公司法》第二百一十九条、《证券法》第二百三十一条都规定了注册会计师的违法行为如构成犯罪的，都要依法追究刑事责任。《刑法》第二百二十九条规定："承担资产评估、验资、验证、会计、审计、法律服务等职责的中介组织的人员故意提供虚假证明文件，情节严重的，处五年以下有期徒刑或者拘役，并处罚金；前款规定的人员，索取他人财物或者非法收受他人财物，犯前款罪的，处五年以上十年以下有期徒刑，并处罚金；第一款规定的人员，严重不负责任，出具的证明文件有重大失实的，造成严重后果的，处三年以下有期徒刑或者拘役，并处或者单处罚金。"

2001 年 4 月《最高人民检察院公安部关于经济犯罪案件追诉标准的规定》(以下简称《案件追诉标准》)中，对《刑法》第二百二十九条第一款和第二款中介组织人员提供虚假证明文件案规定了追诉标准，即中介组织的人员故意提供虚假证明文件涉嫌如下情形之一的，应予追诉：① 给国家、公众或者其他投资者造成的直接经济损失数额在 50 万元以上的；②虽未达到上述数额标准，但因提供虚假证明文件，受过行政处罚两次以上，又提供虚假证明文件的；③造成恶劣影响的。同时该《案件追诉标准》对《刑法》第二百二十九条第三款中介机构出具证明文件重大失实案也规定了追诉标准，即中介组织的人员严重不负责，出具的证明文件有重大失实的，涉嫌下列情形之一的，应予追诉：①给国家、公众或者其他投资者造成的直接经济损失数额在 100 万元以上的；②造成恶劣影响的。这些法律条款具体规定了注册会计师的违法行为到了什么程度将被追诉刑事责任。

2. 注册会计师刑事处罚的种类

按照我国现行《刑法》(1997 年 10 月 1 日生效)的规定，我国的刑罚分为主刑和附加刑两类。主刑只能独立运用，即对同一犯罪只能判处一种主刑；附加刑可以独立适用，也可以附加于主刑运用。

主刑包括管制、拘役、有期徒刑、无期徒刑、死刑共五种。对于注册会计师犯罪来说，一般受到的主刑只有拘役和有期徒刑两种。

拘役是短期剥夺犯罪分子人身自由，并就地实行劳动改造的刑罚方法。它主要是用于罪行较轻的情况，期限为 1 个月至 6 个月。在执行期间，被拘役的犯罪分子每月可以回家 1～2 天，参加劳动的可以酌量发给报酬。

有期徒刑是剥夺犯罪分子一定期限的自由，实行劳动改造的刑罚方法。对注册会计师来说，一般期限为 6 个月至 10 年。

附加刑包括罚金、剥夺政治权利、没收财产。对于注册会计师犯罪，由于其罪行都属于经济犯罪，因此，主要受到罚金的处罚。其他两种附加刑一般不适用于注册会计师犯罪。需要指出的是，罚金不同于罚款，也不是一种民事赔偿。罚金是由于注册会计师犯罪而向国家缴纳的款项，是刑事处罚。罚款是人民政府财政部门对注册会计师进行的行政性处罚。而承担民事赔偿是民事审判的裁定，承担的是一种赔偿责任，而非处罚性质。承担民事赔偿责任和刑事责任的注册会计师可能被判处罚金，还可能被同时处以罚款或被裁定做出民事赔偿，在交付罚金或民事赔偿的程序方面，注册会计师必须先承担对被害人的民事赔偿责任，如有多余，再向人民法院支付罚金或向行政部门交纳罚款。如民事赔偿之后，会计师事务所或注册会计师无多余财产，可以不交罚金或罚款，但不能在民事赔偿没有支付之前，首先要求会计师事务所交纳罚金。

另外，《刑法》对单位犯罪做出了规定。因此，会计师事务所作为一个单位，也会因犯罪行为受到刑罚处罚。《刑法》第三十一条规定：单位犯罪的，对单位判处罚金，并对直接负责的主管人员和其他直接责任人员判处刑罚。

3. 注册会计师刑事犯罪构成的四要件

(1) 侵害犯罪客体。注册会计师存在三种犯罪可能：故意或严重不负责任而出具虚假证明文件造成严重后果的，属于扰乱市场秩序罪。这是注册会计师最可能犯的罪行。注册会计师有可能犯罪的行为是侵犯商业秘密，这种罪行属于侵犯知识产权罪，它所破坏的社会关系是对知识产权的保护问题。利用证券内幕信息进行交易并牟取私利行为，属于破坏金融管理秩序罪，它所破坏的社会关系是国家金融管理秩序。

(2) 有违法行为。即有违反工商、金融、市场管理法规的行为。

(3) 行为与危害结果之间要有因果关系。例如，注册会计师泄露了客户的商业秘密，但未被人利用。但客户确实因商业秘密的泄露而遭受了损失，但这一损失是由于另有他人将秘密泄露给了部分对手而引起的，那么注册会计师的行为与客户所遭受的损失之间并无因果关系，该注册会计师就无须为此负刑事责任。但是，注册会计师必须有明确的证据来证明上述行为的发生确实与客户的损失无关，否则，很可能为此承担泄露商业秘密的刑事责任。

(4) 犯罪的主体具有刑事责任能力。注册会计师的行政责任和民事、刑事法律责任是密切相关、不可分离的。一旦注册会计师出现有意或无意的过失，如果不首先明确其行政责任的话，就很难界定其失职行为所应负的民事或刑事法律责任。因此，在两种或三种法律责任并处的情况下，应先明确行政责任，再追究民事、刑事法律责任。

案例：老林负有刑事责任吗？

1996 年上半年，某会计师事务所接受某私营建筑公司的委托，对该公司的部分固定资产进行评估，评估目的是抵押贷款。会计师事务所指派注册会计师老林负责此事。在评估中他发现，评估对象主要是近期购买的施工机械，货款尚未支付，挂在往来账上，但由于合同中有“货到后三个月内付款”的规定，因而他对此也就没有提出疑问，履行完评估程序后就出具了评估价值为 1 000 余万元的评估报告。

银行根据该评估报告向建筑公司发放了一笔巨额贷款。两年以后，银行发现该建筑公司由于经营不善濒临倒闭，根本无力偿还银行贷款，连用于抵押的机器设备也不知去向，遂向公安机关报案。公安机关查明，该建筑公司为了骗取银行贷款，虚拟了设备购买业务，伪造了合同、发票等原始资料和相关会计账目，其用于抵押的机器设备根本就不是该公司的资产。为此，公安机关依法逮捕了该建筑公司的有关责任人，并且认为，依照全国人大常委会《关于惩治违反公司法的犯罪的决定》，应当追究评估人员的刑事责任。

（资料来源：http://www.mba163.com/glwk/cwgl/200606/55964.html.）

第三节　会计责任与审计责任的划界

案例：如何看待注册会计师审计报告

王学民是一家公司的承包经营负责人，在承包经营两年期结束之后，他请了当地一家会计师事务所对其经营期内的财务报表进行了审计。该会计师事务所经过审计，出具了无保留意见的审计报告，即认为该公司在承包经营期内的财务报表已公允地反映其财务状况。不久，检察机关接到举报，有人反映王学民在承包经营期内，勾结财务经理与出纳，暗自收受回扣，侵吞国家财产。为此，检察机关传讯了王学民。王学民到了检察机关后，手持会计师事务所的审计报告，振振有词地说："会计师事务所已出具了审计报告，证明我没有经济问题。如果不信，你们可以去问注册会计师。"

请问：

(1) 王学民的话是否有道理？如果有错，错在哪里？

(2) 如果你是那家会计师事务所的负责人，你将如何回答这一问题？

会计责任和审计责任是注册会计师审计中两个不同的概念，它们涉及注册会计师和被审计单位的责任划分与可能承担的法律责任。

一、会计责任与审计责任

1. 会计责任

根据《独立审计基本准则》的规定，被审计单位负有以下会计责任：建立和健全本单位的内部控制制度；保护本单位的资产安全和完整；保证提交审计的会计资料真实、合法和完整。被审计单位的会计责任应写入审计业务约定书中，以示负责。

当然，我们说单位负责人是会计责任人，并不意味着会计人员对造假或违规可以不承担任何责任。新修订的《会计法》规定"会计机构、会计人员依照本法规定进行会计核算，实行会计监督"。如果出现会计造假，除了追究单位负责人的法律责任外，负直接责任的会计人员同样也要受到相应的法律制裁。而且新《会计法》将单位负责人作为会计责任的主体，并不意味着在一切情形下主要的会计责任都应由单位负责人来承担。会计责任的承担或分担要视个案的具体情形而定。当造假行为是会计人员为了自己的私人利益而利用职务之便侵占或挪用单位的财产，犯错误的会计人员应对此承担主要责任，单位负责人视其是否尽到了"建立健全内部控制制度和保证会计人员依法履行职责"的应有义务，只承担失职或监管不严的责任。

2. 审计责任

我国《独立审计基本准则》规定："按照独立审计准则的要求出具审计报告，保证审计报告的真实性、合法性是注册会计师的审计责任。"对会计责任、审计责任的界定，各国有不同的解释。

第一类：以瑞士为代表的欧洲国家，对审计师查找重大差错和舞弊方面的责任极少规定。在瑞士，审计目标是使审计师能够对财务报表的合规性发表意见。审计师的职责是对向股东大会提交的账目提出同意或不同意的意见。瑞士审计师并不鉴证账目的真实性与公正性，而是鉴证账目的合法性、合规性。根据瑞士审计职业惯例，审计师不必系统地查找舞弊。因此，审计师即使不能找出非法行为，也不需承担责任。在这一点上，瑞士同德国几乎一样。

第二类：严格规定了注册会计师的法律责任与查找舞弊的责任。这类国家主要有美国、加拿大、墨西哥、日本，以美国为代表。美国财务报表审计的目标是："对财务报表的公正性发表意见，表述财务状况与一般公认的会计原则相一致。"将确定财务报表的公正性作为审计目标是从早期审计目标发展演变而来的，这就是查找舞弊。虽然审计不是专门查找舞弊的，但是，审计师对能导致财务报表重大差异的舞弊和差错负有责任。至于查找舞弊和差错的法律责任，如果审计师因疏忽造成损失，就要对客户和第三者负责。

第三类：没有具体准则与法律规定。主要是中东一些国家，如约旦、科威特等。

从以上的分析可以看出：各国对于会计责任、审计责任界定不同，分歧的焦点在于对审计师是否有责任查找舞弊的认定不同。国际审计准则在协调各国分歧的基础上指出："注册会计师应能为检查出对会计报表有重大影响的舞弊和错误，提供合理的保证。"同时也指出："未检查出会计报表的重大错误和舞弊，并不表示审计工作未按一般公认审计准则执行，而将承担相应的责任和后果。"可见，只要注册会计师严格按照审计准则执业，就不应负审计责任。对于报表中的虚假信息所造成的影响，由被审计单位承担会计责任。我国注册会计师行业起步较晚，在两者界定上，更多地借鉴了国际审计准则的意见。

3. 会计责任与审计责任模糊的原因

实务中可能引起的审计责任主要有：①审计人员自身的原因，比如注册会计师未完全严格遵照《独立审计基本准则》和《注册会计师法》的要求执行，或是缺乏良好的职业道德。"深圳原野""长城案件""衡水诈骗案"旧三大案件，以及"琼民源""红光实业""东方锅炉"新三大案件，均是由于审计人员未按《独立审计基本准则》的要求去做；②被审计单位方面的原因，主要包括客户的错误、舞弊、违法行为以及客户的经营失败。

注册会计师审计总是以"合理保证"作搪塞。注册会计师审计是合理保证被审计单位会计报表的可靠程度，以供会计报表的使用者做出合理判断和决策。但注册师审计并不是对被审计单位会计报表的正确性、合法性、完整性做出百分之百的承诺，对被审计单位未来发展和经济效益与效率做出肯定性的保证。然而，公众认为注册会计师的审计报告就是百分之百的保证，如果出了问题就是注册会计师的审计责任，而不是会计责任。

会计单位总是以"审计理应检查出存在的问题"为由推脱会计责任。然而，现代审计由详细审计发展到抽样审计，就审计取证的广度上而言，不可能涉及企业的所有凭证、账簿，抽样审计是审计失败的技术盲点。若企业管理者、会计人员及相关方面串通舞弊，审计风险将会大大增加。因此，注册会计师只可能承担由于审计失误而造成的审计责任。

案例：究竟是审计之责还是会计之过

据报道，上海航天汽车机电股份有限公司（以下简称航天机电）由于发现德勤在对其下属分公司进行的2004年度审计报告中，所确认的银行存款余额与实际存款数额不符，两者相差430万元，要求德勤出示其审计服务过程中的相关工作底稿，遭到德勤拒绝。于是航天机电在2007年10月将德勤告上法庭，指称其审计服务公司德勤在提供审计服务的过程中，所提供审计报告与实际情况不符的事实，客观上促成其出纳人员挪用公司资金，造成直接损失629万元。

航天机电认为，在此事件中，公司管理疏漏的责任在所难免，但由于德勤所提供审计报告与实际情况不符，为该出纳在2005年8月前多次挪用并侵占资金制造了机会。而德勤则认为，出纳人员的错误属于会计责任，是公司治理上的问题，与审计责任应该做出区分。

（资料来源：封桂芹.经济研究导刊，2009(6).）

二、经营失败与审计失败

经营失败是指企业由于巨额亏损、资不抵债等原因而无力持续经营的情形。

审计失败是指注册会计师未按照审计规范的要求执行审计业务而签发了不适当的审计意见。通常表现为在企业会计报表存在重大错报或漏报的情况下，注册会计师发表了无保留审计意见。

被审计单位在经营失败时，也可能会连累注册会计师。会计报表使用者控告会计师事务所的主要原因之一，是不理解经营失败和审计失败之间的差别。众所周知，资本投入或借给企业后就面临某种程度的经营风险。我们认为出现经营失败时，审计失败可能存在，也可能不存在。经营失败与审计失败之间没有必然的联系，没有直接的因果关系。也就是说，审计失败并不导致经营失败，审计人员无须为被审计单位的经营失败承担任何责任；另外，经营失败也并不导致审计失败。

第四节　会计界与法律界在判案中的重大分歧

一、“真实”与“虚假”：会计界与法律界的不同思维方式

“虚假”与“真实”的分歧是会计界与法律界在诉讼中的焦点。

1. 会计的“真实”

2001年修订版的验资准则删除了关于“真实性”“合法性”的解释条款，认为注册会计师的责任是“按照审计准则要求出具”，其实质仍然没有改变修订前对“真实性”的理解。1996年的《独立审计实务公告第1号——验资》第四条：“注册会计师执行验资业务，应当恪守独立、客观、公正的原则，并对验资报告的真实性、合法性负责。”按照该条第二款的解释，“验资报告的真实性，是指验资报告应如实反映注册会计师的验资范围、验资依据、已实施的主要验资程序和应发表的验资意见”。

对“真实性”的这种界定，是由审计的本质决定的。由于审计固有的风险，注册会计师对于被审验的会计报表的“合理的保证”责任，并不担保经过审计的财务报表中没有任何错误。对于遵循执业准则但仍然未能揭示被审计事项中的错误，注册会计师是没有责任的。

然而，公众却很难接受会计界的这种解释。就公众的思维而言，虚假是指“与实际不符”。验资结果分明与事实不符，为什么就不能说是假的？

2. 法律的"真实"

那么,法律上对"虚假"又是如何界定的？是否与公众的思维有什么不同？

最高人民法院法函〔1996〕56号函采用"虚假验资证明"概念;而1997年最高人民法院《关于验资单位对于案件债权人损失应如何承担损失的批复》法释〔1997〕10号,改用"不实验资报告"和"虚假验资证明"两个概念,但"不实验资报告"与"虚假验资证明"两个概念,在问责程度上没有区别,实际上只是同一语义,不同表述。随后,最高人民法院法释〔1998〕13号恢复使用单一的"虚假验资证明"概念,即以"虚假验资证明"涵盖了"不实"和"虚假"两种情形。法律上的虚假证明文件就是指内容或结论与事实不相符的证明文件,与之相适应,法律上关于注册会计师出具的虚假证明文件中的"虚假证明文件"应是指注册会计师对经其验证的财务信息的可靠性所发表的审计意见与财务信息实际不相符合的审计报告。因此法律上的真实,就是内容的真实。

从《独立审计实务公告第1号——验资》对"真实性"的定义来看,审计准则中的"真实性"是对一个过程的表述,即注册会计师的验资报告应当如实地反映整个验资过程,包括验资范围、验资依据、已实施的主要验资程序和应当发表的验资结论。因此,当注册会计师说"验资报告符合真实性要求",他的真实意思是指注册会计师的验资履行了正当的程序。但是,"真实的程序"并不一定导致"真实的结果"。由于审计固有的风险,办理验资业务的注册会计师即使恪守了执业准则,仍然不能保证发现出资人提供的证明文件中的全部虚假或者隐瞒之处,从而导致出具的验资报告与事实不符。

然而,法律所要求的"真实"恰恰是"内容的真实""结果的真实",而不仅仅是程序的真实。法律上的"虚假"概念针对的是验资报告的结论,而不是验资过程。

在法律界以及公众看来,如果说只要注册会计师的工作满足了审计准则的"真实性"要求,就不能认为其工作的结果是"虚假"的,其逻辑是很荒唐的。这就等于说,验资报告的作用仅仅在于向世人昭示：看,注册会计师切实执行了其执业准则的规范程序。然而公众不禁要问：那么,我们还需要注册会计师和验资报告做什么？所以,只要不真实的审计结论或者验资结果提供给了投资人,投资人据此决策遭受了损失,注册会计师恐怕就不能以恪守了执业准则为由,而游离于司法程序之外。

综上所述,审计准则中的"真实性"与法律上的"虚假性"不是同一个语境中的概念,承认前者,并不必然排斥后者,二者完全可能共存于同一个行为之上。形式逻辑中的"非真即假",不能用来表述审计准则中的"真实性"与法律上的"虚假性"之间的关系。

实际上,审计上的"真实性"与法律上的"虚假性"之间的矛盾,即过程的真实性与结果的虚假性之间的矛盾,是审计活动的本质所蕴含的。也就是说,在审计成本原则的约束下,审计技术的固有缺陷,注册会计师的"合理的保证"似乎顺理成章,因此也就不可能消除审计结果的"虚假性"。既然无法避免审计结果的虚假,那么,会计界用会计的"真实性"概念来对抗法律上的"真实性",显然就不能自圆其说了。

二、注册会计师对法律"真实性"的突围

对于上面的分析,有的注册会计师可能会感到很沮丧,甚至产生这样的疑惑：审计中的"真实性"概念是否还有独立存在的价值？

这种担心是不必要的。既然审计中的“真实性”与法律上的“虚假性”不是同一个语境中的概念，因此，一方面，我们不能用审计中的“真实性”来对抗法律上的“虚假性”；另一方面，承认了法律上的“虚假性”也并不能排斥审计中的“真实性”。注册会计师法律责任的问题并非“非真即假”或者“非假即真”那么简单。“虚假验资报告”只是会计师事务所承担法律责任的必要条件，而不是充分条件。会计师事务所出具了虚假验资报告是否需要对第三人承担民事赔偿责任，还要考察注册会计师主观“真实性”要件。在这里，法律界的思维与会计界的思路可以得出同一个结论。

审计中的“真实性”并不是法律上“虚假性”概念的反义词，而是与法律上的“过错”构成一组相对立的概念，即满足了审计中的“真实性”，就不存在法律上的“过错”；而如果法律上认定“有过错”，验资报告肯定不能满足审计中的“真实性”要件。因此，在注册会计师民事责任的追究过程中，独立审计准则的权威性以及“真实性”概念的地位没有被取代，也不可能被取代，只不过以法律所特有的语言——“过错”表现出来。会计界可以自己的“真实性”概念来抗辩法律上的“过错”。

因此，“虚假验资报告”只是会计师事务所承担法律责任的必要条件，而不是充分条件。也就是说，如果利害关系人主张会计师事务所承担民事赔偿责任，则必须具备“会计师事务所出具虚假验资报告”这个要件；但是，会计师事务所出具了虚假验资报告，并不一定承担民事赔偿责任，因为注册会计师可能主观上没有过错，或者说，验资报告可能符合法律上的“真实”。

三、走出注册会计师抗诉误区

直到今天，我们仍然可以看到不少注册会计师陷入因不了解民事责任归责原则而导致的思维误区中：“虚假报告”是承担法律责任的充分条件，只要出了虚假验资报告，就要对委托人（公司）潜在债权人承担赔偿责任。注册会计师们本能地抗拒这种假定，但是又不知道如何从法律上找到反击的武器，因此只好反复强调审计准则中“真实性”概念，期望以此来否定、排斥“虚假性”这个前提，或者用“不实报告”代替“虚假报告”的提法，从而使自己摆脱法律责任的纠缠。显然，这种做法并不能解决问题，也很难为法律界以及法律所代表的公众意识所接受。在这里，问题的关键不在于给验资报告贴上“虚假”“不实”还是“真实”的标签。如前所述，在过错责任原则下，“虚假”或者“不实”都只是注册会计师承担赔偿责任的一个必要条件，而不是充分条件；承认验资报告是“虚假”的，并不意味着否定验资程序的“真实性”，也不意味着注册会计师一定会承担法律责任。

课后案例：“万福生科”财务造假案

一、“万福生科”财务造假案回顾

万福生科全称万福生科（湖南）农业开发股份有限公司（股票代码 300268），成立于 2003 年，2009 年完成股份制改造，2011 年 9 月在深圳证券交易所挂牌上市。2012 年 8 月，湖南证监局在对万福生科的例行检查中偶然发现两套账本，万福生科财务造假问题便由此浮现。截止到 2013 年 5 月，证监会对该造假案件的行政调查已终结。调查结果显示，一方面，万福生科涉嫌欺诈发行股票和违法信息披露。万福生科上市前2008—2010年分别累计虚增销售收入约46 000万元，虚增营业利润约11 298万元；上市后披露的2011年年报和2012年半年报累计虚增销售收入44 500万元，虚增营业利润10 070万元，同时隐瞒重大停产事项。另一方面，相关中介机构未能勤勉尽责。保荐机构平安证券、审计机构中磊会计师事务所和法律服务机构湖南博鳌律师事务所在相关业务过程中未能保持应有的谨慎性和独立性，出具的报告存在虚假记载。

根据《证券法》等相关法律的规定，证监会责令万福生科改正违法行为，给予警告，并处以30万元罚款；因其相关行为涉嫌犯罪，证监会已将万福生科及董事长龚永福和财务总监移送公安机关追究刑事责任；对三家中介机构处以"没一罚二"的行政处罚，暂停平安证券保荐机构资格3个月，撤销平安证券和中磊会计师事务所证券服务业务许可，不接受湖南博鳌律师事务所12个月内出具的证券发行专项文件；同时对相关责任人采取警告、罚款和终身市场禁入措施。鉴于该财务造假行为给万福生科带来的负面影响无法确定等原因，中磊会计师事务所对其2012年财务报告出具了带强调段的保留意见审计报告。

二、"万福生科"财务造假手法及其表现

(一) 高估收入，虚增利润

万福生科2008—2012年主营业务收入分别为22 824万元、32 765万元、43 359万元、55 324万元和29 616万元，主营业务收入增长率分别为43.55%(2009)、32.33%(2010)、27.60%(2011)和−46.47%(2012)。而同属于农产品加工行业的、首批农业产业化国家重点龙头企业湖南金健米业股份有限公司，其2009—2012年的主营业务收入增长率分别为2.27%、1.99%、13.86%和3.23%。二者同在湖南省常德市，且主营业务同为稻米精深加工，但是相差悬殊，让人难以置信。

金健米业在2011年年报中披露，行业由于受到国家宏观政策的影响，"就粮油食品产业而言，一方面国家对粮食的托市收购和通胀引起原料价格上涨和生产成本急剧上升；另一方面产品销价却受到国家对粮油价格调控的影响，产品成本上升和产品销价受压的两头受挤状况使粮油食品产业在产销量增长的情况下，经营毛利却明显下降"。但是万福生科同期的销售毛利率却达到金健米业的两倍，盈利指标畸高。后经证监会调查，其在2008—2012年半年报中，累计虚增销售收入90 500万元，虚增营业利润21 368万元。

(二) 虚增资产，平衡报表

1. 虚增应收账款和预付账款

根据万福生科2012年半年报更正公告，其应收账款从1 288万元更正为412万元，减少876万元；预付账款从14 570万元，更正为10 101万元，减少4 469万元。半年报显示，万福生科应收账款前五位分别为常德市湘原贸易有限公司、湖南双佳农牧科技有限公司、乐哈哈食品厂、佛山南海娥兴粮油经营部、衡阳市炎健商贸有限责任公司。更正后，这五大客户从应收账款前五名客户名单中消失。由此可以基本判断，其应收账款金额前五名单位完全是虚假记载，其应收账款存在严重的伪造销售合同、虚拟销售业务等造假行为。

万福生科的预付账款2008—2010年变动不大，但是2011年猛增到11 938万元，比上期期末增长了449.44%；2012年半年报预付账款达到14 570万元，比上年同期增长

412.13%，变动异常。该半年报显示的预付账款前五名中有三位自然人，更正后三位自然人消失，且名单上第二名为自然人童大全，预付金额1 003万元，未结算原因为预付工程设备款，工程尚在建设中。而其2011年年报显示，公司与粮食经纪人童大全签订稻谷采购意向性合同，意向采购稻谷4 000吨。经过万福生科策划，童大全从公司的粮食经纪人变成工程承包商和设备供应商。

2. 虚增在建工程

万福生科2012年半年报显示，万福生科在在建工程没有项目转入固定资产的情况下，其在建工程从8 675万元增加至17 998万元，增加了8 323万元。但是现金流量表中“购建固定资产、无形资产和其他长期资产支付的现金”只有5 883万元，据此可以推测预付工程款或者应付工程款增加。报表中显示的预付账款增加了2 632万元，但应付账款却只增加了379万元。应付账款和预付账款不仅包含投资活动的款项，还应包含经营活动的业务往来款项，两者的增加额与在建工程的增加相比实在微不足道，其中疑点颇多。

万福生科2011年年报和2012年半年报中对于在建工程的披露也存在着重大矛盾之处，在建工程项目在投入了大量资金后，工程进度反而降低了。如淀粉糖改扩工程和厂区绿化工程，在分别投入了2 601万元和74万元之后，工程进度却分别从90%、100%降低到30%和85%。

（三）隐瞒重大停产事项

公司在2012年半年报中存在重大遗漏，隐瞒了上半年公司循环经济型稻米精深加工生产线项目因技改出现长时间停产，对其业务造成重大影响的事实。万福生科在《关于重要信息披露的补充和2012年中报更正的公告》中称，公司募投项目——循环经济型稻米精深加工生产线项目上半年因技改停产，其中普米生产线累计停产123天，精米生产线累计停产81天，淀粉糖生产线累计停产68天。公司循环经济型稻米精深加工生产线项目由于常德地区降雨导致技改工期延长，项目停产时间延长，公司2012年上半年销售收入大幅度减少。

（四）高管更迭频繁

万福生科上市仅一年半，经历了数次高管更迭：2011年副总经理张行、叶华辞职，监事杨满华、杨晓华辞职；2012年上半年在公司任职7年之久的副总经理黄平和董事会秘书肖明清辞职；2013年上半年财务总监覃学军辞职。

（资料来源：刘娇，龚凤兰．“万福生科”财务造假案例研究．财会月刊，2013(7)．）

讨论：

(1) 治理财务造假的建议。

(2) 注册会计师与事务所法律责任。

实　务　篇

第九章

审计模式、审计方法与假账审计

课前案例：分析性复核——审计利器

某审计机关三次运用分析性复核的审计方法，成功查出违纪资金530多万元。

第一次：运用比率分析法——揭露出转移私分国有资产案。烟草流通企业属国家专营行业，多年来未接受国家审计机关监督。为全面摸清家底，核实资产、负债、损益的真实性、合法性，审计人员延伸审计了某烟草公司所属的第三产业，收集了2011年、2012年的损益表，进行对比分析后，发现两大疑点。①年度间主要经济指标增幅过大，2012年各项收入比2011年净增310万元，增幅42.3%，利润同比增加133.2万元，增幅38.5%。②年度内收入、利润构成比率不合常理，作为一个开办有多家宾馆、餐厅的三产公司，其饮食服务收入应占绝对份额。对比分析中审计人员发现，该公司总收入中，饮食服务收入2011年、2012年分别只占9.1%、8.6%，而实现的利润中，其他业务利润2011年、2012年却分别高达88.3%、92.93%。这两大异常情况引起审计人员高度关注，后经组织力量查实，异常情况的背后是一起转移私分国有资产案件。经查，2011年4月，该公司以李某某、张某某、刘某某等为发起人(系公司主要领导和关键部门负责人)，由84人共同出资组建三产公司。公司自成立以来，采取直接和变相等方式，参与主业经营，致使三产公司非法获利。2012年三产公司实现收入1 520.26万元，其中参与主业经营实现收入1 388.41万元，占收入总额的91.33%，实现利润222.84万元，其中参与主业经营实现利润207.09万元，占92.93%。两年合计实现利润412.26万元，属参与主业经营产生的利润398.04万元，本应并入公司利润总额，可三产公司并未转入，并已分配红利235.2万元(2011年分红1 151 962.35元，2012年分红1 200 037.65元)。

第二次：运用时间序列分析法——查出虚开发票、套取资金案。在对该公司本部审计中，审计人员调阅2012年度企业“管理费用”明细账，发现全年“会议费”285.3万元中，有81%的属该公司办公室经办。根据这一异常情况，审计人员采取时间序列分析法，对办公室经办的“会议费”按时间列表分月逐笔登记，发现12个月中年头、年末特别是2月和3月两个月“会议费”发生次数多、金额大，而该公司内部管理办法又明确规定，召开会议由各相关科室负责，为何两个月“会议费”发生如此频繁？精明的审计人员认为其中必有问题，于是逐笔审查“会议费”所涉及的原始单据，并延伸审计相关单位，结果查明：2012年以来，该公司通过公司所属的三产公司，采取虚开会议费发票手段，共虚开会议费发票12笔，套取现金816 870.60元后，以存折形式交该公司办公室段某某经手，全部用于购置部分高档衣服、礼品、烟酒或红包等违法违规开支，截至审计之日，大部分原始单据已违法销毁。

第三次：运用回归分析法——查出隐瞒罚没收入、私设“小金库”案。2013年8月，审计人员对该公司罚没支出中有关打假奖励进行详细审查，在反复核实奖励支出总额的基础上，按国家有关奖励举报政策规定，运用回归分析法，计算出2012年度罚没收入应为251万元，而审查账表后却发现只有198万元，少反映53万元。是审计人员计算有误，还是另有隐情？带着疑问，审计人员进行了深入细致的分析和查证：对罚没奖励政策，举报人员十分清楚，一般不会出现差错，只有一种可能，就是隐瞒了罚没收入。经过大量工作，经办人终于道出隐瞒53万元罚没收入、私设“小金库”的实情，并将存折和部分违纪开支单据交了出来。

（资料来源：分析性复核在烟草流通企业审计中的三次成功运用.中国审计网，2006-02-11.）

第一节　审计模式

模式其实就是解决某一类问题的方法论。所谓审计模式，就是以某种具体审计导向为指引，确定审计重点、范围和取证的方法论。审计模式通常可归集为账项导向审计模式、导向基础审计模式和风险导向审计模式三类。

一、账项导向审计模式

账项导向审计亦称“账项基础审计”，指将审计以被审计单位的会计账目检查为导向的审计。其审计目标旨在对被审计单位有无舞弊进行查证。这种模式下的审计，要求对账户余额进行直接、全面且详细的审查，而不考虑客户的内部控制和风险情况。审计的取证方法主要限于检查、查询及函证、监盘及计算等。

账项导向审计模式适用于经济业务不很复杂的小规模企业。这些企业的特征是：①审计期间的会计事项相对来说不是很多，总体的规模不大，可以保持较高的抽样比重而不致导致过高的审计成本。②经济业务的性质不复杂，被审计单位的融资方式简单，较少对外投资业务。

账项导向审计的不足：①有过度审计或审计不足的问题。②审计质量难以保证。③很难有效地规避误报、违法舞弊、经营失败这三类风险。

随着企业规模的扩大和经营复杂化，大量单证涌现使得账项导向审计模式的局限性日益凸显，至20世纪初，这种模式就逐渐退出了主导地位。

二、制度导向审计模式

制度导向审计模式是以内部控制制度为审计导向，对内部控制制度的薄弱之处，扩大审计范围，对内部控制制度有效之处，缩小或简化审计程序的审计。

在这种审计模式下，是否检查凭证与经济事项、检查多少凭证与经济事项都不再是毫无目的的大海捞针，而是建立在对被审计单位内部控制系统认识基础上的重点审查。以大数定律和正态分布为基础的统计抽样也逐渐取代了单纯判断性和任意性的抽样。同时这一模式由于着眼于对内部控制制度整体的了解与分析，还可以发现与某些内部控制相关的会计信息的系统性错误，从而提高了审计效率。正因如此，制度导向审计模式从20世纪40年代起就成为注册会计师审计的主要方法。

进入20世纪后半期，制度导向审计的缺陷就逐渐暴露出来。一方面，众多的实际诉讼案件表明，内部控制制度存在固有的局限性，即使是设计最完美的内部控制制度，也可能因为执行人员的粗心大意、判断失误等原因造成控制失效，更重要的是，内部控制制度可能因员工的串通舞弊而形同虚设。另一方面，如果被审计单位管理层存在提供虚假会计报表的驱动，他们会粉饰内部控制制度的完美，掩盖其舞弊造假的迹象，以便蒙蔽和利用注册会计师出具无保留意见审计报告，因此，表面光鲜的内部控制很可能造成注册会计师审计错觉，进而导致审计失败。

三、风险导向审计模式

风险导向审计模式是指注册会计师以审计风险模型为基础的审计。风险导向审计最显著的特点是：它立足于对审计风险进行系统的分析和评价，并以此作为出发点，制定审计策略和与企业状况相适应的多样化审计计划，将风险考虑贯穿于整个审计过程。

现代风险导向审计主张的审计思路，是以审计业务的风险为审计质量控制的根本依据。对每项业务，首先研究和理解被审计企业所在行业、其经营和活动、企业的内部控制制度及其运行情况。根据这些前期的研究和理解来评价企业的经营风险。然后通过对相关信息和数据的分析，了解企业的会计信息系统披露的信息与企业实际经营状况的关系，进而判断该企业对相关法律法规及会计准则的遵从情况和重大错报风险的水平。然后根据对重大错报风险水平的评估，执行具体的审计程序，搜集审计证据，支持审计结论。

风险导向审计提高了审计效率。在风险导向审计模式中，对被审计企业外部行业环境及内部经营环境的研究和理解以及对其经营风险的评估，从宏观上掌握了重大错报风险的水平。其他分析性测试通过各种指标数据的分析，复核了对重大错报风险评估的准确性。这些都属于高效率、高质量的审计技术，可以在保证审计质量的前提下有效提高审计效率。

风险导向审计问题有两点：①现代风险导向审计模式中需要注册会计师进行大量的职业判断。这就会因注册会计师个人能力素质的参差不齐而形成一种不可避免的检查风险。②风险识别、量化评估是大难题。

第二节　审计方法

案例：审计方法失败导致审计失败

注册会计师王胜和李明接受A公司董事会的委托，对本公司经理于某实施离任审计。A公司是一家拥有5 000名员工的大中型企业，于某在任五年，该公司内控制度较为健全、有效，公司效益逐年递增，经营业绩较为显著，其本人也得到了董事会及员工的一致好评。在上述背景情况下，王胜和李明从于某上任的年度开始，对所有部门的所有业务采取从会计凭证、会计账簿、会计报表为主线的审查方法，尽管两个人付出了辛勤的劳动，但在审计约定书规定的一个月时间内只审查了一年的业务，于是，A公司董事会与王胜和李明的会计师事务所解除了审计合同。

（资料来源：王明珠、郑丽、蒋文春、温秀英，《审计学教学案例》）

审计方法可分为下述三类：一是根据审计风险的大小，分为详查法和抽查法；二是根据审计程序不同，可分为顺查法和逆查法；三是根据应用的具体技术不同，可分为审阅法、核对法、调节法、盘点法、查询法、函证法及分析法等。

一、根据审计风险的大小划分

（一）详查法

详查法是对被审计单位所有会计资料包括全部账项进行详细审查的方法。其优点是全面查清会计账目中存在的错弊，特别是对于徇私舞弊、违法乱纪行为一般不易遗漏。其缺点是工作量过大，费时费力，难以普遍采用。故在使用详查法前必须先研究有无详查的必要。详查法一般适用于专案专题审计或用来审查重要且有疑问的账项资料，或用于对一些经营规模较小、核算业务不多的企事业单位的账目审查。

（二）抽查法

抽查法是从所审计的全部会计资料中选取部分资料进行审计，再根据审计结果推断其余部分是否正确的方法。其优点是重点明确，省时省力，具有事半功倍的效果。其缺点是审计风险大，若选样不当或缺乏代表性，审计结果往往不能发现问题，甚至会以偏概全，尤其是对发生频率不高的舞弊行为，具有较大的局限性。故此法应与其他方法结合使用。

抽查法根据抽查对象确定的方式不同，可分为任意抽查法、判断抽查法和统计抽查法。

1. 任意抽查法

任意抽查法是指审计人员从审计对象总体中任意抽取一部分样本进行审计的方法。其抽样方法既无规律可循，又无合理的根据，因而抽查的结果会使审计人员承担较大的审计风险。

2. 判断抽查法

判断抽查法又称“经验抽查法”“重点抽查法”“非统计抽查法”，是检查人员根据自己的主观判断，在遵循有关原则的基础上，有重点地从检查总体中选出样本，进而通过对样本的检查结果推断总体存在的问题。其优点是重点突出，针对性强，简便易行。但判断抽查法不能保证总体和单位都有均等机会被选入样本，样本的容量及构成在很大程度上取决于审计人员的理论修养、工作经验和判断能力。

3. 统计抽查法

它是查账人员按照错弊账项概率分布的一般规律从被审计对象总体中，随机选取一部分样本进行审计，再以样本的审计结果来推断总体状况的一种抽样审计方法。此法能事先运用数理统计方法科学地确定样本容量，并保证被审计对象总体的每个单位都有同等概率被抽中。因此，其优点是可防止有偏见地抽取样本，能科学地评价审计结果的可靠程度，控制审计风险。但此法运用难度较大，要求审计人员具有一定的数理统计知识。此外，对于资料残缺不全的被审计单位以及揭露贪污舞弊的专案审计，均不适宜采用此法。

二、根据审计程度的不同划分

（一）顺查法

顺查法是按照会计核算的程序，顺次地从审计会计凭证开始，再核对日记账、明细账、总账以至会计报表的审计方法。

此法的要点是：首先，从审计原始凭证起步，着重审计与分析经济业务是否真实、正确、合法、合理，核对证证是否相符；其次，审计会计账簿，查明记账、过账是否正确，核对账证、账账是否相符；最后，审计与分析会计报表，查明报表项目是否正确完整，核对账表是否相符。

此法的优点主要是简便易行，审计结果一般较为可靠；缺点是从小处着手，往往忽视重点或主攻方向，并且由于着重对证账表进行机械核对，故费时费力。此法一般适用于对规模较小、业务不多的企业进行审计。

（二）逆查法

逆查法是按照会计核算程序的相反顺序，依次审计和分析报表、账簿和凭证资料的方法。

此法的要点是：首先，从审计和分析会计报表入手，从中找出变化异常项目或数额中较为重要、容易出现错弊的账项，据以确定下一步审计的重点和线索；其次，对可疑账项和重要项目，追溯审计会计账簿，进行账表、账账核对；最后，进一步追查记账凭证和原始凭证，进行账证、证证核对，以便查明主要问题的真相。故此法又称溯源法。

此法的优点主要是从大处着手，审计的目的和重点较明确，审计工效较高，易于查清主要问题。缺点是着重审计与分析报表，并据以重点逆查账目，可能遗漏或疏忽某些问题，难以揭露种种错弊。此法一般适用于对规模较大、业务较多的企业单位进行审计。

三、根据应用的具体技术不同划分

（一）审阅法

审阅法是对凭证、账簿和报表以及计划、预算、合同等文件资料进行仔细的阅读和审计，以便从中发现错弊、收集证据的一种方法。

审阅的主要内容包括：

(1) 审阅原始凭证。主要是审阅原始凭证的要素是否齐备，手续是否符合规定，注意有无白条，有无涂改抬头、日期、数量、单价或金额等迹象，有无伪造填发单位的名称、地址或图章等现象；其所载经济业务是否合法合规，是否经济合理。

(2) 审阅记账凭证。主要是审阅记账凭证是否附有合法的原始凭证，其内容与原始凭证所载内容是否一致，注意有无空转的转账凭证（无原始凭证作附件），有无无人签章负责的记账凭证；所编会计分录是否正确，有无记错科目或方向，有无利用会计科目处理进行舞弊活动等情况。

(3) 审阅账簿。主要是审阅明细账记录是否正确，其账户对应关系是否正常合理，有无错误与舞弊，特别是应注意仔细审阅应收应付、材料成本差异、预提费用、待摊费用等容易发生错弊和反映会计转账事项的账户。

(4) 审阅会计报表。主要是审阅报表项目是否按规定编制，其勾稽关系是否正确，双方合计是否平衡；审阅各个项目是否合规、合理，有无违反财经纪律的现象，有无异常变化现象。

审阅法一般要与核对法等其他方法结合使用。

（二）核对法

核对法是对凭证、账簿和报表以及计划、预算、方案等书面资料之间的有关数据进行对照检查，必要时还要将书面资料与实际情况进行对照检查，借以核实证证、账证、账账、账表、表表以及账实之间是否相符，查明有无错弊的一种方法。

核对的主要内容包括：

(1) 核对相关的原始凭证是否相符。如核对销货发票正联与其存根是否相符，有无缺号等现象。

(2) 核对记账凭证与现金(或银行存款)出纳账、明细账是否相符，包括其内容、户名、金额、借贷方向等是否相符。

(3) 核对记账凭证与汇总记账凭证(或科目汇总表等)的记录是否相符。

(4) 核对汇总记账凭证(或科目汇总表等)与总账记录是否相符。

(5) 核对有关明细账户、总账账户的期初、期末余额和本期发生额是否相符；核对相关的明细账是否相符。

(6) 核对总账和明细账与会计报表相关项目的数据是否相符。

(7) 核对各报表有关项目是否勾稽相符等。

为了防止核对遗漏或重复，一般应由核对人员用有色铅笔标写有关符号。资料核对工作可由两人合作，也可以由一人单独进行。

在将会计资料与实存情况进行对照检查时，通常要结合运用其他审计方法。例如，结合盘存法取得实物证据，再将资料与现款、现物进行核对；结合调查方法取得口头证据或书面证据，再将资料与客观实际情况进行核对；对伪造的凭据等，则要运用函证法取得对方开具的书面证明，用以查对核实。为区别以上对资料的核对方法，亦称此法为核实法。

（三）调节法

调节法是为了验证有关资料数据是否正确，对其进行增减有关数据而予以调节的一种检查方法。例如运用调节法编制银行存款调节表，将企业单位与开户银行双方所发生的“未达账项”，用来对双方账、单进行增减调节，以便根据银行对账单的余额来验证银行存款账户的余额是否正确。调节法通常要结合实物盘存法等同时运用。

（四）盘点法

盘点法是对各项财产物资进行实地盘存，检查证实实物的数量、品种、规格、金额等实际情况，确定账、实是否相符，借以盘点实物账户的余额是否正确的一种方法。盘点的范围应根据财物的品种、数量及内部控制制度强弱等条件确定。对现金、有价证券及贵重、稀缺物品可采用全面盘点，其他财产物资一般可采用判断抽样法、统计抽样法或两者结合等抽查方法进行局部盘点。同时，还应根据审计的性质和盘点对象的特点，合理选择盘点方式，或直接亲自盘点，或监督盘点。

（五）查询法

查询法是审计人员通过口头或书面询问或质疑的方式取得口头或书面证据以便函证某些书面资料和客观事实的一种调查方法。对审计中所发现的可疑账项或异常情况的核实，对内部控制制度的调查以及对经济效益的审计，均宜采用这种方法。一般来说，书面查询比口头询问的证据力度大，故对重要事项，最好采取书面查询方式。进行口头询问时，事前应做好充分准备，询问中应做好记录；询问完毕，要将记录送请被询问者签字，或请被询问者提供书面证明材料。

（六）函证法

函证法是审计人员通过发函给有关单位和个人，以便查证落实与对方的往来账项和有关经济活动是否正确，并取得对方的证明材料的一种调查方法。此法实属一种书面查询法，主要用于应收应付往来账项的核对。此外，对于被审计单位委托其他单位保管的财产、某些购销业务与外来凭证，以及向被审计单位的开户银行征询银行存款与借款情况，向法委顾问处征询法委诉讼案件情况，向保险公司征询保险情况，等等，均宜采用此法。

函证工作应由审计人员直接办理，函件要由审计人员直接寄发，不得委托被审计单位代办。发函时，应附寄被审期间的对账单。函证内容包括：往来账款的日期、凭证号码、经济业务内容、金额等。函件应简明扼要，填写清楚，以便对方答复。

（七）分析法

分析法是审计人员按照审计的目的和要求，利用各种报表、经济技术资料及其他综合资料，运用对比、归类和综合分析等各种分析技巧对审计对象进行分析与审查的方法。分析法的主要目的是发现疑点，揭露问题，确定进一步审计的重点与方向。

分析的具体技术包括：

(1) 比较分析法。比较分析法是通过相同审计项目的实际与计划、本期与前期、本企业与同类企业的数额进行对比分析，检查有无异常情况和可疑问题，以便为跟踪追查提供线索的一种分析方法。比较分析法分为绝对数比较分析法和相对数比较分析法两种。绝对数比较分析法直接以绝对数额进行比较，根据比较结果的差异来分析是否正常，进一步查明异常情况的原因。相对数比较分析法先根据需要计算出相对数即百分比，然后再加以比较，分析增减变化程度是否正常合理，有无异常情况，以便确定如何进一步审查。

(2) 账户分析法。账户分析法是根据账户对应关系原理，对某些账户借贷方发生额及其对应账户的对照分析，从中找出异常情况，以便进一步审计凭证、账目所进行的一种分析方法。运用账户对应关系的情形十分普遍。而此法对于发现账务处理错误与弊端十分有效。但由于运用此法比较费时费力，故通常仅对容易发生账户处理错弊的某些账户进行分析考核。

(3) 期龄分析法。期龄分析法是对有关账户按期限长短进行归类分析，以便进一步重点追查的一种分析方法。例如，对应收账款明细账户，可按其所欠款项的时间长短(如3年以上、1年以上、半年以上等)以及客户性质(如国营、集体、联营等)加以归类排列分析，对其中长期拖欠、数额较大、有可能成为坏账的客户，应进行重点检查。

(4) 因素分析法。因素分析法是通过分析计算各个因素变动对有关经济指标的影响程度，以便进一步查明具体原因，提出改进建议和措施的一种分析方法。例如，通过分析销售数量、销售成本、销售价格、销售税金和销售产品品种结构等因素变动对于产品销售利润计划完成情况的影响程度，以便正确评价企业经营管理水平，找出存在的问题及其具体原因，明确挖掘潜力的方向，促进企业改进经营管理和提高经济效益。

第三节 假账识别的七种武器

会计舞弊的发生，总会在会计资料或其他有关方面留下或明或暗、或多或少的痕迹及线索，此痕迹或线索就是会计舞弊的疑点。注册会计师不但要掌握并熟练运用各种查账方法，更重要的是能及时地发现会计舞弊的线索，找出疑点。

一、从异常数字中发现疑点的技巧

所谓异常数字，就是按正常会计核算过程处理后不应出现的或极少出现的数字。对会计资料中的每个数字本身都不能轻率地确定其是否为异常数字，只有当某个数字与特定的业务内容相联系时，才能确定其是否为异常数字。如单价5 000元，这一数字在“固定资产”明细账中出现是正常的数字；若在“低值易耗品”明细账中出现则表现为异常数字。又如某企业1—11月每月的销售收入都在4 500 000～5 000 000元，而12月的销售收入却为9 000 000元，即是一个异常数字。从异常数字中发现疑点的方法主要是根据被查单位某一类型经济业务所涉及金额及数量的正常变化范围，从中发现超出这一范围之外的特殊业务作为查账的重点。一般情况下，可从以下四个方面认识或查找会计资料中的异常数字。

1. 从数字价值的大小(金额大小)变化发现异常数字

每一类经济业务的发生在一定时期内有一个正常的量的界线，如果在会计资料中发现某一数字值不符合其特定经济业务的大小范围，则可将其视为异常数字。如某集体建筑施工企业1月至9月累计开支企业管理费120 000元。在管理人员、管理费上交标准和工程量没有大的增长变化的情况下，该企业当期实际开支的企业管理费120 000元，这个数字就是异常数字。而同期支出在75 000～90 000元(120 000÷12个月×9个月)，就是业务的正常量的界线。发现企业管理费异常数字这个疑点，然后再逐项检查该企业的企业管理中各项具体支出的内容，就很容易查找出详细的疑点和具体的问题来。

2. 从数字的正负方向变化发现异常数字

某些资产负债表项目或损益表项目可以表现为正数，也可以反映为负数。如“材料成本差异”账户余额既可以为正数（超支额），也可以为负数（节约额）。但有些会计账户只能是正数，如“现金”“银行存款”“产成品”“固定资产”等账户的余额应为正数（有时可能为零）。该类账户如出现负数余额，则此余额必为异常数字。有些经济业务在其特定时间反映在会计资料中只能为零。如工业企业的“管理费用”“产品销售收入”账户，商业企业的“商品销售收入”“商品销售成本”等账户，月末经调整结账后，其余额须为零。如出现其他数值则必定是有异常情况。

3. 从数字的精确度发现异常数字

会计资料中的有些数字应结合其具体业务和特定环境决定其精确程度，如产品或商品售价精确到“分”是正常的，而如果销售收入的年度计划精确到“分”则是没有意义的。又如某人医药费报销单上的药费合计为 5 000 元，则不符合正常的精确程度（很少会恰巧为 5 000 元整）。应精确而没有精确到规定的程度，不应精确而精确到异常程度的数字，都可以将其视为异常数字。

4. 根据测算的数据与账面数据对比分析发现异常数字

在会计资料中有些异常数字暴露得比较充分，易于明察，但有的潜伏较深，需要经过测算分析、对比的过程才能发现异常现象。企业的材料在按实际价格核算的条件下，采用“全月移动加权平均法”计算材料平均价，然后计算发出、结存材料的成本。在材料明细账中，如果账面期末结存方出现数量是蓝字，金额是红字这一异常反映，易于明察，是由于多转材料成本造成的。如果结存方数量、金额都是蓝字，则可以断定潜伏着异常现象，但不能用视觉迅速发现异常而需要通过测算出购进材料的平均单价，然后与账面期末结存材料单价比较，才能发现异常。

例如，经过测算，甲材料明细账中，1—3 月购进材料 100 吨，单价 1 000 元，金额 100 000 元，与账面期末结存材料 20 吨，单价 500 元，金额 10 000 元比较，单价 500 元小于1 000 元，则属于异常现象，可以断定本期发生材料多转了成本，然后再进一步审查。

二、从异常业务往来单位发现疑点的技巧

异常的业务往来单位是指在经济活动中不应或一般不发生业务往来，但事实上已经发生了业务往来的两个或两个以上的单位。从异常业务往来单位发现疑点，也可从以下三个方面入手。

1. 从往来单位的业务范围发现异常的业务单位

每一个经营实体的经营范围是相对稳定的，尽管随着我国经济体制改革的不断深入，各经济实体的业务范围在不断扩大或变化，但也是有限度的。如果会计资料中所反映的经济活动超过了该单位或其他有关单位的业务范围，就是应该查证的疑点。如某副食商品，其进货渠道主要是各副食品加工厂和副食品公司或批发部，如发现一张购货凭证是非经营或生产副食品单位开出的，明显出现经营业务范围与出具凭证单位异常的情况，这就是查账的疑点。

2. 从购销单位和货款结算单位的矛盾发现疑点

在正常的购销业务中，购货单位即为付款单位，供货单位即为收款单位。如果某笔购销业务中，购货单位与付款单位或供货与收款单位不是同一单位，都属于异常往来单位。

3. 从结算的期限长短发现疑点

正常经济业务的发生、往来与结算都具有一定的频率，如在往来账户发现有的往来单位名称陌生，长期无业务往来，挂账数额又大则可视为疑点。如某机床厂某年度的应付货款账户金额达 540 000 元，较上年度增长了 150 000 元，其中仅应付某钢铁厂材料款就有 120 000 元；又如某基层供销社 1996 年度应收货款金额 108 000 元，其中一笔销往西藏某地的应收货款 78 000 元。这两笔均是查证的疑点，进一步查实，可能是虚列客户和呆账。

三、从异常时间发现疑点的技巧

每项经济业务发生总有特定的时间，会计资料（原始凭证）对经济业务记录的时间应与业务发生时间相同；有些经济业务发生需要经过一段完整的过程，但也有一个正常的期限，且相关经济业务发生的时间也是有先后顺序的。检查时若发现不符合规律的情况，应作为疑点。

1. 从经济业务发生的特定时点上发现异常时间

若经济业务中相关会计凭证没有反映经济业务的发生或记录的特定时间，或者反映记录的特定时间与经济业务内容有明显矛盾，这就是疑点，需要查实。如季节性发生的经济业务，在会计资料上反映的具体时间如与特定季节不相符，则该时间记录为异常时间。又如差旅费报销凭证上的有关时间必须与出差人出差的地点、乘坐的交通工具、办理的具体业务所确定的特定的时间相符，否则，就是异常时间。比如出差人员 10 日尚在广州，11 日即回到北京，但报销凭证中注明该人员是从广州乘火车回北京的，这在时间上就是矛盾的。

2. 从经济业务时间长短上发现疑点

一项经济业务的发生过程总有一个适当的时间界限。如制度规定，支票的付款期为 5 天（背书转让地区的转账支票付款期为 10 天）；银行本票付款期为一个月；等等。应收应付款项根据具体情况一般也有一个适当的欠款期间和还款时间。在会计资料中反映的这些经济业务的时间若不符合有关规定或一般规律，则表现为异常的时间。如对某企业应收账款超过一年或更长时间的记录金额，应进行检查分析，看其是否已形成坏账损失。因为它们在时间上已属异常，超过了正常的时间界限。

四、从异常地点发现疑点的方法

每一笔业务均有发生的地点，这些地点是否异常是根据业务的内容来判定的。如某电力设备厂向某边远山区县销售中小型电力设备，该笔业务内容与地点之间属正常逻辑关系；如果该企业向湖北某偏远山区县的某乡镇销售大型火力电力设备，则是疑点，有继续查证的价值。认识异常地点一般采取两种方式。

1. 从距离远近发现异常地点

同一商品或材料有多种采购渠道，在其价格、质量、品种、规格相同的情况下，一般应就地采购，除非企业暂时无现款支付，附近供应部门不赊账，较远的地方可以赊账，才会舍近求远。但当前有些采购人员为了拉关系、吃回扣、行贿受贿、从中获利等，不惜损害国家集体的利益，舍近而求远，这种异常现象在检查中应密切注意，并严格追查。

2. 从物质流向发现异常地点

经济业务发生的地点与经济业务的具体内容有着密切的联系。物资运动的正常合理流向决定了有些经济活动所涉及的地点具有一定的规定性。如果经济活动所涉及的地点与经济业务内容无关或相互矛盾，即违背了物资运动的正常合理流向，应将其视为异常地点。假如山东糖烟酒公司购买济南卷烟厂生产的“将军”牌香烟，即表现购销双方在地点上的异常。进一步查证，就有可能发现买空卖空或其他问题。

五、从账户之间异常对应关系发现疑点的技巧

任何一笔经济业务都会涉及两个或两个以上具体内容的变化，需要在两个或两个以上账户进行全面的反映，形成账户对应关系，并在会计凭证中表现出来，而异常的账户对应关系则不能正确反映经济业务内容，查账人员可以从凭证(主要是记账凭证)审核入手，发现异常账户的对应情况，就不难找出疑点。

1. 从资金运动的方向发现异常账户的对应关系

每一项资金运动均有来龙去脉，因此每一个账户的借方或贷方均有一定的正常对应账户，若某生产企业的生产成本账户贷方与银行存款账户的借方直接发生对应关系，则为异常，应进一步查实。

2. 从资金运动的来路发现异常账户的对应关系

每笔业务都有来路和去向两个方面。如产成品入库业务，一方面产成品增加，这就是去向；另一方面生产费用减少，则是产成品的来路。若某企业产成品账户借方直接与银行存款或材料账户贷方发生对应关系，这就不是产成品的正常来路。

3. 从没有原始凭证的应收、应付款的转账中发现异常账户

查账人员应检查分析与被查单位发生结算业务是否确定存在，结算业务有无挂账时间较长且金额较大的情况，等等，这种方法主要针对弄虚作假，违反财经纪律的非合法性业务。如某些企业虚列应收、应付款户头，转应收款套取现金，用应付款账户过渡截留利润，等等。

六、从有关人员的异常变化中发现疑点的技巧

一切经济活动都是由人来进行的，人是经济活动的主要体。查账，最终落实到查清有关人员的活动、有关人员的责任和有关人员的问题。在查账过程中，不仅要查“死账”，从账上发现线索；还要查“活账”，从实际的经济活动和从事经济活动的人上发现线索。查“活账”应特别注意有关人员的异常变化。认识有关人员的异常变化，主要有以下几方面。

1. 从经济收入状况认识有关人员的异常变化

一个人的经济状况，取决于他的经济收入和对经济生活的安排。从数量上分析，经济收入与支出在量上应基本平衡。如果一个人的经济状况大大超过其经济收入，收支数额相差悬殊，应视为异常变化，而作为一个疑点，在查账中予以考虑并进一步查清落实。

2. 从生活方式"派头"的突变认识有关人员的异常变化

人们在长期生活中形成的生活方式和"派头",其变化一般是渐变的过程。而且生活方式和"派头"与经济来源的大小也有一定的关系。从生活方式与"派头"的突变,认识有关人员的异常变化,实质上归根结底也是分析经济收支的矛盾。不过,这种观察分析更直观、更现实、更具体、更形象。

从有关人员的异常变化发现问题,往往在掌握一定线索,有一定的具体对象时,运用此法扩大线索、查证问题有重要作用。

七、运用逻辑推理发现疑点的技巧

所谓逻辑,简言之,就是指人的思维规律。运用逻辑推理是人们认识问题的重要方法之一。事物之间广泛地存在着各种各样的逻辑关系。运用逻辑推理发现问题,就是根据事物之间的逻辑关系去揭露假象、认识真相。其中发现如下问题。

1. 从数量之间的逻辑关系发现问题

事物之间的数量关系,也存在一种简单的逻辑关系。比如甲大于乙,乙大于丙,则甲一定大于丙,否则就不合逻辑,需要查清原因。在会计账目中,有许多数字逻辑关系。总账金额应等于所属明细账金额之和;某产品的总成本绝不会小于其单位成本;等等。

2. 从事物之间的主从逻辑关系发现问题

相关联的若干事物之间,有主从关系。材料采购费用是因材料采购发生的,如果没有材料采购活动,就不可能有采购费用发生,材料采购活动是"主",材料采购费用是"从"。如果只有采购费用发生,而无采购业务发生,在逻辑上讲不通,则需进一步分析矛盾,查清问题。

3. 从时间、地点的逻辑关系发现问题

经济业务的发生,在时间和地点上都有一定的规律。每一项经济业务在时间、地点上都有一定的逻辑关系。某种产品的销售时间肯定在该产品生产时间之后,某种材料的领用肯定在该材料的采购时间之后。材料运费所涉及的地点,必须与供货单位的地点有直接联系。从郑州进货,取得的却是重庆某单位的运费凭证,这显然在地点上不合逻辑。

课后案例讨论:27 亿元特大虚假发票案背后

福建"1·20"特大虚开假发票案涉案金额巨大、影响面广、案情重大,最终查实涉及省内 32 家开票企业及 27 个省、自治区和直辖市的 360 家受票企业,涉案金额达 27.29 亿元。在国税、地税、公安和审计机关的共同努力下,该案终于告破。由福建省国税、地税合作办理的福建"1·20"特大虚开假发票案查处工作圆满收官。国税、地税机关共查处假发票 5 996 份,涉嫌虚开发票 5 623 份,查补税款、罚款及滞纳金 3.26 亿元。公安机关已查明 12 家开票企业的实际控制人,控制犯罪嫌疑人 12 人,网上追逃 2 人。其中,移送检察机关起诉 2 人,取保候审 1 人,采取其他强制措施 9 人。

这一假发票案背后的利益链条,是审计署在对福建省进行专项审计时发现并揭开的。审计人员是如何从蛛丝马迹中发现这些违法问题线索的呢?

一、小岛上的神秘"建材经营部"

2013 年 8 月至 9 月，审计署进行专项审计时发现，一个政府投资的项目，其中部分工程在合同中约定由一大型国有建筑公司承建，但实际被整体转包给一家小企业施工。这一线索让审计人员心生疑惑。

随后，在对这家企业财务会计资料进行审计的过程中，一张发票吸引了审计人员的目光：这张金额 100 万元，用于购买钢材、沙石的发票，开具单位是福州市琅岐某建材营业部。琅岐不是小岛吗？审计人员心里疑窦丛生，问道："琅岐在哪里啊？""在郊区，是一座小岛。"该公司财务人员回答。审计人员回忆说，刚巧项目部的墙壁上挂着福州的地图，财务人员指着地图介绍道："您看，就在这儿，是我们福建的第四大岛，环境非常好。"

偌大的一个工程建筑项目，为什么舍近求远从一座小岛上的营业部购买沙石、钢材，而且还没有材料的入库验收记录？小岛上的建材经营部有何来历？审计人员经过查询，发现这是一家自然人控股的公司，注册资金只有 50 万元。审计人员前往琅岐岛进行了实地察看，只见到几个破旧的小茶馆。

二、年进数亿的空壳账户

建材经营部不见踪影。这笔钱到底有没有拿去买钢材、泥沙？发票会不会是假的？如果是假发票，钱最后去了哪里？特派办负责人要求审计组："不能放过任何一笔可疑资金，坚决一查到底！"

审计组由此兵分两路，一组验证发票真伪，一组继续追踪资金去向。发票组人员前往福州税务部门验证发票的真伪。资金组人员通过调查发现，这笔 100 万元的货款在到账后的当天，就有 98 万元直接转入了个人账户。

"如果采购业务是真实的，为什么采购款会即刻转入个人账户？如果是正常经营的建材经营部，资金流应当是从建筑公司流入，向一些大的钢材供应批发商或者沙石厂家流出，留存适当的利润。这种快进快出的手法，更像地下钱庄或者是一种'过账'的方式。"

更让审计人员没想到的是，该经营部一年有数千笔的交易记录，金额高达数亿元。汇入资金方一般是大型建筑施工企业，资金当天就转入个人账户或者是其他贸易公司、经营部的账户。

面对庞大的数据量，大额的资金进出，频繁的资金往来，借助于信息化审计手段，审计人员很快锁定了 14 家与琅岐经营部相关联的企业。审计人员发现这些关联账户有几个共同的特征：资金进出频繁，金额巨大；资金在账户上停留时间短，一般当天进出，账户日均余额不超过 1 000 元；资金大多以"建材款""设备租用费"的名义转入后转出到个人或者其他建材营业部、贸易公司账户，未见向建材批发商或者钢材供应商采购的迹象；单次资金转入与转出有少量的差额，每次有交易金额 1%～3%的留存。审计人员根据经验判断，这些公司很可能是无真实业务背景、专门从事开票业务的假发票公司。

三、证据链条浮出水面

审计人员分别查询了这 14 家企业的相关情况，发现这些企业多为单一自然人控股的企业，年营业额和纳税额都非常少，只有几十万元，与公司银行账户巨额的资金流动不相匹配。

但这些疑似开票公司的企业除了工商登记外无法查询到更多的信息，注册地址也是假的，查实这起涉嫌虚开假发票的案件线索一时陷入了僵局。

开票公司无处着手，审计现场负责人当即决定调整思路，从发票的购买方切入。审计人员选取了开票金额较大的一家大型国有建筑企业进行延伸。当审计人员来到该企业承接的某高速公路建设项目部后，项目部工作人员说老总出差去了，不愿提供相关凭证资料。在审计组的坚持下，项目部如数提供了财务资料。一张张“某营业部”“某贸易公司”开具的采购钢筋、水泥和沙石等的发票映入审计人员的眼帘。谈话中，公司项目部经理和会计百般抵赖，表示对假发票毫不知情，是上了建材供应商的当。但在面对购买假发票的资金回流到会计的个人账户，涉嫌公款私存，以及经营部并无实际经营业务等证据时，他们只得将偷逃税款、购买假发票、套取建设资金的做法和盘托出。

2014 年 1 月 20 日，国家税务总局、公安部和审计署联合部署案件查处工作，决定由福建省国税局稽查局牵头，省公安厅经侦总队、省地税局稽查局共同配合做好案件查处工作，并将此案列入公安部和国家税务总局联合督办案件。

（资料来源：“国字号”惊天税案近日告破，涉案金额高达 27 亿！中国税务报，2015-11-25.）

讨论问题：

(1) 审计线索如何发现？

(2) 审计思路演进？

第十章

审计程序：以注册会计师审计为例

课前阅读：审计失败抑或审计程序失败

所谓审计失败，一般是指注册会计师未能发现财务报表有虚伪不实的情况，而仍表示不实的审计意见。审计失败可能来自审计程序设计未能查出错误或舞弊。根据 Richard W. Kreutzfeldt 和 Wanda A. Wallace 两位作者的研究，最常见的财务报表虚饰涉及应收款项、存货、固定资产、应付账款及应计负债。因此审计人员必须应用更有效的审计程序查出差错舞弊。审计失败有很多原因，归因于审计程序不妥的主要有：

1. 未能适当应用分析性程序

例如，对于银广厦在 2000 年度主营业务收入大幅增长的同时生产用电的电费费用反而降低的情况竟没有发现或报告；面对银广厦 2000 年度生产卵磷脂的投入—产出比率较 1999 年度大幅下降的异常情况，注册会计师既未实地考察，又没有咨询专家意见，而轻信银广厦管理当局声称的“生产进入成熟期”。

2. 面谈技巧不足

审计人员对于客户制度的了解或问题澄清，通常通过面谈方式取得。除合伙人及经理人员经验较丰富外，一般注册会计师并不重视面谈技巧，很容易变成会话式审计，使审计流于形式。因此，欲达到目的，必须善于察言观色，这样易于找出破绽或发现疑点。

3. 未能洞悉客户内部控制的破绽

通常审计人员利用流程图来描述公司的作业流程，如果流程图由电脑绘制，则难以发现异常。有经验的审计人员应能从流程图看出作业流程的重大缺陷，而决定采取适当的审计程序。

4. 不适当的审计程序

在错误的时间及地点，执行错误的程序。使用错误的证据，得出错误的结论。例如在对天津广夏的审计过程中，将所有询证函交由公司发出，而并未要求公司债务人将回函直接寄达注册会计师处；对于无法执行函证程序的应收账款，审计人员在运用替代程序时，未取得海关报关单、运单、提单等外部证据，仅根据公司内部证据便确认公司应收账款。

5. 执行内部控制测试不当

对于不符合国家税法规定的异常增值税及所得税政策披露情况，审计人员没有予以应有的关注；在收集了真假两种海关报关单后未予以必要关注；对于境外销售合同的行文不符合一般商业惯例的情况，未能予以关注；未收集或严格审查重要的法律文件；未关注重大不良资产；存在以预审代替年审、未贯彻三级复核制度等重大审计程序缺陷。

6. 注册会计师不熟悉被审单位行业状况和业务知识

比如天津广夏审计项目负责人由非注册会计师担任，审计人员普遍缺乏外贸业务知识，不具备专业胜任能力。

注册会计师审计程序包括以下三个阶段：

（1）审计计划阶段。在审计计划阶段，审计人员应了解被审计单位经营及所属行业的基本状况；签订审计业务约定书；确定审计目标；执行分析性复核；对审计风险与重要性水平进行评估，评审内部控制；并制订审计方案。

（2）审计实施阶段。在审计实施阶段，审计人员应审查被审单位的收入循环、支出循环、存货和固定资产循环、筹资与投资循环和货币资金业务，并运用审计抽样方法进行审核，以获取适当的审计证据，形成工作底稿。

（3）审计报告阶段。在审计报告阶段，审计人员应当在实施必要的审计程序后，以经过核实的审计证据为依据，分析、评价审计结论，形成审计意见，出具审计报告。

综上所述，审计过程的逻辑要素与审计作业程序的关系总结如图 10-1 所示。

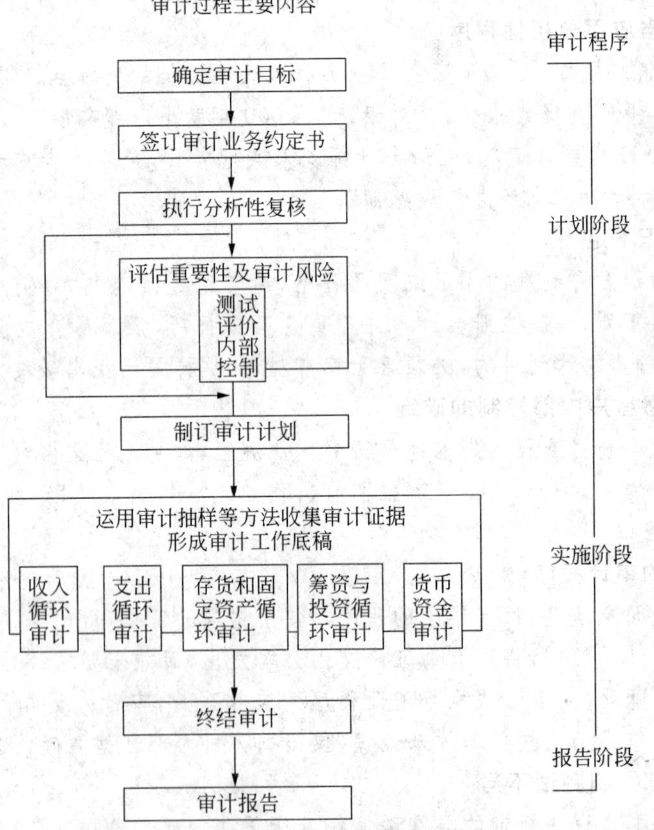

图 10-1 审计过程的逻辑要素与审计作业程序的关系

第一节 审计目标与查错防弊

一、审计目标的演变

注册会计师审计产生于工业革命时代。财产所有者最关心的是自身财产安全完整。因而，此时的审计目标是查错防弊。

在19世纪末和20世纪初，随着资本主义经济的发展和企业规模的日益扩大，会计业务也日趋复杂，此时，审计对象已由会计账目扩展到资产负债表，审计的主要目标是通过对资产负债表数据的审查，判断企业的财务状况和偿债能力。在此阶段，查错防弊这一目标依然存在，但已退居第二位，审计的功能从防护性发展到公正性。

进入20世纪三四十年代，随着世界资本市场的迅猛发展，证券市场的涌现及广大投资者对投资收益情况的关心，整个社会注意力转而集中于收益表上。特别是1929—1933年的世界经济危机，从客观上促使企业利益相关者从仅仅关心企业财务状况，转变到更加关心企业盈利水平和偿债能力。在此期间，审计总目标是判定被审单位一定时期内的会计报表是否公允地反映其财务状况和经营业绩，以确定会计报表的可信性。

20世纪中叶以后，资本主义从自由竞争发展到垄断阶段，各经济发达国家通过各种渠道推动本国的企业向海外拓展，跨国公司得到空前发展，审计目标也从原来的仅限于验证企业财务报表的公允性扩展到内部控制、经营决策、职能分工、企业素质、工作效率、经营效益等方面。因此，经营审计、管理审计、绩效审计等便从传统审计中分离出来，评价企业工作的经济性、效率性、效果性成为独立审计工作的主要目标。

二、我国财务报表审计的目标

1. 注册会计师总体目标

根据《中国注册会计师审计准则第1101号——注册会计师的总体目标和审计工作的基本要求》第二十五条，注册会计师审计的总体目标是：

(1) 对财务报表整体是否不存在由于舞弊或错误导致的重大错报获取合理保证，使注册会计师能够对财务报表是否在所有重大方面按照适用的财务报告编制基础编制发表审计意见。

(2) 按照审计准则的规定，根据审计结果对财务报表出具审计报告，并与管理层和治理层沟通。

审计的目的是提高财务报表预期使用者对财务报表的信赖程度。这一目的可以通过注册会计师对财务报表是否在所有重大方面按照适用的财务报告编制基础编制发表审计意见得以实现。就大多数通用目的财务报告编制基础而言，注册会计师针对财务报表是否在所有重大方面按照财务报告编制基础编制并实现公允反映发表审计意见。

按照审计准则和相关法律法规的规定，注册会计师还可能就审计中出现的事项，负有与管理层、治理层和其他财务报表使用者进行沟通及向其报告的责任。

2. 注册会计师审计的具体目标

注册会计师审计的具体目标如表10-1所示。

表 10-1 注册会计师审计的具体目标

	认　定	含　　义	对应的具体审计目标	理解点
与所审计期间各类交易和事项相关的认定	发生	记录的交易或事项已发生，且与被审计单位有关	已记录的交易是真实的	没有多记，防止高估或虚构
	完整性	所有应当记录的交易和事项均已记录	已发生的交易确实已经记录	没有少计，防止低估或遗漏
	准确性	与交易和事项有关的金额及其他数据已恰当记录	已记录的交易是按正确的金额反映的	金额一定要准确
	截止	交易和事项已记录于正确的会计期间	接近于资产负债表日的交易记录于恰当的期间	入账日期要正确
	分类	交易和事项已记录于恰当的账户	被审计单位记录的交易经过恰当分类	所在科目要正确
与期末账户余额相关的认定	存在	记录的资产、负债和所有者权益是存在的	记录的金额确实存在	没有多记，与发生不同
	权利和义务	记录的资产由被审计单位拥有或控制，记录的负债是被审计单位应当履行的偿还义务	资产归属于被审计单位，负债属于被审计单位的义务	要符合资产和负债的定义
	完整性	所有应当记录的资产、负债和所有者权益均已记录	已存在的金额均已记录	没有漏记
	计价和分摊	资产、负债和所有者权益以恰当的金额包括在财务报表中，与之相关的计价或分摊调整已恰当记录	资产、负债和所有者权益以恰当的金额包括在财务报表中，与之相关的计价或分摊调整已恰当记录	余额的记录和金额要准确

三、查错防弊依然是当前注册会计师的审计主题

财务报表的错报可能由于舞弊或错误导致。舞弊和错误的区别在于，导致财务报表发生错报的行为是故意行为还是非故意行为。

《CSA1141 财务报表审计中与舞弊相关的责任》(2012 年实行)第六条规定："在按照审计准则的规定执行审计工作时，注册会计师有责任对财务报表整体是否不存在由于舞弊或错误导致的重大错报获取合理保证。"但又补充解释："由于审计的固有限制，即使注册会计师按照审计准则的规定恰当计划和执行了审计工作，也不可避免地存在财务报表中的某些重大错报未被发现的风险。"如果由于舞弊或舞弊嫌疑导致出现错报，致使注册会计师遇到对其继续执行审计业务的能力产生怀疑的异常情形，注册会计师应当：

(1) 确定适用于具体情况的职业责任和法律责任，包括是否需要向审计业务委托人或监管机构报告。

(2) 在相关法律法规允许的情况下，考虑是否需要解除业务约定。

需要提醒的是，审计总目标是对被审计单位会计报表的合法性、公允性和一贯性表示意见。其中，公允性是指被审计单位会计报表在所有重大方面是否公允地反映了被审计单位的财务状况、经营成果和资金变动情况。如果被审计单位的会计报表存在重大错弊，必定不能在所有重大方面公允地反映被审计单位的财务状况、经营成果和资金变动状况，

投资者据此必然做出错误的投资决策。由此可见，我国审计的总目标实际上已经暗含了查出重大错弊这一子目标。

案例："亏损两年半"与"利润操纵"—— 审计目标分析如何确定

H上市公司已被列为"ST公司"行列，并连续亏损两年半(根据国家有关规定，ST公司若连续亏损三年则被列为"PT公司"或摘牌)，但是该公司年底一举扭亏为盈，每股收益高达0.417元。不料，下年中期会计报表显示又复归亏损。

经审查，"STH公司"扭亏为盈，采取了与境外银行达成债务重组协议，获得3.66亿元的债务重组收益，但其逾期借款仍达十几亿元，财务负担仍十分沉重。从股票交易市场"STH公司"股价变动情况看，从年初2月21日的最低价是4.58元，到年度会计报表披露期间的4月21日其股价最高涨到10.73元，每股翻了一倍多。可见，局外人并不清楚"STH公司"的扭亏实质是什么，只看到公司扭亏为盈、每股收益很高这一表面现象。

在我国的上市股份公司中，近年来有部分公司连续亏损两年半，眼看就要被列入PT或被摘牌，而第三年则扭亏为盈，免遭PT噩运，有的公司还摘掉了ST的帽子，有人将其称为"两年半现象"。在国家有关部门将净资产收益率10%作为配股及格线时，净资产收益率为10%线上的上市公司特别集中，被称为"保十现象""利润操纵"。后来配股及格线降至净资产收益率为6%时，上市公司净资产收益率不再集中在10%，而是有所下降。这种现象一方面说明会计制度存在缺欠，同时给注册会计师审计提出了新的问题。

请问：如何理解真实性和公允性审计目标？

第二节 签订审计业务约定书

一、审计业务约定书的概念与作用

审计业务约定书是指会计师事务所与委托人共同签署的，据以确认审计业务的委托与受托关系，明确委托目的、审计范围及双方应负责任与义务等事项的书面合同。审计业务约定书具有经济合同的性质，一经约定双方签字认可具有法定约束力。

签署审计业务约定书的目的是明确约定双方的责任与义务，促使双方遵守约定事项并加强合作，以保护会计师事务所与被审计单位的利益。在注册会计师的审计实践中，审计业务约定书有以下几个方面的作用：

(1) 审计业务约定书可以增进会计师事务所与委托人之间的了解，尤其使被审计单位了解注册会计师的审计责任及需要提供的合作。

(2) 审计业务约定书可作为被审计单位鉴定审计业务完成情况，及会计师事务所检查被审计单位约定义务履行情况的依据。

(3) 如果出现法律诉讼，审计业务约定书是确定会计师事务所和委托人双方应负责任的重要证据。

二、签署审计业务约定书之前应做的工作

在签署审计业务约定书之前，注册会计师应当对被审计单位基本情况进行了解，并就

委托目的、审计范围有无限制、审计收费，以及被审计单位应提供的资料、协助的工作等约定事项进行商议。

1. 明确审计业务的性质和范围

会计师事务所在和被审计单位签约前，首要的工作是使双方对审计业务的性质、范围取得一致的看法。审计业务一般有年度报表审计、专项审计、期中审计和资本验证等。如果注册会计师的审计范围受到限制，例如被审计单位不能提供注册会计师审计年度会计报表所需要的全部资料时，注册会计师就无法获取充分、适当的审计证据，因而也就无法对被审计单位会计报表的合法性、公允性及会计处理方法的一贯性发表审计意见。

2. 初步了解被审计单位的业务性质、经营规模和组织结构

注册会计师通过对被审计单位基本情况的了解，一方面可以确定是否接受委托人的委托，另一方面可以安排进一步的审计工作。注册会计师应了解的被审计单位的基本情况包括：

(1) 业务性质、经营规模和组织结构。

(2) 经营情况和经营风险。

(3) 以前年度接受审计的情况。

(4) 财务会计机构及工作组织。

(5) 其他与签订审计业务约定书相关的事项。例如，被审计单位简史、主要管理人员的管理经验及品行、委托人聘用注册会计师的意向等。

3. 评价会计师事务所的胜任能力

这包括三个方面的内容：一是评价执行审计的能力；二是评价独立性；三是评价保持应有谨慎的能力。如果会计师事务所不具备胜任能力，就应当拒绝接受委托。

4. 商定审计收费

审计收费可以采用计件收费和计时收费两种方法。从注册会计师业务发展趋势来看，计时收费应该成为审计收费的基本方法。由于计时收费的主要因素是审计业务所需要的工作时间，因此，会计师事务所应当估计工时，以便与委托人商定审计收费。

5. 明确被审计单位应协助的工作

在注册会计师实施现场审计之前，被审计单位应当将所有的会计资料准备齐全；而在审计过程中，被审计单位的财会人员应当对注册会计师的询问、审查给予解释和配合，并在适当的地方为注册会计师代编工作底稿。

三、审计业务约定书的内容

注册会计师应当将达成一致意见的审计业务约定条款记录于审计业务约定书或其他适当形式的书面协议中。审计业务约定条款应当包括下列主要内容：

(1) 财务报表审计的目标与范围。

(2) 注册会计师的责任。

(3) 管理层的责任。

(4) 指出用于编制财务报表所适用的财务报告编制基础。

(5) 提及注册会计师拟出具的审计报告的预期形式和内容，以及对在特定情况下出具的审计报告可能不同于预期形式和内容的说明。

会计师事务所就上述问题与委托人协商一致后，即可指派人员起草审计业务约定书。起草完毕的审计业务约定书一式两份，会计师事务所一方签署人应当是事务所的法人代表或其授权代表，被审计单位一方的签署人应当是其法人代表或授权代表，审计业务约定书还应当同时加盖约定双方的印章。任何一方如需修改、补充审计业务约定书，应以适当方式获得对方的确认。审计业务约定书在审计约定事项完成后，归入审计业务档案。

审计业务约定书的具体内容一般应包括以下部分：①签约双方的名称。②委托目的。③审计范围。④会计责任与审计责任。⑤签约双方的义务。⑥出具审计报告的时间要求。⑦审计报告的使用责任。⑧审计收费。⑨违约责任。

下面是审计业务约定书的范例。

山西何津晋耿审计事务所有限公司审计业务约定书

甲方：

乙方：

兹由甲方委托乙方对　　　年度财务报表进行审计，经双方协商，达成以下约定：

一、业务范围与审计目标

1. 乙方接受甲方委托，对甲方按照企业会计制度编制的　　　年12月31日资产负债表、　　年度的利润表、股东权益变动表和现金流量表以及财务报表附注（以下统称财务报表）进行审计。

2. 乙方通过执行审计工作，对财务报表的下列方面发表审计意见：(1) 财务报表是否按照企业会计制度的规定编制；(2) 财务报表是否在所有重大方面公允反映甲方的财务状况、经营成果和现金流量。

二、甲方的责任和义务

（一）甲方的责任

1. 根据《中华人民共和国会计法》及《企业财务会计报告条例》，甲方及甲方负责人有责任保证会计资料的真实性和完整性。因此，甲方管理层有责任妥善保存和提供会计记录（包括但不限于会计凭证、会计账簿及其他会计资料），这些记录必须真实、完整地反映甲方的财务状况、经营成果和现金流量。

2. 按照企业会计制度的规定编制财务报表是甲方管理层的责任，这种责任包括：(1) 设计、实施和维护与财务报表编制相关的内部控制，以使财务报表不存在由于舞弊或错误而导致的重大错报；(2) 选择和运用恰当的会计政策；(3) 作出合理的会计估计。

（二）甲方的义务

1. 及时为乙方的审计工作提供其所要求的全部会计资料和其他有关资料，并保证所提供资料的真实性和完整性。

2. 确保乙方不受限制地接触任何与审计有关的记录、文件和所需的其他信息。

3. 甲方管理层对其作出的与审计有关的声明予以书面确认。

4. 为乙方派出的有关工作人员提供必要的工作条件和协助，主要事项将由乙方于外勤工作开始前提供清单。

5. 按本约定书的约定及时足额支付审计费用以及乙方人员在审计期间的交通、食宿和其他相关费用。

6. 在　　　　年　　月　　日之前提供审计所需的全部资料。

三、乙方的责任和义务

(一) 乙方的责任

1. 乙方的责任是在实施审计工作的基础上对甲方财务报表发表审计意见。乙方按照中国注册会计师审计准则(以下简称审计准则)的规定进行审计。审计准则要求注册会计师遵守职业道德规范,计划和实施审计工作,以对财务报表是否不存在重大错报获取合理保证。

2. 审计工作涉及实施审计程序,以获取有关财务报表金额和披露的审计证据。选择的审计程序取决于乙方的判断,包括对由于舞弊或错误导致的财务报表重大错报风险的评估。在进行风险评估时,乙方考虑与财务报表编制相关的内部控制,以设计恰当的审计程序,但目的并非对内部控制的有效性发表意见。审计工作还包括评价管理层选用会计政策的恰当性和作出会计估计的合理性,以及评价财务报表的总体列报。

3. 乙方需要合理计划和实施审计工作,以使乙方能够获取充分、适当的审计证据,为甲方财务报表是否不存在重大错报获取合理保证。

4. 乙方有责任在审计报告中指明所发现的甲方在某重大发面没有遵循企业会计制度编制财务报表且未按乙方的建议进行调整的事项。

5. 由于测试的性质和审计的其他固有限制,以及内部控制的固有局限性,不可避免地存在着某些重大错报在审计后可能仍然未被乙方发现的风险。

6. 在审计过程中,乙方若发现甲方内部控制存在乙方认为的重要缺陷,应向甲方提交管理建议书。但乙方在管理建议书中提出的各种事项,并不代表已全面说明所有可能存在的缺陷或已提出所有可行的改善建议。甲方在实施乙方提出的改善建议前应全面评估其影响。未经乙方书面许可,甲方不得向任何第三方提供乙方出具的管理建议书。

7. 乙方的审计不能减轻甲方及甲方管理层的责任。

(二) 乙方的义务

1. 按照约定时间完成审计工作,出具审计报告。乙方应于　　　　年　　月　　日前出具审计报告。

2. 除以下情况外,乙方应当对执行业务过程中知悉的甲方信息予以保密:(1) 取得甲方的授权;(2) 根据法律法规的规定,为法律诉讼准备文件或提供证据,以及向监管机构报告发现的违反法规行为;(3) 接受行业协会和监管机构依法进行的质量检查;(4) 监管机构对乙方进行行政处罚(包括监管机构处罚前的调查、听证)以及乙方对此提出行政复议。

四、审计收费

1. 本次审计服务的收费按照《关于规范会计师事务所服务收费标准的通知》(晋价服字〔2009〕295 号)计费标准,并依据乙方不同职务级别工作人员在本次审计工作中所耗费的时间为基础计算的。乙方预计本次审计服务的费用总额为人民币　　　　万元。

2. 甲方应于本约定书签署之日起　　日内支付　　%的审计费用,其余款项于

年　月　日结清。

3. 如果由于无法预见的原因，致使乙方从事本约定书所涉及的审计服务实际时间较本约定书签订时预计的时间有明显的增加或减少时，甲乙双方应通过协商，相应调整本约定书第四条第一项下所述的审计费用。

4. 如果由于无法预见的原因，致使乙方人员抵达甲方的工作现场后，本约定书所约定的审计服务不再进行，甲方不得要求退还预付的审计费用；如上述情况发生于乙方人员完成现场审计工作，并离开甲方的工作现场后，甲方应另行向乙方支付人民币　　　元的补偿费，该补偿费应于甲方收到乙方的收款通知之日起　　　日内支付。

5. 与本次审计有关的其他费用（包括交通费、食宿费等）由甲方承担。

五、审计报告和审计报告的使用

1. 乙方按照《中国注册会计师审计准则第1501号——审计报告》和《中国注册会计师审计准则第1502号——非标准审计报告》规定的格式和类型出具审计报告。

2. 乙方向甲方致送审计报告一式　　　份。

3. 甲方在提交或对外公布审计报告时，不得修改乙方出具的审计报告及其后附的已审计财务报表。当甲方认为有必要修改会计数据、报表附注和所作的说明时，应当事先通知乙方，乙方将考虑有关的修改对审计报告的影响，必要时，将重新出具审计报告。

六、本约定书的有效期间

本约定书自签署之日起生效，并在双方履行完毕本约定书约定的所有义务后终止。

七、约定事项的变更

如果出现不可预见的情况，影响审计工作的如期完成，或需要提前出具审计报告，甲、乙双方均可要求变更约定事项，但应及时通知对方，并由双方协商解决。

八、终止条款

1. 如果根据乙方的职业道德及其他有关专业职责、适用的法律或其他任何法定的要求，乙方认为已不适宜继续为甲方提供本约定书约定的审计服务时，乙方可以采取向甲方提出合理通知的方式终止履行本约定书。

2. 在终止业务约定的情况下，乙方有权就其于本约定书终止之日前对约定的审计服务项目所做的工作收取合理的审计费用。

九、违约责任

甲、乙双方按照《中华人民共和国合同法》的规定承担违约责任。

十、适用法律和争议解决

本约定书的所有方面均应适用中华人民共和国法律进行解释并受其约束。本约定书履行地为乙方出具审计报告所在地，因本约定书所引用的或与本约定书有关的任何纠纷或争议（包括关于本约定书条款的存在、效力或终止，或无效之后果），双方选择以下第　种解决方式：

（1）向有管辖权的人民法院提起诉讼；

（2）提交　　　　仲裁委员会仲裁。

十一、双方对其他有关事项的约定

本约定书一式两份，甲、乙双方各执一份，具有同等法律效力。

甲方： 乙方：山西河津晋耿审计事务所有限公司
授权代表： 授权代表：
年 月 日 年 月 日

第三节 执行分析性复核

所谓分析性复核，是指注册会计师通过分析被审计单位财务比率，发现异常变动及其趋势，以判断财务信息的方法。比如，为了验证本年度的销售费用支出是否合理，审计人员按照本年度的总销售收入同历史平均的销售费用率相乘，得到审计人员预期的本年度销售费用的数据，然后将这一数据同本年度实际的销售费用相比，就可以得出销售费用是否异常的初步判断，如果发现预期和实际的费用支出相差很大，那么审计人员就必须调查清楚该项差异的原因。

一、分析性复核基本的分析比较方法

(1) 比较法。即将审计对象重要财务指标的本期实际数与一个既定标准作比较。这个“既定标准”可以是计划数、预算数或审计人员的计算数、估算数，也可以是同行业平均数等。如将被审计单位重要的会计数据与同行业平均数比较，可以显示其与同行业类似单位的优劣态势，体现其经营管理水平。

(2) 趋势分析法。即将审计对象连续若干年的重要财务指标按时间序列分别进行比较，测算和分析某项财务指标增减变化的方向与幅度，从而判断其发展趋势。审计实务中经常用到变动百分比分析、结构百分比分析、定基百分比分析等。变动百分比分析是将审计对象连续几年会计报表的重要财务指标进行比较分析，可以用前后各年每个项目金额的差额作比较，也可以用百分率的变化作比较。比较的年度数一般为5年，有的甚至列出10年数据作比较。变动百分比即某项指标的本期金额减去上期金额的差额与上期金额的比率。结构百分比分析是将审计对象常规的会计报表换算成结构百分比报表，再将连续几年的会计报表逐项比较，查明某一特定项目在不同年度间百分比的差额。定基百分比分析则是选取某一年为基期，将基年会计报表各项目指数均定为100，其他连续几年会计报表的数据均用考查期数值与基期数值之比所得的指数表示，从而形成定基百分比报表，由此得以查明某一特定项目的变化趋势。

(3) 比率分析法。即将审计对象会计报表中某一重要会计数据与另一相关会计数据相比所得到的比值进行分析。一般有反映变现能力的比率，如流动比率、速动比率；反映偿债能力的负债比率，如资产负债率、产权比率等；反映盈利能力的比率，如销售利润率、资产利润率等。

二、分析性复核法在审计程序中的运用

分析性复核法不仅可以运用于审计计划和审计报告阶段，也可以运用审计实施阶段，它贯穿于审计项目的全过程。

(1) 审计计划阶段，确定审计重点和范围。例如：审计人员对某景点管理单位

2009—2010 年度财务收支进行审计，在审前调查时，选定账面业务收入数据进行分析性复核。审计人员将该单位账面业务收入的调查延伸至审计时间范围以前的多个年度。通过对 2003—2010 年的账面业务收入进行统计，并将各年账面业务收入指标绘制成柱状图。通过对账面业务收入数据多年的对比分析，审计人员发现 2003—2004 年业务收入呈上升趋势，2005—2006 年业务收入比前两年呈下降趋势，2007—2010 年比历年均呈上升趋势。该单位财务人员解释说，由于 2005—2006 年周边旅游景点竞争激烈，业务收入有所下滑，以后年度收入有所上升。审计人员分析认为，2006 年年初该单位提高了门票价格，业务收入较前期应大大提高。即使没有提高票价，也不应低于 2003—2004 年受“非典”影响后的业务水平。据此，初步判断该单位账面业务收入反映不正常，确定在审计实施阶段将账面业务收入的真实性检查作为审计的重点。

(2) 在审计实施阶段，运用分析性复核评价账户余额和各类交易是否正常，作为获取审计证据手段。审计人员应考虑分析性复核的目标、分析性复核结果的可信赖程度、会计信息的相关性和可比性，以及被审计单位内部控制的有效性等因素。仍以上述审计项目为例，介绍审计实施阶段分析性复核的运用。针对该单位业务收入以现金收款为主的特点，审计人员突击检查现金收入日报表。通过编制 Excel 表格，将大量的现金收入日报表基础数据分年月按日进行整理汇总，再与账面业务收入分年月逐笔核对，发现 2005—2010 年期间，账面业务收入均低于现金收入日报表所反映的收入数额。审计结果表明，2005—2010 年期间，该单位的部分导游收入、景区联票收入、联营收入及场地租赁收入等共计 165.3 万元，未纳入单位规定账簿核算，形成账外收支。在此阶段，审计人员同样用到了分析性复核的简单比较法，即将现金收入日报表与账面业务收入数据作比较。审计人员经抽查核对账面现金缴款单与现金日报表数据后，认为该单位提供的现金收入日报表数据是可信赖的。如果审计人员认为此数据不可信赖，还应增加实施其他的审计程序。由此，在审计实施阶段对账面业务收入真实性检查程序所得的结果，与审前调查阶段分析性复核所作出的初步判断结果得到了相互的印证。

(3) 在审计报告阶段，用于评价被审计会计报表的整体公允、一致性合理性程度。对会计信息审计计划和实施过程中已确认的异常事项或潜在风险进行分析性复核，从总体上把握审计结论的可靠性。

(资料来源：湖北省宜昌市审计局李平)

案例：运用分析性复核分析审计风险，确定审计重点

月光股份有限公司是纺织行业的上市公司，2005 年发行社会公众股并上市交易，受政府优惠政策的支持，业绩相当不错，上市当年的每股收益为 0.433 元，但在 2006 年企业业绩开始出现下滑的趋势，每股收益为 0.200 元。公司目前在准备 2009 年的年度审计，并打算聘请宝信会计师事务所进行年度审计。

宝信会计师事务所在接受该公司委托前通过公开渠道了解到如下信息：

(1) 2007 年、2008 年两年的业绩相当不理想，每股收益分别为 0.155 元和 0.100 元。

(2) 2009 年未经审计的中期报表的每股收益为 0.090 元。

(3) 2009 年 12 月 5 日公告了其进行资产重组的消息。

(4) 2007年、2008年从事该公司年度报表审计的事务所是大胜会计师事务所。

(5) 公司在2009年12月26日宣布入股组建电子商务网络公司,并处于控股地位。

问题:结合分析性复核方法谈谈如何确定审计重点。

第四节 评估审计的重要性

一、重要性的定义

重要性是指被审计单位会计报表中错报或漏报的严重程度,这一程度在特定环境下可能影响会计报表使用者的判断或决策。重要性水平的实质是报表差错影响报表使用者决策判断的金额临界点。

二、重要性判定的基准

重要性判定常用的基准有:总资产、净资产、销售收入、净利润等。通过不同的基准得出的重要性水平,一般情况下总是存在着差异。这时应当选取较小的一个作为所有报表总体的重要性水平。这是因为一项误差可能会同时影响各种不同的基准。例如,在对某公司的年度报表进行审计时,审计人员认为按照净利润来算,重要性水平应当为150万元,而按照净资产来算,重要性水平为200万元。在以后的实质性测试中,发现该公司的各种资产总计高估了180万元,虽然相对于净资产来说,这180万元的高估可以认为不重要,但该项误差也必然导致该公司当年的净利润增加180万元,相对于税前利润来说,项目的误差就是重要的了。因此,选择最低标准,可以保证项目误差无论从哪个方面来讲都是不重要的。

三、重要性水平的两个层次

审计人员为验证会计报表整体的公允表达,需要对各个具体会计账户及交易行为进行验证。因此,需要将会计报表整体的重要性水平分配至各个账户及交易项目,将会计报表总体的错报金额控制在重要性水平之下。因此在审计计划工作中,审计人员需要考虑两个层次的重要性水平。

1. 会计报表层

会计报表层即总体重要性水平。财务报表的累计错报金额超过该层次的重要性水平即可能造成对报表使用者的决策误导。

2. 账户余额及交易金额层

账户余额及交易金额层即通过对形成报表总体的各账户和交易记录的误差的控制,保证会计报表整体的误报不超过会计报表层的重要性水平。这就要求将会计报表层的重要性水平进行分解,分配到各部分,形成账户及交易层的重要性水平。这一层次的重要性水平又称可容忍误差。

四、重要性水平的量化标准

常用量化标准：①税前利润的5%～10%；②净资产的1%；③总资产的1%～2%；④总收入的3%～6%；⑤流动资产的3%～6%。低于最低标准的错报金额应当认为不重要，高于最高标准的错报金额应当认为是重要的。而对于介于最高和最低之间的错报金额的判断，审计人员应当运用相当的职业判断。一般而言，对于小规模企业应当对标准从高适用，大规模企业应当从低适用。

五、分配重要性水平的一般方法及原则

将重要性水平分配至交易及账户余额层的各个项目中，首先需要考虑项目本身在报表中所占的金额比重，因为比重越大，相对来说其中可能发生的差错就越多。重要性水平的分配绝不是简单地按比重进行加权平均，而应当以能合理降低审计成本，综合考虑以下因素，对重要性的分配做出合理的判断。

1. 项目的审计难易程度

如果对于某项目，审计人员比较难以获得充分的审计证据，则应当分配以较高的重要性水平。例如，对于应收账款，如果要获得可靠的证据，审计人员需要前往被审计单位的往来单位查询相应资料，但这样做工作难度大，成本高。因此，对于应收账款，一般分配以较高的重要性水平，并以函证、验证销售等较低成本的程序进行验证。

2. 项目发生差错的可能性

审计人员对准备信赖的项目可以分配较低的重要性水平。例如，对于现金，一般企业的内部制度对其控制较严格，出现差错的可能性很小。而且，对其进行全面盘点并不复杂。对于这一类项目，分配以较低的重要性，就可以给其他一些审计成本较高的项目分配较高的重要性，减少其他项目审计的工作量，降低总体审计成本。

3. 项目受关注的程度

某些项目对有关利益方来说比较敏感，如果这种项目在审计上出现差错就很容易受到相关方的指控。例如，利润分配对于股东来说就是特别敏感的项目。对这些项目的审计就应给予特别关注，搜集更多的证据，因此应分配以较低的重要性。

重要性水平的分析一般是以资产负债表项目，而不是利润表项目为基础进行的。这是由于在复式记账的方法体系下，一笔影响利润表项目的错误也同时影响资产负债表上相应项目的正确性，通过对资产负债表项目可容忍误差的控制，就可以起到对利润表项目可容忍误差进行控制的作用。然而，一笔影响资产负债表项目的误差却未必能通过对利润表项目的控制而得到相应控制。例如，将短期负债列为长期负债的错误，在利润表中就得不到体现。

六、实例

现举一实例以说明对重要性水平的初步判断及其分配：光大会计师事务所审计人员钱某接受云翔有限责任公司董事会委托，对该公司2013年度会计报表进行审计。根据钱某的调查，云翔公司2013年12月31日资产负债表如表10-2所示。

表 10-2 云翔公司 2013 年 12 月 31 日资产负债表 单位：元

资 产	金 额	负债及所有者权益	金 额
货币性资金	41 000	应付账款	236 000
应收账款	948 000	应付票据	1 415 000
存货	1 493 000	应付工资	73 000
其他流动资产	68 000	应付股利	102 000
固定资产净值	517 000	其他负债	117 000
		股本	425 000
		盈余公积	699 000
合 计	3 067 000	合 计	3 067 000

该公司 2013 年度的利润表显示，该年度的利润总额为 411 111 元。

根据以上资料，钱某认为该公司的资产总额较小，准备以 1.8%的比例确定重要性水平；利润总额也属于较低水平，准备以 9%的比例确定重要性水平。两者相比较选取较小的一个即 37 000 元作为报表总体的计划重要性水平。

钱某在进行分配时采取了如下分配原则：

(1) 避免将重要性水平全部分配至某一项目中。这是因为不可能要求其他项目不产生任何误差。因此他设定：任何一个项目的可容忍误差不能超过报表总体重要性水平的 60%(见表 10-3)。

表 10-3 各项目可容忍误差 单位：元

资 产	可容忍误差	负债及所有者权益	可容忍误差
货币性资金	1 000	应付账款	9 000
应收账款	22 000	应付票据	0
存货	22 000	应付工资	5 000
其他流动资产	5 000	应付股利	0
固定资产净值	4 000	其他负债	6 000
		股本	0
		盈余公积	0

(2) 所有项目可容忍误差之和不能超过报表总体重要性水平的 2 倍。这是基于以下两点考虑：①不可能所有被审项目的实际误差都同时达到所分配的可容忍误差的标准。因此，这样的安排可以使每个项目都留有一定的余地。②有的项目的高估与有的项目的低估可能相互抵消，从而使整个项目或报表的误差不是太大。

(3) 现金、应付票据、应付股利及股本等项目能够进行详细的逐笔审计，或者审计产生误差的概率很小，因此不允许产生误差或仅分配以很小的可容忍误差。

(4) 应收账款、存货的审计需要较为复杂的审计程序，成本较高，因此分配最大的可容忍误差(总体重要性水平的 60%)。

(5) 其他流动资产、应付工资一般应用分析性复核程序即可检验其总体合理性，审计成本较低，但仅用分析性复核程序时应允许有较大的可容忍误差。

(6) 固定资产与上一年度相比，一般情况下不会出现较大的变动，可能不需要对其实施审计程序，因而分配以较小的可容忍误差。

(7) 应付账款存在低估的可能性，预期的误差较大，应分配以较大的可容忍误差。

(8) 盈余公积利润的误差来自其他项目产生的误差。对其他项目误差进行控制同时也就控制了该项目的误差，因此不需要对该项目进行专项审计，也就不需要为它分配重要性水平。

第五节 分析审计风险

审计风险是指财务报表存在重大错报而注册会计师发表不恰当审计意见的可能性。

一、审计风险要素

审计风险由固有风险、控制风险和检查风险三个要素构成。即审计风险＝重大错报风险×检查风险；重大错报风险＝固有风险×控制风险。

(一) 固有风险

固有风险是指在不考虑内部控制结构的前提下，由于内部因素和客观环境的影响，企业的账户、交易类别和整体财务报表发生重大错误的可能性。固有风险的定义表明，固有风险是经济业务处理过程中本身固有的审计风险，是独立于财务报表的审计而存在的，它有以下几个特点：

(1) 经济业务的特征。不同性质与特征的经济业务所产生的固有风险水平不同。如财产物资对失窃的敏感性。有些财产物资，如现金、贵重金属材料、紧缺物资、有价证券等比固定资产更易被盗用，因而现金等容易失窃的财产物资的固有风险较大。

(2) 固有风险与被审计单位及所处环境有关。如果被审计单位的经营成果和财务状况较差，为掩饰这种情况，被审计单位常常会以虚增资产或低估负债来夸大财务状况和经营成果，因此，固有风险的水平较高。

(3) 与被审计单位的外部经营环境变化有关。当税率和法规发生重大变化而对被审计单位的经济利益有所影响时，固有风险较大。例如：当销售税率将要较大幅度提高时，虚增本期销售收入的可能性增大；相反当销售税率将要大幅度调低时，故意隐匿销售收入的可能性增大。

(4) 与被审计情况有关。在过去的审计过程中发现问题较多，则固有风险较大。

固有风险来源于企业业务或行业的特征，这些特征会使审计的复杂性和不确定性增加，从而增加财务报表中的重大错误或舞弊未被发现的可能性。

（二）控制风险

控制风险是指客户内部控制结构政策或程序未能及时防止或察觉重大错误的可能性。控制风险有以下几个特点：

（1）控制风险绝不可能为零。控制风险水平的高低，受两方面因素的制约：一方面是内部控制结构设计的风险，如内部控制结构设计不科学、不健全，不可能保证实现良性控制。如果审计人员对其过分信赖或过分忽视，都会产生劣质的审计判断，从而承担控制风险。另一方面是内部控制结构运行的风险，一个完善的内部控制结构总是由组织中的人来执行的，这中间出现差错的可能性是必然存在的，尤其是某些管理人员故意使内部控制失效而造成重大错误的风险。

（2）审计人员不能控制控制风险。审计人员只能评价控制系统和评估未能提示重大错报的概率。审计人员可以通过修正和了解与某项认定有关的内部控制结构所使用的程序和执行控制测试所使用的程序，来改变其对控制风险的估计水平。

（3）控制风险与经济状况好坏有关。企业经营形势不好、财务状况恶化，就可能因影响企业员工的忠诚和正直，进而损害企业的内部控制制度。

（三）检查风险

检查风险是指注册会计师通过预定的审计程序未能发现被审计单位会计报表上存在的某项重大错报或漏报的可能性。检查风险取决于审计程序设计的合理性和执行的有效性，如果注册会计师选择了不恰当的审计程序或执行不当容易导致检查风险。检查风险来自以下几个方面：

（1）由于实质性测试在采用抽样技术时，仅是测试一定审计对象总体中的部分项目，而不是测试总体中的全部项目，所以存在样本性质不能反映总体性质的可能性。

（2）审计人员因工作失误而选择和应用了不适宜或无效率的审计程序，而未能发现各种差错或非法行为。

（3）因审计人员假设、观察和推理等思维错误导致发表的审计意见与特定的审计对象相背离。

二、评估固有风险

（1）评估与会计报表层次有关的固有风险时，注册会计师应着重考虑以下因素：

① 管理人员的品行和能力。

② 管理人员、财务人员的变动情况。

③ 管理人员遭受的异常压力。管理人员遭受的异常压力（如被审计单位负债率太高，银行威胁收回贷款；上市公司已连续两年严重亏损，面临着被摘牌的危险）越大，固有风险越大；反之，固有风险越小。

④ 业务性质。业务性质（如从事衍生金融工具的买卖业务）越复杂，固有风险越大；反之，固有风险越小。

⑤ 影响被审计单位所在行业的环境因素。例如，宏观调控、银根紧缩、竞争加剧、需

求改变等不利环境因素，可以导致被审计单位的固有风险增大。

(2) 评估与账户余额或交易类别层次有关的固有风险时，注册会计师应着重考虑以下因素。

① 容易产生错报的会计报表项目。例如，产品销售成本、其他应收款、其他应付款等会计报表项目较易产生错报，与之相关的固有风险通常也较大。

② 需要利用专家工作结果予以佐证的重要交易或事项的复杂程度。例如，需要精算师予以估价的退休金计划、需要地质工程师估算储油量的油田开采、需要鉴赏家鉴定的宝石及油画买卖等具有很高不确定性的交易或事项，其固有风险通常较大。

③ 确定账户金额时，需要运用估计和判断的程度。例如，固定资产折旧、无形资产和递延资产摊销、存货跌价损失准备、坏账准备、材料成本差异、或有损失等账户金额的确定，需要会计人员大量运用估计和判断，出错的概率较大，固有风险也相应较大。

④ 容易遭受损失或被挪用的资产。例如，现金、有价证券、存货等资产具有普遍的吸引力，若缺乏有效的内部控制，容易遭受损失或被挪用，因而固有风险相对较大。

⑤ 会计期间，尤其是临近会计期末发生的异常及复杂交易。例如，会计年度即将结束时确认异常多的销售收入、发生大量的关联方交易，可能意味着被审计单位有"粉饰"经营业绩和财务状况之嫌，相应地讲，固有风险较大。

⑥ 在正常的会计处理程序中容易被漏记的交易和事项。例如，销售退回及折让、购货退回及折让、应收及应付利息的计提、按成本与市价孰低原则核算的有价证券、按权益法核算的长期投资及其投资损益等，在正常的会计处理程序中被漏记的可能性较大，固有风险也较大。

(3) 固有风险的评价。目前，职业界虽然尚未建立确定固有风险的准则或指南，固有风险的计量也没有特定的模式。目前，应用风险因素分析法评价固有风险的通常做法是，审计人员在综合考虑上述因素之后，如果各项因素都比较好，出错的可能性比较小时，认定固有风险的水平在50%左右为宜；反之，如果有迹象表明有可能存在重大差错，那么审计人员就应直接将固有风险水平定为100%。

三、评估控制风险

控制风险是内部控制结构不能防止出现重大差错的风险。控制风险分析的目的在于评价客户内部控制结构在防止或发现差错方面是否有效。

1. 控制风险的具体分析

审计人员如果认为内部控制不能预防或发现差错，则控制风险就应定为100%。内部控制结构越有效，控制风险就越低。审计人员若要将控制风险定在100%以下的某一水平，则必须执行以下步骤：

(1) 了解内部控制结构。它包括以下三个要素：①控制环境，即与整个经营活动和过程有关的全部事项。它包括基本经营方针、经营组织、董事会与审计委员会情况、职责的分离、内部审计现状、人事政策及外部环境等。②会计制度，即关于交易的确认、分类、记录和报告的会计处理以及明确资产、负债等会计责任的制度。③控制程序，即在综合控制环境和会计制度基础上，为达到经营目标而采取的必要措施。它包括职务的恰当分离，恰当的审批手续，充分的凭证和记录，资产和记录的实物控制，业务的独立核对。

(2) 根据了解的情况，初步分析控制风险的水平。初步分析控制风险一般从控制环境的考虑开始。如果管理人员的态度是认为控制并不重要，则详细控制程序的可信性就值得怀疑。在此情况下，最好假定全部控制风险都为最大值。反之，如果管理人员的态度是积极的，审计人员就应考虑控制环境、会计制度和控制程序的各子要素的具体制度与程序。它们是控制风险定在低于最高水平的依据。如果根据了解的情况，认为实际控制风险有可能大大低于初步分析，即可采取较低水平的风险控制。

(3) 内部控制测试。为了进一步举证可以采取控制测试的方式：①询问客户有关的人员；②检查凭证、记录和报告；③观察；④重做。审计人员如果要求较低的控制风险的实际水平，则必须采用较大量的样本来执行上述审查、观察和重做等程序，以便分析控制风险。

2. 控制风险的评价

审计人员可借助属性抽样来判断客户内部控制结构的风险水平。利用属性抽样来对内部控制结构进行控制测试可以推断某一循环的内部控制的偏差率，利用偏差率可以定性评价每一循环的内部控制结构情况。例如，在 50% 的审计风险水平下，销售与收款循环内部控制结构的定性估计可以转换为控制风险的定量估计，它们的关系见表 10-4。

表 10-4 利用属性抽样评价控制风险

偏差率	控制结构评价	控制风险
≤1%	极好	10%
1%～3%	好	30%
3%～5%	中	50%
5%～7%	贫乏	70%
>7%	不可靠	100%

内部控制越有效，其控制风险水平越低。若内部控制结构评价为不可靠，则控制风险为 100%，显然，在控制风险的分析评价中，审计人员的职业判断相当重要。

四、计算检查风险

与固有风险和控制风险不同，检查风险是根据审计风险模型中另外三种风险计算出来的。审计风险模型，即审计风险＝固有风险×控制风险×检查风险或 AR＝IR×CR×DR。

我们可以推导出 DR＝AR/(IR×CR)。如果 AR、CR、IR 已知的话，就可以计算 DR。表 10-5 列示了这种情况。

无论固有风险和控制风险的评估结果如何，注册会计师都应当对各重要账户或交易类别进行实质性测试。然而，注册会计师实施的实质性测试，其性质、时间和范围的确定，最终取决于根据固有风险和控制风险的综合水平所确定的可接受的检查风险。可接受的检查风险水平与实质性测试的性质、时间和范围的关系见表 10-6。

表 10-5 检查风险计算表

偏差率	内部控制评价	控制风险	固有风险				
			10%	30%	50%	70%	100%
≤1%	极好	10%	※	※	※	71%	50%
1%～3%	好	30%	※	55%	33%	24%	16%
3%～5%	中	50%	※	33%	20%	14%	10%
5%～7%	贫乏	70%	71%	24%	14%	10%	7%
>7%	不可靠	100%	50%	16%	10%	7%	5%

※表示可接受的审计风险水平超出 CR 和 IR 的乘积，实质性测试就可能没有必要。

表 10-6 检查风险水平与实质性测试的性质、时间和范围的关系

实质性测试 / 可接受的检查风险	性质	时间	范围
高	分析性复核和交易测试为主	期中审计为主	较小样本较少证据
中	分析性复核、交易测试以及余额测试结合运用	期中审计、期末审计和期后审计结合运用	适中样本适量证据
低	余额测试为主	期末审计和期后审计为主	较大样本较多证据

检查风险不仅影响注册会计师所实施的实质性测试的性质、时间和范围，而且影响注册会计师所发表的审计意见的类型。如果实施有关实质性测试后，注册会计师仍认为与某一重要账户或交易类别的认定有关的检查风险不能降低至可接受的水平，那么，他应当发表保留意见或拒绝发表意见。这是因为，如果不能将重要账户或交易类别的检查风险降低至可接受的水平，说明注册会计师因审计范围受到重大限制，难以确定有多少重大错报或漏报，无法通过实质性测试予以发现，会计报表的部分或全部认定是否真实、公允也难以确定。在这种情况下，比较稳妥的做法是发表保留意见或拒绝发表意见。

案例：云南绿大地造假审计

一、绿大地被重罚

云南省绿大地生物科技股份有限公司（002200.SZ，以下简称绿大地）被称为信誉度最差的 A 股上市公司。它是国内绿化行业第一家上市公司，号称“园林行业上市第一股”。2010 年，证监会发现该公司存在涉嫌“虚增资产、虚增收入、虚增利润”等多项违法违规行为，遂立案稽查。2013 年，昆明市中级人民法院对绿大地欺诈发行股票案作出一审判决，认定绿大地犯欺诈发行股票罪、伪造金融票证罪、故意销毁会计凭证罪，判处罚金 1 040 万元；公司原实际控制人何学葵被判处有期徒刑 10 年，原财务总监蒋凯西、原财务顾问庞明星、原出纳主管赵海丽、原大客户中心负责人赵海艳等人分别被判处 2 年 3 个月至 6 年不等的有期徒刑并处相应罚金。

二、绿大地作假手法

经过审理查明，2004 年至 2007 年 6 月，何学葵、蒋凯西共同策划让绿大地发行股票并上市，安排赵海丽、赵海艳登记注册了一批由绿大地实际控制或者掌握银行账户的关联公司，并利用相关银行账户操控资金流转，采用伪造合同、发票、工商登记资料等手段，少付多列、将款项支付给其控制的公司、虚构交易业务、虚增资产 7 000 万元、虚增收入近 3 亿元。绿大地招股说明书中包含上述虚假内容，非法募集资金达 3.462 9 亿元。

而 2005 年至 2009 年期间，绿大地为达到虚增销售收入和规避现金交易、客户过于集中的目的，利用银行空白进账单，填写虚假资金支付信息后，私刻银行印章加盖于单据上，伪造各类银行票证，并且还采取伪造合同、伪造收款发票等手段虚增公司资产和收入，多次将上述虚增的资产和收入做进绿大地的半年报告及年度报告中。

三、绿大地审计策略

1. 评估管理层风险

绿大地董事长何学葵从云南大理阿邑寨的边远山村走到了省城昆明，从一无所有到身价过亿。但人格上的断层发展与其事业的巨大成功并不和谐，表现为自我意识膨胀、性格相对孤僻、做事独断专行，带有浓厚的“江湖匪气”。注册会计师应询问被审计单位内部的其他不同层次的人员以获取信息，为识别重大错报风险提供不同的视角。

2. 与前任注册会计师沟通

绿大地三次变更事务所，下任接受委托的事务所首先要判断承接该业务是否会对专业胜任能力和应有的关注原则产生不利影响。由于客户变更委托的表面理由可能并未完全反映事实真相，现委托机构可能要与前任机构之间进行沟通，核实与变更委托相关的事实和情况，以确定是否承接该业务。

3. 完善制度符合性测试

绿大地公司私刻印章，自设关联方疯狂倒账。注册会计师应检查付款的授权批准手续是否符合规定，核对付款金额与银行存款日记账的付出金额、应付账款与其他应付款等账户明细账、购货发票或其他原始凭证的有关金额和记录是否相符。同时抽查有关购货合同、增值税发票等凭证是否真实存在，有无伪造、变造的痕迹，可以通过函证等方式征询供应商供货业务是否存在。注册会计师应向银行函证客户的银行存款(包括余额为零的账户和在本期内注销的账户)、借款以及与金融机构往来的其他重要信息。企业应当加强与货币资金相关的票据的管理，加强银行预留印鉴的管理。财务专用章应由专人保管，个人名章必须由本人或其授权人员保管。严禁一人保管支付款项所需的全部印章。绿大地可能出现一人管理印章或多人合谋，导致倒账发生。注册会计师应严格审计资产负债表、利润表和现金流量表，并将三表数据进行核对，将附注中不涉及现金收支的投资活动和筹资活动与相关账户的凭证、账簿进行核实。

4. 加强采购审计

采购业务尤其严格的内部控制程序，从编制需求计划和采购计划、请购、选择供应商、确定采购价格到订立采购合同、管理供应过程，再到验收、付款、会计控制，每一个环节都有相应的采购记录，如请购单、订购单、购货合同、购货发票、入库单、应付凭单。审计机构抽查购货合同、部分采购业务的凭证和记录等，获取应付账款明细表。注册会计师应抽查若干重要的供应商明细记录，如对账单余额与绿大地的应付账款明细余额存在差异，可要求客户编制余额调节表并解释调节表中出现的大额调节项目和存在异常迹象的调节项目。指定专人通过函证等方式，定期与供应商核对往来款项。

5. 强化固定资产清查

在固定资产的控制程序上，规范固定资产的验收程序，审计机构应取得或编制客户固定资产内部控制制度的说明资料，抽查固定资产业务，进行实地观察，确定固定资产计价是否合理、与预算是否相符、折旧计算是否正确等问题。但由于注册会计师对合同和相关文件真伪没有甄别义务，在相关资产市场价值难以可靠获取的情况下，注册会计师的免责也许会成为一项漏洞。所以应加强注册会计师对合同真伪的鉴别能力。

（资料来源：http://www.chinadmd.com/file/otwcbx63ezztv6titwzzseva_3.html.）

第六节　测试和评价内部控制

案例：雷死于内部控制

1945 年，雷创办了美国芝加哥第一证券公司。在数十年苦心经营之后，雷却突然于 1968 年 6 月 4 日早晨自杀。在遗书中雷承认，30 多年来他一直窃取客户们的资金进行证券投机炒作，现因资金周转不灵，使许多客户蒙受巨大损失，因无法交代而不得不自杀。遭受损失的投资者们起诉了厄斯特会计师事务所，30 多年来，芝加哥第一证券公司一直由他们审计。原告的诉讼理由是：厄斯特会计师事务所帮助和纵容了雷的欺诈，因为他们没有发现和揭露芝加哥第一证券公司中的内部控制弱点，以至于雷能长期私自挪用公司资金，欺骗投资者。原告称，如果厄斯特会计师事务所发现这些内部控制弱点，就会进行调查，那么调查就会导致虚假投资计划被发现，从而使欺骗终止。会计师事务所对此进行了抗辩，认为会计师事务所的责任是审核财务报表，而不是设计内部控制制度。美国法庭经过一审、二审、三审，得出不同的判决结果，此案至今还存在争议。

（资料来源：周晓燕. 浅谈企业的内部控制——从摩托罗拉的内部控制谈起. 北京：首都经济大学，2002.）

一、内部控制的定义与内部控制目标

根据《企业内部控制基本规范》（2009 年实行），内部控制是由企业董事会、监事会、经理层和全体员工实施的、旨在实现控制目标的过程。内部控制的目标是合理保证企业经营管理合法合规、资产安全、财务报告及相关信息真实完整，提高经营效率和效果，促进企业实现发展战略。

二、内部控制五要素

内部控制五要素包括内部环境、风险评估、控制活动、信息与沟通、内部监督。

（一）内部（控制）环境

内部环境是企业实施内部控制的基础，一般包括治理结构、机构设置及权责分配、内部审计、人力资源政策、企业文化等。

1. 良好治理结构

企业应当根据国家有关法律法规和企业章程，建立规范的公司治理结构和议事规则，明确决策、执行、监督等方面的职责权限，形成科学有效的职责分工和制衡机制。股东(大)会享有法律法规和企业章程规定的合法权利，依法行使企业经营方针、筹资、投资、利润分配等重大事项的表决权。董事会对股东(大)会负责，依法行使企业的经营决策权。监事会对股东(大)会负责，监督企业董事、经理和其他高级管理人员依法履行职责。经理层负责组织实施股东(大)会、董事会决议事项，主持企业的生产经营管理工作。

2. 设立审计委员会

审计委员会负责审查企业内部控制，监督内部控制的有效实施和内部控制自我评价情况，协调内部控制审计及其他相关事宜，等等。

3. 明确职责权限，落实责任单位

企业应当通过编制内部管理手册，使全体员工掌握内部机构设置、岗位职责、业务流程等情况，明确权责分配，正确行使职权。

4. 加强内部审计工作

内部审计机构应当结合内部审计监督，对内部控制的有效性进行监督检查。内部审计机构对监督检查中发现的内部控制缺陷，应当按照企业内部审计工作程序进行报告；对监督检查中发现的内部控制重大缺陷，有权直接向董事会及其审计委员会、监事会报告。

5. 实施有利于企业可持续发展的人力资源政策

人力资源政策应当包括下列内容：①员工的聘用、培训、辞退与辞职。②员工的薪酬、考核、晋升与奖惩。③关键岗位员工的强制休假制度和定期岗位轮换制度。④掌握国家秘密或重要商业秘密的员工离岗的限制性规定。⑤有关人力资源管理的其他政策。

6. 增强董事、监事、经理及其他高级管理人员和员工的法制观念

(二) 风险评估

风险评估是企业及时识别、系统分析经营活动中与实现内部控制目标相关的风险，合理确定风险应对策略。开展风险评估，应当准确识别与实现控制目标相关的内部风险和外部风险，确定相应的风险承受度。

(1) 识别内部风险，应当关注下列因素：①董事、监事、经理及其他高级管理人员的职业操守、员工专业胜任能力等人力资源因素。②组织机构、经营方式、资产管理、业务流程等管理因素。③研究开发、技术投人、信息技术运用等自主创新因素。④财务状况、经营成果、现金流量等财务因素。⑤营运安全、员工健康、环境保护等安全环保因素。⑥其他。

(2) 识别外部风险，应当关注下列因素：①经济形势、产业政策、融资环境、市场竞争、资源供给等经济因素。②法律法规、监管要求等法律因素。③安全稳定、文化传统、社会信用、教育水平、消费者行为等社会因素。④技术进步、工艺改进等科学技术因素。⑤自然灾害、环境状况等自然环境因素。

应当综合运用风险规避、风险降低、风险分担和风险承受等风险应对策略，实现对风险的有效控制。

（三）控制活动

控制活动是企业根据风险评估结果，采用相应的控制措施，将风险控制在可承受度之内。应当结合风险评估结果，通过手工控制与自动控制、预防性控制与发现性控制相结合的方法，运用相应的控制措施，将风险控制在可承受度之内。

控制措施一般包括：不相容职务分离控制、授权审批控制、会计系统控制、财产保护控制、预算控制、运营分析控制和绩效考评控制等。

（四）信息与沟通

信息与沟通是企业及时、准确地收集、传递与内部控制相关的信息，确保信息在企业内部、企业与外部之间进行有效沟通。应当建立信息与沟通制度，明确内部控制相关信息的收集、处理和传递程序，确保信息及时沟通，促进内部控制有效运行。可以通过财务会计资料、经营管理资料、调研报告、专项信息、内部刊物、办公网络等渠道获取内部信息。另外，可以通过行业协会组织、社会中介机构、业务往来单位、市场调查、来信来访、网络媒体以及有关监管部门等渠道获取外部信息。重要信息应当及时传递给董事会、监事会和经理层。应当建立举报投诉制度和举报人保护制度，设置举报专线，明确举报投诉处理程序、办理时限和办结要求，确保举报、投诉成为企业有效掌握信息的重要途径。

（五）内部监督

内部监督是企业对内部控制建立与实施情况进行监督检查，评价内部控制的有效性，发现内部控制缺陷，应当及时加以改进。应当根据本规范及其配套办法，制定内部控制监督制度，明确内部审计机构和其他内部机构在内部监督中的职责权限，规范内部监督的程序、方法和要求。内部监督分为日常监督和专项监督。日常监督是指企业对建立与实施内部控制的情况进行常规、持续的监督检查；专项监督是指在企业发展战略、组织结构、经营活动、业务流程、关键岗位员工等发生较大调整或变化的情况下，对内部控制的某一或者某些方面进行有针对性的监督检查。

专项监督的范围和频率应当根据风险评估结果以及日常监督的有效性等予以确定。应当结合内部监督情况，定期对内部控制的有效性进行自我评价，出具内部控制自我评价报告。

案例：从湘缆破产看企业内部控制

一、湘缆破产的简介

湖南湘潭电缆厂（以下简称湘缆）在1992年以前是一个年产值为25亿元人民币的全国大型一类电线电缆骨干企业，曾位居全国500家重点企业之列。1995年5月以后，以陈海燕为首的一批“蛀虫”钻进了湘缆，从此该公司陷入困境，至1998年上半年，集团产值较上年同期下降55%，销售收入下降70%，增加亏损5 000余万元，职工生活无保障，集团决策层9名领导有8名提出集体辞职。

1998年9月上旬，由国务院派出的稽查特派员来湘缆查办此案。审计表明，湘缆集团实有资产10.46亿元，总负债达12.02亿元，严重资不抵债。检察机关进一步查明，作为党委书记兼总经理的陈海燕主管湘缆1 000天，国有资产大量流失，湘缆竟亏损3.61亿元，平均每天亏损36万元。

又据报道，湖南省审计厅和湘潭市审计局经过一年零五个月的艰辛工作，对湘缆集团28家全资及控股子公司的资产、负债和损益情况进行了全面审计，并与有关部门密切配合，延伸审计调查了与湘缆集团有经济往来的大阳股份公司等7家陈海燕等人私营、合伙经营公司的账目，彻底查明了以陈海燕为首的特大经济犯罪案的主要犯罪事实：他们利用职务之便，采取狡诈的手段，挪用公款90次，总计金额4 700余万元，贪污侵吞公款43万余元，虚开增值税发票113份，造成国家税收实际损失175万元，偷税45万余元。湘缆被迫进入破产清算程序。

二、湘缆破产的分析

内部控制是企事业单位为保证业务活动的有效运行，保护资产的安全和完整，防止、发现、纠正错误和舞弊，保证会计资料真实、合法所实施的政策与程序。内部控制包括控制环境、会计系统和控制程序。下文将从上述三个方面评述湘缆的内部控制。

1. 湘缆的控制环境

控制环境是指对企业控制的建立和实施有重大影响的多种因素的统称。它是增强或弱化各种方针政策之效率的各种因素共同作用的一种氛围。控制环境的好坏，直接影响到会计系统和控制程序的有效性。它包括：董事会；管理哲学和经营作风；组织机构；权力与责任的规定；内部审计；员工的诚实与职业道德。

(1) 湘缆的董事会。现代企业法人治理结构是：股东作为所有者掌握着最终的控制权，他们可以决定董事会人选，并有推举或不推举甚至起诉某位董事的权利。董事会作为法人财产的代表，受股东利益的制约，对公司重大问题进行决策，拥有支配公司法人财产的权利，并负责聘请及监督制约经理人员。经理人员受聘于董事会，主管公司日常经营业务；在董事会授权范围内，经理人员有权决策，但经理人员的管理权限和代表权限不能超过董事会的授权范围，经理人员经营绩效的优劣，也要受到董事会的监督和评判。很明显，法人治理结构的关键是董事会，它联结所有者和经营者两方利益，同时防止所有者的干预，监督经营者的行为。所以，有人说董事会是公司内部控制系统的核心，如果董事会监控作用严重弱化，轻则内部控制失效，重则产生贪污腐败问题。在湘缆，陈海燕从1995年5月起以国家工作人员的身份到湘缆任职，作为国有独资企业湘缆集团公司的领导，其集党委书记、厂长、总经理于一身，监事会、董事会不过是摆设，这些内部监督机构不能也不敢履行职责，权力约束机制得不到应有的制衡与监督作用。就是在这种情况下，陈海燕走上了挪用侵吞巨额国有资产的犯罪道路。

(2) 湘缆管理者素质与品行。管理者的素质直接影响企业的行为，进而影响企业内部控制的效率和效果。企业管理者的素质不仅仅是指知识与技能，还包括操守、道德观、价值观、世界观等各方面。且看陈海燕的素质与为人。1992年10月，陈海燕在申请辞职未获批准的情况下弃厂离职，与李世平等人参加由香港良乐等公司合资筹建的深圳大阳电工公司，并利用他们在湘缆掌握的技术生命线和业务关系，挤占湘缆市场，陈海燕这样一个不守厂规、背弃湘缆、私欲膨胀的人，利用地方政界的某种关系，弄虚作假，投机钻营，一度成为湖南炙手可热的企业家，其转干不到八个月，就由一名工人摇身一变成为厅级干部。在任期间，陈海燕唯我独尊。奉行的是“顺我者昌，逆我者亡”。对不听“招呼”的财务人员随意撤换，内审部门提供的审计报告不合意的不予签发，内审机构形同虚设，湘缆原来的审计处处长因为审计了他曾任职的公司，揭露了亏损的真相而被撤职。陈海燕还将私营公司的亲信和骨干都安插到湘缆的各个重要岗位任职，如陆续将亲信任命为湘缆控股承包经营的大阳电磁线公司总经理、全湘公司的总经理，可以说，陈海燕的素质和品行为湘缆破产埋下了隐患。

(3) 湘缆的组织结构。一个企业的组织结构在于提供规划、执行、控制和监督活动的框架。组织结构的要素一般包括：组织中各个部门的存在形式、性质，各自的管理和经营职能、隶属和报告关系以及职责和权力的划分方式，其核心问题是进行合理的职责分工。陈海燕如愿以偿地登上了湘缆总经理宝座的同时，私营公司老板的担子还挑在肩上，陈海燕利用双边兼职这一便利条件，肆无忌惮地谋取私利，采用“高进低出”手段从私营企业购进高价原材料，而后将湘缆产品低价售给其私营企业，如此一进一出，让利给其私营企业，非法牟利，慷国家之慨。陈海燕一伙利用双边兼职的便利条件，以贸易为名，依靠湘缆的人才、资金、产品市场，培育壮大自己的企业，一旦自己公司遇到资金困难，便利用国企之名贷款。湘缆的组织已成为陈海燕用以牟利的工具。

(4) 湘缆的内部审计。内部审计一方面可以监督企业会计制度和各种内部控制制度的运行；另一方面也可对其职能部门的运行进行监督，评价并促使其提高效率。从湘缆的内审情况来看，陈海燕上台前的几年，7 个审计人员每年可以为企业挽回近千万元的损失。而陈海燕上台后，内审机构便形同虚设，湘缆原来的审计处处长因为揭露了真实情况而被撤职。因此，湘缆的内部审计监督职能可以说是名存实亡。

2. 湘缆的会计系统

会计系统是指企业用于确认、记录、计量和报告其交易与事项的财务信息系统。一个良好的会计系统包括：可靠的内部凭证制度；完整的簿记制度；严格的核对制度；合理的会计政策和会计程序；定期资产盘点制度。在湘缆，这些制度均完好存在，由于陈海燕大权在握，对不听其命令的会计人员随意撤换，擅自挪用、侵吞公款，会计系统的监督作用遭到严重破坏。实际上，湘缆的会计系统已成为陈海燕粉饰业绩、攫取功名的法宝。

3. 湘缆的控制程序

控制程序是企业为了实现其特定的管理目标而制定的各项程序。它主要包括：不相容职务的分离、经济业务经过适当授权、凭证和记录控制、资产接触与记录使用的控制、独立稽核等。

三、湘缆破产的启示

陈海燕一伙贪污挪用公款，虚开增值税发票，大量转移侵吞国有资产案于 2000 年 2 月 24 日进行了一审判决。主犯陈海燕、同案犯李世平均被判处无期徒刑，剥夺政治权利终身，另外四名同伙也分别受到法律制裁。时至今日陈海燕一案已经尘埃落定，但掩卷深思，如何建立健全完善有效的企业内部控制，确实值得我们探究。

1. 完善法人治理结构

完善的法人治理结构只要规范运作，必然带有制衡和监督约束功能。解决的对策是必须理顺现有管理体制,解决董事会弱,经理班子强,监事会形同虚设,董事、监事兼职的问题。要形成股东大会授权、董事会决策、监事会监督、经理层执行的职责明确、岗位清晰、各司其职、各负其责、互相制衡、协调高效的运行机制。

2. 提升内部审计地位

在湘缆,内部审计不但无法约束陈海燕,而且受陈海燕操纵,这说明内部审计组织结构的设置有问题。在美国,上市公司中的内部审计职能是由董事会下属的审计委员会行使的。这些内部审计组织中的人员必须由不参加日常管理工作的董事会成员来担任,以便内部审计工作在企业中有高度的独立性,同时起到对总经理的制衡作用。而我国不少企业(湘缆也是如此)的内部审计组织只是对总经理负责,独立性较差。它只能对同等级部门进行监督,却无法约束总经理的行为。

3. 认识内部控制的局限性,增强防范意识

内部控制从来就不是绝对有效的,它只能提供合理保证。内部控制的局限性表现在:内部控制可能因管理人员滥用职权或屈从于外部压力而失效;内部控制可能因有关人员相互勾结、内外串通而失效;内部控制的运行受制于成本与效益原则;内部控制一般为常规业务活动而设计;内部控制是否有效,受制于执行人员的专业胜任能力和可信赖度。企业管理当局应充分关注内部控制的局限性,充分认识到再好的内部控制也绝对不能保证预防舞弊的发生,只有这样才能增强防范意识。

4. 加强"软控制"建设,注重人的品质修行

"软控制"主要是指精神文明方面的事务,如高级管理层的管理风格、管理哲学、企业文化、内部控制意识等。这些都离不开人的作用。企业制定的任何制度,都不可能超越设立这些制度的人,企业内部控制的有效性同样也无法超越那些创造、管理与监督制度的人的操守及价值观。因而,人在内部控制中处于核心地位,内部控制制约着人的行动,反过来人也可以破坏甚至导致内部控制失效。陈海燕不是不要内部控制,而是要控制他人,没有了制度制衡和道德约束的陈海燕也因为失去控制而落入法网。表面上看,内部控制的目的在于提高组织机构的有效运行,保护资产的安全完整,其实它何尝不是在维护人的"安全完整"。陈海燕是企业内部控制的破坏者,也是不受内部控制保护的"受害者"。

5. 培育经理人才市场

管理者素质在企业经营管理中起绝对重要的作用。湘缆破产归根结底是管理当局用人失败。管理当局为什么要用陈海燕而不用他人?除了其善于投机钻营外,还说明我国缺乏完善的经理人才市场。由于我们还未形成一个约束、监督与激励经理人员的外部机制,势必造成一方面管理者感叹高层次人才难觅;另一方面经营者自我完善和自我约束能力降低,以致陈海燕之流"小鬼当家"。然而在许多西方国家,由于市场经济比较完善,基本上已经形成了比较成熟的经理人才市场,整体情况就好得多。

6. 弥补注册会计师审计的漏洞

注册会计师调查和评价内部控制的目的是设计恰当的实质性测试程序,以获得证据,对企业财务报表发表审计意见。因此,他们主要关注那些会影响财务报表公允表达的内部控制,检测的范围较窄,关注程度也不够。事实如此,湘缆连续几年注册会计师年度报表审计均过关,便说明这个问题。湘缆案的揭露是审计人员实行经济责任审计时发现线

索的，他们对湘缆的内部控制制度进行测评后，发现管理相当混乱，进而追踪深入调查的结果。建立健全内部控制虽然是被审单位的会计责任，而不是注册会计师的审计责任，但是对有问题的企业签发无保留意见的审计报告，也难辞其咎。注册会计师在调查和评价内部控制时，受审计程序限制，更应保持应有的职业谨慎。

（资料来源：郭强华.中国财经报.2001-08-10.）

三、内部控制调查方法

内部控制调查记录的方法通常有3种，即调查表（问卷）、文字表述、流程图。

1. 调查表

调查表就是将那些与保证会计记录的正确性和可靠性以及与保证资产的完整性有密切关系的事项列作调查对象，由事务所自行设计成标准化的调查表，交由企业有关人员填写或由注册会计师根据调查的结果自行填写。调查表大多采用问答式，一般要按调查对象分别设计。首先，调查表的优点在于能对所调查的对象提供一个简括的说明，有利于注册会计师做分析评价；其次，编制调查表省时省力，可在审计项目初期就较快地编制完成。但是，这种方法也有其缺陷，表现在：由于对被审计单位的内部控制只能按项目分别考察，因此往往不能提供一个完整的看法；此外，对于不同行业的企业或小规模企业，标准问题的调查表常常不太适用。

2. 文字表述

文字表述是注册会计师对被审计单位内部控制健全程序和执行情况的书面叙述。对内部控制进行书面叙述时，注册会计师应按照不同的经济业务循环编写，阐明各项工作的负责人、经办人员以及由他们编写和记录的文件凭证等。文字表述方式适用于内部控制程序比较简单、比较容易描述的小企业，其优点是可对调查对象做出比较深入和具体的描述，弥补调查表只能做出简单肯定或否定的不足。但其缺点是有时很难用简明易懂的语言来描述内部控制的细节，因而有时文字表述比较冗赘，不利于为有效地进行内部控制分析和控制风险评价提供依据。

3. 流程图

流程图是用符号和图形来表示被审计单位经济业务与文件凭证在组织机构内部有序流动的文件。流程图能很清晰地反映出被审计单位内部控制的概况，是注册会计师评价内部控制的有用工具。一份好的流程图，可使人直观地看到内部控制是如何运行的，从而有助于发现内部控制中的不足之处。与文字表述相比较，流程图最大的优点在于：便于表达内部控制的特征，同时便于修改。它的缺点是：编制流程图需具备较娴熟的技术和花费较多的时间；另外，对内部控制的某些弱点有时很难在图上明确地表达出来。

四、符合性测试

符合性测试是为了确定内部控制的设计和执行是否有效而实施的审计程序。符合性测试是在了解内部控制的基础上，来确定其设计和执行的有效性。

（一）符合性测试的种类

符合性测试包括同步符合性测试、追加符合性测试和计划符合性测试。

1. 同步符合性测试

同步符合性测试是在注册会计师取得对内部控制的了解时执行的测试。比如,注册会计师在取得了解时,可能会询问预算制度是否存在,还询问有关预算报告以及管理当局追查预算差异等情况。这使注册会计师可据此确定预算系统是否有效执行。对注册会计师来说,执行同步符合性测试通常是很合算的。不仅如此,还可能缩小注册会计师稍后将可能执行的追加符合性测试的范围。

2. 追加符合性测试

这种测试在外勤工作中执行。执行追加符合性测试是为了进一步降低注册会计师对控制风险的估计水平。注册会计师执行这种测试之前,必须考虑是否符合成本效益原则,还必须考虑有没有可能获得额外的证据,来支持进一步降低控制风险的初步估计水平。如不划算或不能进一步降低控制风险的估计水平,注册会计师就没有必要执行这种测试。

3. 计划符合性测试

计划符合性测试也在外勤工作中执行。执行的目的是支持注册会计师计划的实质性测试水平。通过计划符合性测试取得的证据应足以支持评价某些认定的控制风险为中等或低水平。

(二) 符合性测试程序

(1) 检查交易和事项的凭证。

(2) 询问并实地观察未留下审计轨迹的内部控制的运行情况。

(3) 重新执行相关内部控制程序。

注册会计师在执行符合性测试时,应注意选用那些能为证明控制政策或程序的有效性提供最可靠证据的程序。实际上,没有哪一项符合性测试对提供证据总是有用或一直有效的。以上三种程序注册会计师既可单独使用,也可合并使用。

(三) 符合性测试的范围

从理论上讲,符合性测试的范围越大,所能提供的有关控制政策或程序执行有效性的证据就越充分。但不是符合性测试的范围越大越好,而是要求注册会计师从最经济有效地实现审计目标的总体需要出发,合理地确定测试的范围。符合性测试的范围直接受注册会计师计划控制风险估计水平的影响。计划控制风险估计水平低时比计划控制风险估计水平为中等时需要更多的符合性测试证据。如注册会计师在以前年度审计中已进行了符合性测试,那么他在确定本年度审计中需执行的追加测试的范围时,还应考虑所使用的以前年度审计获得的有关控制有效性的证据的恰当性。

出现下列情况之一时,注册会计师可不进行符合性测试,而直接实施实质性测试程序:

(1) 相关内部控制不存在。

(2) 相关内部控制虽然存在,但注册会计师通过了解发现其并未有效运行。

(3) 符合性测试的工作量可能大于进行符合性测试所减少的实质性测试的工作量。

五、评价内部控制

注册会计师完成符合性测试后，应对内部控制进行评价。注册会计师根据控制风险评价水平，可以确定将要执行的实质性测试程序的性质、时间和范围。

$$审计风险=固有风险\times控制风险\times检查风险$$

此式表明，注册会计师在合理运用专业判断，考虑有关事项，评价出固有风险，以及了解与测试内部控制，评价出控制风险后，只有通过控制检查风险，才能降低审计风险至可接受水平。而要控制检查风险至可接受水平，只能增强实质性测试的有效性。

对控制风险的评价，是为了确定完成审计工作所需执行的实质性测试的性质、时间和范围。评价控制风险适当与否，直接影响到实质性测试的适当性。如果控制风险评价太低，将使注册会计师可能没有执行足够的实质性测试，进而导致审计“无效果”；相反，如果控制风险评价太高，注册会计师将执行比所需要的还要多的实质性测试，进而使审计测试很不经济、无效率。

如果注册会计师评价企业内部控制为高信赖程度，说明控制风险为最低。而控制风险越低，注册会计师就可以执行越有限的实质性测试。如果内部控制为低信赖程度，说明控制风险很高，那么，注册会计师只有依靠执行更多的实质性程序，才能将检查风险控制在低水平，进而将审计风险控制在低水平。只有这样，才能保证审计的质量。

案例：音乐会门票制度设计

爱乐者协会每周一至周五晚上在文化宫举办音乐会。音乐会开始前，协会的一名员工在入场处把门。协会的会员出示会员卡后可以免费入场，非会员观众，只有当场支付30元换取一张式样统一的入场券后才能入场。每晚演出结束，这位把门的员工将收到的现金，交给协会的出纳。出纳当面清点，将现金放入保险柜。每周六上午，出纳和把门的员工一起将保险柜中存放的所有现金送存银行，收到银行出具的存款证明，作为每周登记账目的依据。

请问：门票收入的内部控制有哪些问题，需要做什么改进？

第七节 制订审计计划

案例：审计计划不周导致审计失败

美国联区金融集团是一家从事金融服务的企业，公司有可公开交易的债券上市，美国证券交易委员会要求它定期提供财务报表。经过七年的发展，联区金融集团租赁公司的雇员已超过4万名，在全国各地设有10个分支机构，未收回的应收租赁款接近4亿美元，占合并总资产的35%。

1981年年底，联区金融集团租赁公司进攻型市场策略的弊端开始显现出来，债务拖欠率日渐升高，该公司不得不采用多种非法手段，来掩饰其财务状况已经恶化的事实。美国证券交易委员会指控联区金融集团租赁公司在其定期报送的财务报表中，始终没有对应收租赁款计提充足的坏账准备金。1981 年以前,坏账准备率为 1.5%,1981 年调增至 2%,1982 年调增至 3%。尽管这种估计坏账损失的会计方法美国证券交易委员会是认可的,但该联邦机构一再重申,联区金融集团租赁公司的管理当局应该早就知晓,他们所选用的固定比率,百分比实在太小了。事实上,截至 1982 年 9 月,该公司应收账款中拖欠期超过 90 天的金额,已高达 20%以上。对坏账准备金缺乏应有的控制所引起的一个直接后果是,财务报表中该账户的金额被严重低估。

美国证券交易委员会对塔奇·罗丝会计师事务所在联区金融集团租赁公司 1981 年度审计中的表现极为不满。联邦机构指责该年度的审计“没有进行充分的计划和监督”。美国证券交易委员会宣称,事务所在编制联区金融集团租赁公司 1981 年度的审计计划及设计审计程序时,没有充分考虑存在于该公司的大量审计风险因素。事实上,美国证券交易委员会发现,1981 年度的审计计划“大部分是以前年度审计计划的延续”。该审计计划缺陷如下:

(1) 塔奇·罗丝会计师事务所没有对超期应收租赁款账户的内部会计控制加以测试。由于审计计划没有测试公司的会计制度能否准确地确定应收租赁款的超期时间,审计人员无法判断从客户那里获取的账龄汇总表是否准确。

(2) 塔奇·罗丝会计师事务所的审计计划只要求测试一小部分(8%)未收回的应收租赁款。由于把大部分注意力集中在金额超过 5 万美元、拖欠期长达 120 天的超期应收租赁款上,塔奇·罗丝会计师事务所忽略了相当部分无法收回的应收租赁款。

(3) 尽管审计计划要求对客户的坏账核销政策进行复核,但并没有要求外勤审计人员去确定该政策是否被实际执行。事实上,该公司并没有遵循其坏账核销政策,联区金融集团租赁公司实际采用的是一种核销坏账的预算方法,可以随时将大量无法收回的租赁款冲销坏账准备,而事先却根本没有对这些应收租赁款计提坏账准备金。据美国证券交易委员会称,某些无法收回的应收租赁款挂账长达几年。

(4) 塔奇·罗丝会计师事务所无视联区金融集团租赁公司审计的复杂性以及非同寻常的高风险性,在所分派的执行 1981 年度审计人员中,大多数人对客户以及租赁行业的情况非常陌生。事实上,该公司的会计主管后来作证说,事务所第一次分派了一些对租赁行业少有涉猎或缺乏经验甚至一无所知的审计人员来执行审计。

最后,美国证券交易委员会决定对该事务所进行惩罚,要其承担公司出具虚假会计报告所带来的损失。

一、审计计划的概念和作用

审计计划是指审计人员为了完成各项审计业务,达到预期的审计目的,在具体执行审计程序之前编制的工作计划。包括针对审计业务制定总体审计策略和具体审计计划。审计计划具有以下几个方面的作用:

(1) 有助于注册会计师适当关注重要的审计领域。

(2) 有助于注册会计师及时发现和解决潜在的问题。

(3) 有助于注册会计师恰当地组织和管理审计业务,以有效的方式执行审计业务。

(4) 有助于选择具备必要的专业素质和胜任能力的项目组成员应对预期的风险,并有助于向项目组成员分派适当的工作。

(5) 有助于指导和监督项目组成员并复核其工作。

(6) 在适用的情况下，有助于协调注册会计师和专家工作。

二、审计计划的内容

注册会计师应当制定总体审计策略，以确定审计工作的范围、时间安排和方向，并指导具体审计计划的制订。在制定总体审计策略时，注册会计师应当：

(1) 确定审计业务的特征，以界定审计范围。

(2) 明确审计业务的报告目标，以计划审计的时间安排和所需沟通的性质。

(3) 根据职业判断，考虑用以指导项目组工作方向的重要因素。

(4) 考虑初步业务活动的结果，并考虑项目合伙人对被审计单位执行其他业务时获得的经验是否与审计业务相关。

(5) 确定执行业务所需资源的性质、时间安排和范围。

注册会计师应当制订具体审计计划。具体审计计划应当包括下列内容：

(1) 计划实施的风险评估程序的性质、时间安排和范围。

(2) 针对评估的重大错报风险采取的应对措施的规定，注册会计师计划实施的进一步审计程序的性质、时间安排和范围。

(3) 根据审计准则的规定，计划应当实施的其他审计程序。

三、制订审计计划的步骤

计划审计工作包括以下几个步骤：①了解被审计单位经营及所属行业的基本情况；②执行分析性复核程序；③划分审计业务；④评价重要性水平；⑤考虑审计风险；⑥了解并描述被审计单位内部控制；⑦控制测试及评价控制风险；⑧确定检查风险及设计实质性测试。

案例：ABC 企业审计计划的制订

总体审计计划的制订

制订前所做的工作包括：

(1) 查阅上年度审计工作底稿，掌握审计计划及完成情况，重要会计问题及重点审计领域、重要性水平及审计风险确定，时间、费用预算及执行情况，以初步确定本年度重点审计工作领域。ABC 企业上年度出具了无保留意见审计报告，内部控制制度较健全，但往来款项及存货执行情况较差。

(2) 进一步了解企业经营情况、内部控制制度及执行情况、会计政策及其变更情况，以确定本年度审计策略，重点审计领域、重要性水平及审计风险。

ABC 企业有关情况了解：

① 企业基本情况：公司背景、公司主要领导班子、公司经营性质及行业特点与上一年基本相同，无重大变化。

② 内部控制制度及执行情况：存货收发手续不健全，总账与明细账有差额，往来款项核算混乱，没有明细账。

③ 会计政策及变更情况：与上一年基本相同，无重大变化。

(3) 财务状况概略性分析(总体分析性复核)。

① 资产总额本年年末　　万元，比去年年末增加　　万元，主要原因是以融资租赁购入一条生产线。

② 负债总额本年年末　　万元，比去年年末增加　　万元，主要原因也是以融资租赁购入一条生产线。

③ 主营业务利润本年　　万元，比上年减少　　万元，本年获利能力下降。

④ 主营业务收入无分类、无合同，销售成本构成及结转依据不充分。

⑤ 往来款项大多为上年结转，未编明细表，核算混乱。

⑥ 存货虽经盘点，但总账、明细账存在差异，管理混乱。

⑦ 预提费用主要内容为实际已发生而未支付的运费及印刷费等。

ABC企业总体审计计划

一、审计策略

根据以前年度审计情况、本年经营情况、内部控制及执行情况的调查了解评价，拟采用在内部控制制度符合性测试基础上进行有限实质性测试的审计策略。

二、重要会计问题及重点审计领域

根据内部控制制度初步了解、评价会计政策及变更调查和财务状况概略性分析，把以下重要会计问题作为重点审计领域：

(1) 融资租赁购入的生产线。

(2) 销售收入及成本结转详细审查。

(3) 存货及往来账项扩大实质性测试及截止性测试范围。

(4) 预提费用实质性测试。

三、重要性水平

在对内部控制制度进行了解、评价和对会计报表进行概略性分析的基础上，我们把这次审计的重要性水平确定为：

(1) 调整分录：净资产的1%，即人民币8万元。

(2) 重分类分录：净资产的2%，即人民币16万元。

四、审计小组组成、时间及费用预算

(1) 审计小组组成及人员分配

项目负责人：　　　　审计小组成员：

项目	人员	时间(小时)

2. 时间预算

这次审计定于×月×日进行审计外勤，预计×月×日结束外勤工作，于×月×日送交

部门经理审核，于×月×日送交主任会计师审核，整个审计工作日预计为×天，

具体安排如下：

① ×月×日与公司管理当局召开审前会议，了解情况，分析可能出现的审计问题，安排对债权、债务的询证工作。

② ×月×日进行总体分析并编制审计计划，并报送部门经理、主任会计师审核。

③ ×月×日进行一般内控制度调查及对内控制度进行符合性测试。

④ ×月×日进行实质性测试。

⑤ ×月×日整理审计档案，提交部门经理、主任会计师审核。

⑥ ×月×日出具管理建议书草稿及审计报告书未定稿，并送公司董事会审阅及出具审计报告。

3. 审计工费

根据审计小组分工及每个人工时标准，预计审计工费见表10-7。

表　10-7

<table>
<tr><td colspan="2"></td><td colspan="2">标准</td><td>工时</td><td colspan="2">金额</td></tr>
<tr><td colspan="2">项目负责人　×××
小组成员　×××
×××
××</td><td colspan="2"></td><td></td><td colspan="2"></td></tr>
<tr><td colspan="2">合计</td><td colspan="2"></td><td></td><td colspan="2"></td></tr>
<tr><td>编制人</td><td></td><td>复核人姓名</td><td>日期</td><td rowspan="4">会计师事务所</td><td rowspan="4">索引号</td><td rowspan="4">页次</td></tr>
<tr><td rowspan="3">姓名</td><td rowspan="3">日期</td><td></td><td></td></tr>
<tr><td></td><td></td></tr>
<tr><td></td><td></td></tr>
</table>

第八节　收集审计证据

案例：山东金泰2015年报被出具带强调事项段的无保留意见审计报告

截至2015年12月31日金泰股份公司合并财务报表累计亏损40 440.14万元，2015年度合并利润表实现净利润459.23万元，2015年度合并主营业务收入、合并净利润分别比上年同期下降68.51%、84.40%。母公司2015年度实现净利润－811.86万元；金泰股份公司本部经营困难，不能按规定履行纳税义务，职工的薪酬和社保费未按时发放与缴纳。该等情形将影响金泰股份公司的持续经营能力。金泰股份公司在财务报表附注十四已披露了拟采取的改善措施，但可能导致对持续经营能力有疑虑的重大事项或情况仍然存在不确定性，可能无法在正常的经营过程中变现资产、清偿债务。注册会计师提醒财务报表使用者对上述事项予以关注。

一、审计证据的概念

审计证据是指注册会计师为了得出审计结论和形成审计意见而使用的信息。审计证据包括构成财务报表基础的会计记录所含有的信息和其他信息。具体地讲,审计证据就是审计人员在审计过程中,采用各种方法获取真实的凭据,用于证实或否定被审计单位会计报表所反映财务状况和经营成果公允性的一切资料。

二、审计证据的种类

审计证据按形态分类,可以分为实物证据、书面证据、口头证据和环境证据四大类。

1. 实物证据

实物证据是指审计人员通过实际观察、实地盘点等方法确定某些实物资产的存在性的证据。例如,盘点库存的有价证券可以验证其数额。盘点存货和固定资产可以验证其存在性。在审计实务中,最典型的实物证据就是各类盘点表。通常实物证据被认为是最可靠的证据,具有很强的证明力。但是实物证据有一定的局限性:①实物证据只能有效地证明实物资产的存在性,而不能保证资产的所有权,即保证资产是属于被审计单位的。例如盘存固定资产时,审计人员通过观测可以确定其确实存在,但是却不能确定其所有权的归属。②某些实物资产盘点,虽然可以确定其数量,但是审计人员由于专业知识所限,不可能对其进行准确辨别,而只能确定其数量。所以对于取得实物证据的资产,应就其所有权归属以及其价值情况等收集另外的审计证据。

2. 书面证据

书面证据又称文件证据,是指审计人员获取的各种以文件记录为形式的证据。它包括审计人员从被审计单位或者其他单位取得的证据和审计人员自己编制的书面材料。在审计实务中,审计人员要收集大量的书面证据,因此,书面证据是审计证据的主要组成部分,也被称为基本证据。书面证据的可靠性取决于两个因素:一是证据本身是否易于涂改或伪造。对于容易被涂改或伪造的书面证据,其可靠性差,审计人员在执行审计的过程中要尤为注意。二是书面证据的来源。通常来自企业外部的书面证据比来自企业内部的审计证据的可靠性要高。

3. 口头证据

口头证据是指被审计单位的有关人士对于审计人员提出的问题所做的口头答复所形成的证据。口头证据虽然通常以书面记录等形式表现,但是不能认为其是一种书面证据,因为口头证据实质上是被询问人所做的口头陈述,只不过以书面的形式记录下来。如果说书面证据可以被称作物证的话,口头证据则可以被称为人证。一般而言,口头证据不足以证明事情的真相,但是审计人员可以通过口头证据发现一些重要的线索,从而有利于对某些需要审核的情况作进一步的调查,以收集到更为可靠的证据。

4. 环境证据

环境证据是指对被审计单位产生影响的各种环境事实。具体而言,包括以下几种:

(1) 企业的内部控制情况。如果被审计单位的内部控制比较有效,其提供的会计资料的可靠性应该比较高。相应的审计人员需要收集的其他审计证据就可以适当减少。

（2）企业管理人员的素质。被审计单位的管理人员的素质越高，其提供的资料发生差错的可能性就越小。例如企业的财务人员的专业能力强，其会计记录就不太容易发生错误。因此，会计人员的素质会对会计资料的可靠性产生影响。

（3）各种管理条件和管理水平。良好的管理条件和较高的管理水平，也会影响企业所提供的证据的可靠程度。

环境证据虽然不属于基本的审计证据，但是它有助于审计人员了解被审计单位的状况，在审计中是必不可少的。

三、审计证据的可靠性

判断审计证据可靠性的一般原则包括：

（1）从被审计单位外部独立来源获取的审计证据比从其他来源获取的审计证据更可靠。

（2）相关控制有效时内部生成的审计证据比控制薄弱时内部生成的审计证据更可靠。

（3）直接获取的审计证据比间接获取或推论得出的审计证据更可靠。

（4）以文件记录形式（包括纸质、电子或其他介质）存在的审计证据比口头形式的审计证据更可靠。

（5）从原件获取的审计证据比从复印、传真或通过拍摄、数字化或其他方式转化成电子形式的文件获取的审计证据更可靠。

通常情况下，注册会计师以函证方式直接从被询证者获取的审计证据，比被审计单位内部生成的审计证据更可靠。

四、影响审计证据证明力的因素

（1）审计证据的充分性。审计证据的充分性是指对审计证据数量的衡量。注册会计师需要获取的审计证据的数量受其对重大错报风险评估的影响，并受审计证据质量的影响。审计证据的适当性，是对审计证据质量的衡量，即审计证据在支持审计意见所依据的结论方面具有的相关性和可靠性。

（2）审计证据的相关性。审计证据的相关性是指审计证据必须与审计目标保持高度的支撑和证明关系。相关性是判断证据证明力的首要因素。收集的证据如果与审计目标不相关，即使证据再可靠、再充分、再及时，也无济于事。审计人员取得非相关性的审计证据，不仅花费不必要的时间和成本，而且还可能导致审计人员发表错误的意见。

（3）审计证据的可靠性。审计证据的可靠性是指审计证据的可信度。如果审计证据的可靠程度很高，那么对于审计人员确认财务报表是否公允表达有很大的帮助。例如，审计人员亲自监盘存货所得的证据要比企业管理人员提供的存货数据库可靠。

五、审计证据的收集

审计人员在审计过程中可以采用监盘、函证、检查、观察、询问、计算和分析性复核等审计程序收集审计证据。

1. 监盘

监盘是指审计人员对被审计单位的有形资产的检查或清点。这种取证方法通常用于存货、现金的审查,但有时也用于有价证券、应收票据和固定资产的审计。审计人员通过盘点获得的证据是证实资产确实存在的最直接的证据,被认为是最可靠、最有用的审计证据之一。通常盘点是一种能够证实资产的数量和种类的客观方法,有时候还能有效地评价资产的状况和质量。但是盘点却不能保证被审计单位对资产的所有权。在大多数情况下,对资产的质量和价值也难以正确地估计。

2. 函证

函证是指审计人员从独立的第三方处收到书面或者口头的答复,以证实信息的正确性。由于函证的结果来自独立于被审计单位的第三方,可靠性很高,因此在审计中经常会考虑使用函证这一方法。然而函证是一种成本较高的取证方法,而且可能会给回答者带来一些不便,所以并非在任何可能的情况下都使用函证。当审计人员使用函证时,他们尽可能地希望获得书面的答复,因为书面的答复比口头的答复可靠,同时书面的函证答复还便于复核。是否需要函证取决于可靠性的要求以及是否有可替代的审计程序。例如在审计固定资产增加时很少使用函证,因为这些都可以通过检查书面凭证和盘点等其他方法得到充分的证实。函证也很少用于证实企业间的业务往来,如企业之间的购货或销货业务等。因为这些业务都可以用书面证据来证实。当然也有例外的情况,比如审计人员发现企业在年度结束日之前的两三天发生了两笔数额异常大的销售业务,那么对这两笔业务进行函证也许是恰当的。

3. 检查

检查是指审计人员通过对被审计单位的会计记录和其他书面文件的审计查阅与复核来证实财务报表中所提供的或者应该提供的相关信息。审计人员在检查会计记录和其他书面文件时,应该注意其是否真实、合法。例如在审阅原始凭证时,应该注意其有无涂改或伪造的现象,记载的经济业务是否合法,是否有业务负责人的签字,等等。同时还应注意各种书面文件是否一致,如原始凭证上记载的数量、单价、金额与合计数是否一致;日记账上的记录是否与相应的原始凭证记录一致;总分类账的账户余额是否与所属明细分类账的账户余额合计数相符,等等。

4. 观察

观察是指审计人员凭感官来评价某类活动。在审计过程中,许多时候审计人员可以运用看、听、闻、摸等手段对事物进行判断。例如,审计人员通过参观企业的厂房对企业的设施有一个总体的印象;通过观察机器设备是否生锈来估计其是否过时;通过观察企业财务人员的日常工作来判断他们是否履行职责。观察本身不能作为充分的审计证据来使用,它需要其他相关的审计证据来佐证。当然在审计中,观察是一种相当有用的获取审计的方法。

5. 询问

询问是指审计人员向客户提问所获得的书面或者口头回答为审计证据的方法。虽然通过询问可以从被审计单位处得到相当多的证据,但是这些证据不能作为一种结论来使用,因为这种证据的来源是不独立的,可能会带有被询问者的主观倾向性。因此当审计人员通过询问的方式获得审计证据时，还需要通过其他审计程序获得相关的信息来佐证。例如，审计人员想获悉客户在记录和控制会计业务方面的措施时，他可以先向客户询问有关的内部控制是如何运行的，然后通过执行检查、观察等方法来判断业务是否按照客户所述的方式予以记录和授权。

6. 分析性复核

分析性复核是指审计人员分析被审计单位重要的比率或者趋势，包括调查这些比率或者趋势的异常变动及其与预期数额和相关信息的差异。用比较和联系的方法来判断会计项目是否平衡，会计数据是否合理，是否存在异常的项目。例如审计人员将当年的销售毛利率和以前年份的相比较，就是属于分析性复核。对于一些不太重要的项目，有时仅用分析性复核的取证方法即可。对于其他的项目，如果分析性复核的结果表明是合理的，那么可以适当减少其他审计证据的收集；如果表明存在异常变动，就要分析存在异常变动的可能原因，必要时要追加适当的审计程序，以获取相应的审计证据。

第九节 编制与复核工作底稿

一、审计工作底稿的定义与编制目标

审计工作底稿是指注册会计师对制订的审计计划、实施的审计程序、获取的相关审计证据，以及得出的审计结论作出的记录。注册会计师编制审计工作底稿的目标是：①提供充分、适当的记录，作为出具审计报告的基础；②提供证据，证明注册会计师已按照审计准则和相关法律法规的规定计划执行了审计工作。

二、审计工作底稿分类及形式

1. 分类

审计工作底稿可分为综合类工作底稿、业务类工作底稿和备查类工作底稿三类。

综合类工作底稿是指注册会计师在审计计划和审计报告阶段，为规划、控制和总结整个审计工作，并发表审计意见所形成的审计工作底稿。该类工作底稿主要包括审计业务约定书、审计计划、审计报告书未定稿、审计总结及审计调整分录汇总表等综合性的审计工作记录。

业务类工作底稿是指注册会计师在审计实施阶段执行具体审计程序所编制和取得的工作底稿。该类工作底稿主要包括注册会计师在执行预备调查、符合性测试和实质性测试等审计程序时所形成的工作底稿。

备查类工作底稿是指注册会计师在审计过程中形成的，对审计工作仅具有备查作用的审计工作底稿。该类工作底稿主要包括与审计约定事项有关的重要法律性文件、重要会议记录与纪要、重要经济合同与协议、企业营业执照、公司章程等原始资料的副本或复印件。

2. 具体形式

(1) 与被审计单位设立有关的法律性资料，如企业设立批准证书、营业执照、合同、协

议与章程等文件或变更文件的复印件。

(2) 与被审计单位组织机构及管理层人员结构有关的资料。

(3) 重要的法律文件、合同、协议和会议记录的摘录或副本。

(4) 被审计单位相关内部控制的研究与评价记录。

(5) 审计业务约定书。

(6) 被审计单位的未审计会计报表及审计差异调整表。

(7) 审计计划。

(8) 实施具体审计程序的记录和资料。

(9) 与被审计单位、其他注册会计师、专家和其他有关人员的会谈记录、往来函件。

(10) 被审计单位管理当局声明书。

(11) 审计报告、管理建议书底稿及副本。

(12) 审计约定事项完成后的工作总结。

(13) 其他与完成审计约定事项有关的资料,包括有关报刊对被审计单位的宣传介绍、被审计单位所编制的企业简介或企业形象设计等资料。

三、审计工作底稿的作用

(1) 有助于项目组计划和执行审计工作。

(2) 有助于负责督导的项目组成员履行指导、监督与复核审计工作的责任。

(3) 便于项目组说明其执行审计工作的情况。

(4) 保留对未来审计工作持续产生重大影响的事项的记录。

(5) 便于会计师事务所按照规定,实施质量控制复核与检查。

(6) 便于监管机构和注册会计师协会根据相关法律法规或其他相关要求,对会计师事务所实施执业质量检查。

四、审计工作底稿的编制与复核

1. 编制

注册会计师编制的审计工作底稿,应当使得未曾接触该项审计工作的有经验的专业人士清楚了解:①按照审计准则和相关法律法规的规定实施的审计程序的性质、时间安排与范围;②实施审计程序的结果和获取的审计证据;③审计中遇到的重大事项和得出的结论,以及在得出结论时作出的重大职业判断。

在记录已实施审计程序的性质、时间安排和范围时,注册会计师应当记录:①测试的具体项目或事项的识别特征;②审计工作的执行人员及完成审计工作的日期;③审计工作的复核人员及复核的日期和范围。

2. 三级复核制度

所谓审计工作底稿三级复核制度,就是会计师事务所制定的以主任会计师、部门经理(或签字注册会计师)和项目经理为复核人,对审计工作底稿进行逐级复核的一种复核制度。

项目经理(或项目负责人)复核是三级复核制度中的第一级复核,称为详细复核。它要求项目经理对下属审计助理人员形成的审计工作底稿逐张复核，发现问题，及时指出，并督促审计人员及时修改完善。部门经理(或签字注册会计师)是三级复核制度中的第二级复核，称为一般复核。它是在项目经理完成详细复核之后，再对审计工作底稿中重要会计账项的审计、重要审计程序的执行，以及审计调整事项等进行复核。部门经理复核既是对项目经理复核的一种再监督，也是对重要审计事项的重点把关。主任会计师(或合伙人)复核是三级复核中的最后一级复核，又称重点复核。它是对审计过程中的重大会计审计问题、重大审计调整事项及重要的审计工作底稿所进行的复核。主任会计师复核既是对前面两级复核的再监督，也是对整个审计工作的计划、进度和质量的重点把握。

案例：王玲的工作底稿能避免法律责任吗？

某年 12 月 31 日，助理人员小张经注册会计师王玲的安排，前去广生公司验证存货的账面余额。在盘点前，小张在过道上听几个工人在议论，得知存货中可能存在不少无法出售的变质产品。因此，小张对存货进行实地抽点，并比较库存量与最近销量。抽点结果表明，存货数量合理，收发亦较为有序。由于该产品技术含量较高，小张无法鉴别出存货中是否有变质产品，于是，他不得不询问该公司的存货部高级主管。高级主管的答复是，该产品绝无质量问题。

小张在盘点工作结束后，开始编制工作底稿。在备注中，小张将听说有变质产品的事填入其中，并建议在下阶段的存货审计程序中，应特别注意是否存在变质产品。王玲在复核工作底稿时，再一次向小张详细了解存货盘点情况，特别是有关变质产品的情况。对此，还特别找来当时议论此事的工人进行询问。但这些工人矢口否认了此事。于是，王玲与存货部高级主管商讨后，得出结论，认为“存货价值公允且均可出售”。底稿复核后，王玲在备注栏后填写了“变质产品问题经核实尚无证据，但下次审计时应加以考虑”。由于广生公司总经理抱怨王玲前几次出具了有保留意见的审计报告，使他们的贷款遇到了不少麻烦。审计结束后，注册会计师王玲对该年的财务报表出具了无保留意见的审计报告。

两个月后，广生公司资金周转不灵，主要是存货中存在大量变质产品无法出售，致使到期的银行贷款无法偿还。银行拟向会计师事务所索赔，认为注册会计师在审核存货时具有重大过失。债权人在法庭上出示了王玲的工作底稿，认为注册会计师明知存货高估，但迫于总经理的压力，没有揭示财务报表中存在的问题，因此，应该承担银行的贷款损失。

(资料来源：肖小飞. 审计实务(第 3 版). 北京：电子工业出版社，2001.)

第十节　撰写审计报告

一、审计报告的定义与分类

审计报告是指注册会计师根据审计准则的规定，在执行审计工作的基础上对被审计单位财务报表发表审计意见的书面文件。

审计报告分为标准审计报告和非标准审计报告。

标准审计报告是指不含有说明段、强调事项段、其他事项段或其他任何修饰性用语的无保留意见的审计报告。标准审计报告属于无保留意见审计报告，且不附加说明段、强调事项段或任何修饰性用语。

非标准审计报告是指带强调事项段或其他事项段的无保留意见的审计报告和非无保留意见的审计报告。也是指标准审计报告以外的其他审计报告，包括带强调事项段的无保留意见的审计报告和非无保留意见的审计报告，包括保留意见的审计报告、否定意见的审计报告和无法表示意见的审计报告。

审计报告撰写前的工作主要包括以下几项工作：编制审计差异调整表和试算平衡表；获取管理当局声明书；获取律师声明书；执行分析性复核程序；撰写审计总结；完成审计工作底稿的二级复核；评价审计结果以及就审计结果和审计报告意见类型等审计有关事项与被审计单位进行沟通。

二、注册会计师撰写审计报告的目标与要求

1. 目标

(1) 在评价根据审计证据得出的结论的基础上，对财务报表形成审计意见。

(2) 通过书面报告的形式清楚地表达审计意见，说明其形成基础。

2. 要求

(1) 注册会计师应当就财务报表是否在所有重大方面按照适用的财务报告编制基础编制并实现公允反映形成审计意见。

(2) 为了形成审计意见，针对财务报表整体是否不存在由于舞弊或错误导致的重大错报，注册会计师应当得出结论，确定是否已就此获取合理保证。在得出结论时，注册会计师应当考虑下列方面：

① 按照《中国注册会计师审计准则第1231号——针对评估的重大错报风险采取的应对措施》的规定，是否已获取充分、适当的审计证据。

② 按照《中国注册会计师审计准则第1251号——评价审计过程中识别出的错报》的规定，未更正错报单独或汇总起来是否构成重大错报。

三、审计报告要素

审计报告应当包括下列要素：①标题；②收件人；③引言段；④管理层对财务报表的责任段；⑤注册会计师的责任段；⑥审计意见段；⑦注册会计师的签名和盖章；⑧会计师事务所的名称、地址及盖章；⑨报告日期。

四、审计意见

审计意见包括无保留意见、非保留意见和强调事项段、其他事项段审计意见。

(一) 无保留意见

根据《中国注册会计师审计准则第1501号——对财务报表形成审计意见和出具审计报告》(2010年11月1日修订，2012年实行)第十九条规定："如果认为财务报表在所有重大方面按照适用的财务报告编制基础编制并实现公允反映，注册会计师应当发表无保

留意见。”

当出具无保留意见的审计报告时，注册会计师应当以“我们认为”作为意见段的开头，并使用“在所有重大方面”“公允反映”等术语。无保留意见的审计报告意味着，注册会计师通过实施审计工作，认为被审计单位财务报表的编制符合合法性和公允性的要求，合理保证财务报表不存在重大错报。

案例：万科 A 2015 年报审计报告

审 计 报 告

毕马威华振审字第 1600342 号

万科企业股份有限公司全体股东：

我们审计了后附的万科企业股份有限公司(以下简称贵公司)财务报表，包括 2015 年 12 月 31 日的合并资产负债表和资产负债表，2015 年度的合并利润表和利润表、合并现金流量表和现金流量表、合并股东权益变动表和股东权益变动表以及财务报表附注。

一、管理层对财务报表的责任

编制和公允列报财务报表是贵公司管理层的责任，这种责任包括：(1)按照中华人民共和国财政部颁布的企业会计准则的规定编制财务报表，并使其实现公允反映；(2)设计、执行和维护必要的内部控制，以使财务报表不存在由于舞弊或错误导致的重大错报。

二、注册会计师的责任

我们的责任是在执行审计工作的基础上对财务报表发表审计意见。我们按照中国注册会计师审计准则的规定执行了审计工作。中国注册会计师审计准则要求我们遵守中国注册会计师职业道德守则，计划和执行审计工作以对财务报表是否不存在重大错报获取合理保证。审计工作涉及实施审计程序，以获取有关财务报表金额和披露的审计证据。选择的审计程序取决于注册会计师的判断，包括对由于舞弊或错误导致的财务报表重大错报风险的评估。在进行风险评估时，注册会计师考虑与财务报表编制和公允列报相关的内部控制，以设计恰当的审计程序。审计工作还包括评价管理层选用会计政策的恰当性和作出会计估计的合理性，以及评价财务报表的总体列报。我们相信，我们获取的审计证据是充分、适当的，为发表审计意见提供了基础。

三、审计意见

我们认为，贵公司财务报表在所有重大方面按照中华人民共和国财政部颁布的企业会计准则的规定编制，公允反映了贵公司 2015 年 12 月 31 日的合并财务状况和财务状况以及 2015 年度的合并经营成果和经营成果及合并现金流量和现金流量。

毕马威华振会计师事务所　　　　中国注册会计师　王晓梅(签字并盖私章)
(特殊普通合伙)　　　　罗永辉(签字并盖私章)

中国　北京

2016 年 3 月 11 日(公章)

(资料来源：万科 A　2015 年报审计报告.东方财富网.)

（二）非无保留意见

非无保留意见是指保留意见、否定意见或无法表示意见。

当存在下列情形之一时，注册会计师应当按照《中国注册会计师审计准则第1502号——在审计报告中发表非无保留意见》的规定，在审计报告中发表非无保留意见：①根据获取的审计证据，得出财务报表整体存在重大错报的结论；②无法获取充分、适当的审计证据，不能得出财务报表整体不存在重大错报的结论。

注册会计师应当增加一个段落，说明导致发表非无保留意见的事项，并使用恰当的标题，如"导致保留意见的事项""导致否定意见的事项"或"导致无法表示意见的事项"。在发表非无保留意见时，注册会计师应当对审计意见段使用恰当的标题，如"保留意见""否定意见"或"无法表示意见"。

当拟在审计报告中发表非无保留意见时，注册会计师应当与治理层沟通导致拟发表非无保留意见的情况，以及拟使用的非无保留意见措辞。

1. 保留意见

当存在下列情形之一时，注册会计师应当发表保留意见：

(1) 在获取充分、适当的审计证据后，注册会计师认为错报单独或汇总起来对财务报表影响重大，但不具有广泛性。

(2) 注册会计师无法获取充分、适当的审计证据以作为形成审计意见的基础，但认为未发现的错报对财务报表可能产生的影响重大，但不具有广泛性。广泛性，是描述错报影响的术语，用以说明错报对财务报表的影响，或者由于无法获取充分、适当的审计证据而未发现的错报(如存在)对财务报表可能产生的影响。应当指出的是，只有当注册会计师认为财务报表就其整体而言是公允的，但还存在对财务报表产生重大影响的情形，才能出具保留意见的审计报告。如果注册会计师认为所报告的情形对财务报表产生的影响极为严重，则应出具否定意见的审计报告或无法表示意见的审计报告。因此，保留意见的审计报告被视为注册会计师在不能出具无保留意见的审计报告情况下最不严厉的审计报告。

措辞使用："除存在上述问题以外""除上述问题造成的影响以外""除上述情况待定以外"等术语。

案例：凯瑞德(002072)2015年保留意见审计报告

审计报告

中喜审字〔2016〕第1322号

凯瑞德控股股份有限公司全体股东：

我们审计了后附的凯瑞德控股股份有限公司(以下简称凯瑞德公司)财务报表，包括2015年12月31日的合并及母公司资产负债表，2015年度的合并及母公司利润表、合并及母公司现金流量表、合并及母公司所有者权益变动表以及财务报表附注。

一、管理层对财务报表的责任

编制和公允列报财务报表是凯瑞德公司管理层的责任，这种责任包括：(1)按照企业会计准则的规定编制财务报表，并使其实现公允反映；(2)设计、执行和维护必要的内部控制，以使财务报表不存在由于舞弊或错误导致的重大错报。

二、注册会计师的责任

我们的责任是在执行审计工作的基础上对财务报表发表审计意见。我们按照中国注册会计师审计准则的规定执行了审计工作。中国注册会计师审计准则要求我们遵守中国注册会计师职业道德守则，计划和执行审计工作以对财务报表是否不存在重大错报获取合理保证。

审计工作涉及实施审计程序，以获取有关财务报表金额和披露的审计证据。选择的审计程序取决于注册会计师的判断，包括对由于舞弊或错误导致的财务报表重大错报风险的评估。在进行风险评估时，注册会计师考虑与财务报表编制和公允列报相关的内部控制，以设计恰当的审计程序，但目的并非对内部控制的有效性发表意见。审计工作还包括评价管理层选用的会计政策的恰当性和作出会计估计的合理性，以及评价财务报表的总体列报。我们相信，我们获取的审计证据是充分、适当的，为发表审计意见提供了基础。

三、导致保留意见的事项

凯瑞德公司2015年度净亏损10 598.57万元，累计亏损32 443.63万元，经营性现金流为－1 744.35万元，银行借款1 432.50万元已逾期；2015年度公司股东会审议通过出售全部纺织资产，截至审计报告日，双方已完成部分资产交接，且将未交接部分资产托管给山东德棉集团指定第三方经营，而公司拟转型资产尚未办理过户手续，转型经营存在不确定性，上述事项导致公司持续经营能力存在重大不确定性；同时，如凯瑞德公司2015年年度财务报表附注十二所述，公司涉及或有事项尚未解决，我们无法判断此事项对财务报表的影响。再者存在担保事项可能产生的影响，也导致凯瑞德公司的持续经营能力存在重大不确定性。凯瑞德公司虽然在附注二提出了改善措施，但可能导致对公司持续经营能力产生重大疑虑的重大不确定性影响依然存在。

四、审计意见

我们认为，除了“三、导致保留意见的事项”段所述事项可能产生的影响外，凯瑞德公司财务报表在所有重大方面按照企业会计准则的规定编制，公允反映了凯瑞德公司2015年12月31日的财务状况以及2015年度的经营成果和现金流量。

中喜会计师事务所　　　　　　　　　　中国注册会计师：李力（签字并盖私章）
（特殊普通合伙）

中国注册会计师：单鹏飞（签字并盖私章）

中国　北京

2016年4月25日（公章）

（资料来源：东方财富网.）

2. 否定意见

在获取充分、适当的审计证据后，如果认为错报单独或汇总起来对财务报表的影响重大且具有广泛性，注册会计师应当发表否定意见。

措辞使用：“注册会计师认为，由于导致否定意见的事项段所述事项的重要性，财务报表没有在所有重大方面按照适用的财务报告编制基础编制，未能实现公允反映。”

案例：我国证券市场第一份否定意见审计报告

1998 年 4 月 29 日，重庆渝港钛白粉股份有限公司（以下简称渝钛白）公布了 1997 年年度报告。其中，在财务报告部分，刊登了重庆会计师事务所于 1998 年 3 月 8 日出具的否定意见审计报告。这是我国证券市场中有关上市公司的第一份否定意见的审计报告。

审计报告指出："1997 年度应计入财务费用的借款即应付债券利息 8 064 万元，贵公司将其资本化计入了钛白粉工程成本；欠付中国银行重庆市分行的美元借款利息 89.8 万元（折人民币 743 万元），贵公司未计提入账，两项共影响利润 8 807 万元。"

……

我们认为，由于本报告第二段所述事项的重大影响，贵公司 1997 年 12 月 31 日资产负债表、1997 年年度利润及利润分配表、财务状况变动表未能公允地反映贵公司 1997 年 12 月 31 日的财务状况和 1997 年年度经营成果及资金变动情况。

（资料来源："渝钛白"公司审计案例. 天财会计网，2010-11-15.）

3. 无法表示意见

(1) 如果无法获取充分、适当的审计证据作为形成审计意见的基础，但认为未发现的错报对财务报表可能产生的影响重大且具有广泛性，注册会计师应当发表无法表示意见。

(2) 在极其特殊的情况下，可能存在多个不确定事项。尽管注册会计师对每个单独的不确定事项获取了充分、适当的审计证据，但由于不确定事项之间可能存在相互影响，以及可能对财务报表产生累积影响，注册会计师不可能对财务报表形成审计意见。在这种情况下，注册会计师应当发表无法表示意见。

措辞使用："由于导致无法表示意见的事项段所述事项的重要性，注册会计师无法获取充分、适当的审计证据以为发表审计意见提供基础，因此，注册会计师不对这些财务报表发表审计意见。"

案例：欣泰电气被出具"无法表示意见"正常吗？

华普天健会计师事务所出具无法表示意见判断：①欣泰电气公司截至 2015 年 12 月 31 日对大庆欣泰电气有限公司和大庆新恒石油机械设备有限公司的应收账款余额分别为 14 656 045.64 元和 18 362 580.00 元，注册会计师实施了函证、实地走访以及工商查档等必要的审计程序，但由于审计证据之间存在相互矛盾以及不确定性，注册会计师无法实施进一步审计程序以确认上述应收账款期末的可收回性，以及对欣泰电气公司财务状况和经营成果的影响。②欣泰电气公司 2014 年 12 月 31 日和 2015 年 12 月 31 日其他应收款中分别有 82 311 450.27 元和 41 799 429.70 元的销售人员及非公司人员的个人借款。注册会计师无法获取充分、适当的审计证据以合理判断上述款项的性质，及其对欣泰电气公司财务状况和经营成果的影响。

（资料来源：东方财富网.）

（三）强调事项段、其他事项段审计意见

1. 强调事项段

强调事项段是指审计报告中含有的一个段落，该段落提及已在财务报表中恰当列报或披

露的事项，根据注册会计师的职业判断，该事项对财务报表使用者理解财务报表至关重要。

如果注册会计师认为有必要提醒财务报表使用者关注已在财务报表中列报或披露，且根据职业判断认为对财务报表使用者理解财务报表至关重要的事项，注册会计师在已获取充分、适当的审计证据证明该事项在财务报表中不存在重大错报的条件下，应当在审计报告中增加强调事项段。

如果在审计报告中增加强调事项段，注册会计师应当采取下列措施：

(1) 将强调事项段紧接在审计意见段之后。

(2) 使用“强调事项”或其他适当标题。

(3) 明确提及被强调事项以及相关披露的位置，以便能够在财务报表中找到对该事项的详细描述。

(4) 指出审计意见没有因该强调事项而改变。

增加强调事项段的情形：

(1) 对持续经营能力产生重大疑虑。当存在可能导致对持续经营能力产生重大疑虑的事项或情况，但不影响已发表的审计意见时，注册会计师应当在审计意见段之后增加强调事项段对此予以强调。

(2) 重大不确定事项。当存在可能对财务报表产生重大影响的不确定事项，但不影响已发表的审计意见时，注册会计师应当考虑在审计意见段之后增加强调事项段对此予以强调。

(3) 期后事项。这是指财务报表日至审计报告日之间发生的事项，以及注册会计师在审计报告日后知悉的事实。

(4) 特殊目的财务报表。这是指按照特殊目的编制基础编制的财务报表。

2. 其他事项段

其他事项段是指审计报告中含有的一个段落，该段落提及未在财务报表中列报或披露的事项，根据注册会计师的职业判断，该事项与财务报表使用者理解审计工作、注册会计师的责任或审计报告相关。

对于未在财务报表中列报或披露，但根据职业判断认为与财务报表使用者理解审计工作、注册会计师的责任或审计报告相关且未被法律法规禁止的事项，如果认为有必要沟通，注册会计师应当在审计报告中增加其他事项段，并使用“其他事项”或其他适当标题。注册会计师应当将其他事项段紧接在审计意见段和强调事项段(如有)之后。如果其他事项段的内容与其他报告责任部分相关，这一段落也可以置于审计报告的其他位置。

案例：云维股份的重大不确定性和宝利国际的期后事项

大华会计师事务所审计：如财务报表附注所述，云维股份 2015 年度的净利润为 −371 242.40 万元，截至 2015 年 12 月 31 日累计亏损 443 496.62 万元，资产负债率为 134.47%。上述情况表明可能导致对云维股份持续经营能力产生重大疑虑的事项或情况存在重大不确定性。注册会计师提醒财务报表使用者对上述事项予以关注。

立信会计师事务所审计：宝利国际公司于 2015 年 11 月 24 日收到中国证券监督管理委员会《调查通知书》(编号：稽查总队调查通字 153007 号)，因宝利国际公司涉嫌违反证券法律法规，根据《证券法》的有关规定，中国证券监督管理委员会决定对宝利国际公司立案稽查。截至财务报告日，宝利国际公司尚未收到调查结论。注册会计师提醒财务报表使用者对上述事项予以关注。

课后阅读：中注协发布2015年年报审计情况

2016年5月17日，中注协发布上市公司2015年年报审计情况快报(第十五期)。

一、年报审计报告总体情况

2016年1月1日—4月30日，40家证券资格会计师事务所(以下简称事务所)共为2 842家上市公司出具了财务报表审计报告(详见表10-8)。在上述2 842份审计报告中，标准审计报告2 738份，带强调事项段的无保留意见审计报告82份，保留意见审计报告16份，无法表示意见的审计报告6份。

表10-8 上市公司2015年度财务报表审计报告意见汇总表

财务报表审计意见类型	沪市主板	深市主板	中小企业板	创业板	合计
(标准)无保留意见	1 033	451	766	488	2 738
带强调事项段的无保留意见	47	19	11	5	82
保留意见	4	5	5	2	16
否定意见	0	0	0	0	0
无法表示意见	1	3	0	2	6
非标准审计意见小计	52	27	16	9	104
合计	1 085	478	782	497	2 842
非标准审计意见比例	4.79%	5.65%	2.05%	1.81%	3.66%

2016年1月1日—4月30日，40家事务所共为1 530家上市公司出具了内部控制审计报告(详见表10-9)。其中，标准内部控制审计报告1 444份，带强调事项段的无保留意见内部控制审计报告70份，否定意见内部控制审计报告16份。

表10-9 上市公司2015年度内部控制审计报告意见汇总表

内部控制审计意见类型	沪市主板	深市主板	中小企业板	创业板	合计
(标准)无保留意见	949	444	44	7	1 444
带强调事项段的无保留意见	48	20	2	0	70
否定意见	9	7	0	0	16
无法表示意见	0	0	0	0	0
非标准审计意见小计	57	27	2	0	86
合计	1 006	471	46	7	1 530
非标准审计意见比例	5.67%	5.73%	4.35%	0%	5.62%

二、非标准审计报告情况

在2 842份财务报表审计报告中，非标准财务报表审计报告104份，占3.66%，非标报告的数量较 2014 年度(98 份)有所上升，非标报告比例与 2014 年度(3.67%)基本持平。

在 1 530 份内部控制审计报告中，非标准内部控制审计报告 86 份，占 5.62%，非标报告的数量和比例都较 2014 年度(78 份，比例为 5.32%)有所上升。

在已披露 2015 年年报的 2 842 家上市公司中，有 33 家上市公司同时被出具了非标准的财务报表审计报告和内部控制审计报告见表 10-10。

表 10-10 同时被出具非标准财务报表审计报告和内部控制审计报告的上市公司列表

序号	股票代码	股票简称	财务报表审计		内部控制审计	
			会计师事务所	审计意见类型	会计师事务所	审计意见类型
1	000892	*ST 星美	天健	带强调事项段的无保留意见	天健	带强调事项段的无保留意见
2	600753	东方银星	信永中和	带强调事项段的无保留意见	信永中和	带强调事项段的无保留意见
3	600793	ST 宜纸	四川华信	带强调事项段的无保留意见	四川华信	带强调事项段的无保留意见
4	000595	宝塔实业	信永中和	带强调事项段的无保留意见	信永中和	带强调事项段的无保留意见
5	600228	昌九生化	大华	带强调事项段的无保留意见	大华	带强调事项段的无保留意见
6	600301	*ST 南化	瑞华	带强调事项段的无保留意见	瑞华	带强调事项段的无保留意见
7	600710	*ST 常林	信永中和	带强调事项段的无保留意见	信永中和	带强调事项段的无保留意见
8	600575	皖江物流	天健	带强调事项段的无保留意见	天健	带强调事项段的无保留意见
9	600403	大有能源	中勤万信	带强调事项段的无保留意见	中勤万信	否定意见
10	600742	一汽富维	瑞华	保留意见	瑞华	否定意见
11	600810	神马股份	立信	带强调事项段的无保留意见	立信	带强调事项段的无保留意见
12	601558	华锐风电	中汇	带强调事项段的无保留意见	中汇	带强调事项段的无保留意见
13	000017	深中华 A	瑞华	带强调事项段的无保留意见	瑞华	带强调事项段的无保留意见
14	603227	雪峰科技	大华	带强调事项段的无保留意见	大华	否定意见

续表

序号	股票代码	股票简称	财务报表审计		内部控制审计	
			会计师事务所	审计意见类型	会计师事务所	审计意见类型
15	000403	ST生化	致同	带强调事项段的无保留意见	致同	否定意见
16	600421	仰帆控股	立信	带强调事项段的无保留意见	立信	带强调事项段的无保留意见
17	000518	四环生物	立信	带强调事项段的无保留意见	立信	带强调事项段的无保留意见
18	000526	银润投资	利安达	带强调事项段的无保留意见	利安达	带强调事项段的无保留意见
19	000155	*ST川化	四川华信	无法表示意见	四川华信	带强调事项段的无保留意见
20	000788	北大医药	天健	带强调事项段的无保留意见	天健	带强调事项段的无保留意见
21	600078	澄星股份	江苏公证天业	带强调事项段的无保留意见	江苏公证天业	带强调事项段的无保留意见
22	600146	商赢环球	中兴财光华	带强调事项段的无保留意见	中兴财光华	带强调事项段的无保留意见
23	000798	中水渔业	中审亚太	保留意见	中审亚太	否定意见
24	000670	盈方微	致同	无法表示意见	致同	否定意见
25	600546	山煤国际	立信	带强调事项段的无保留意见	立信	带强调事项段的无保留意见
26	600281	太化股份	致同	带强调事项段的无保留意见	致同	否定意见
27	600331	宏达股份	天健	带强调事项段的无保留意见	天健	带强调事项段的无保留意见
28	600656	退市博元	亚太集团	无法表示意见	亚太集团	否定意见
29	000611	*ST蒙发	大华	保留意见	大华	带强调事项段的无保留意见
30	000020	深华发A	信永中和	保留意见	信永中和	否定意见
31	000511	烯碳新材	北京中证天通	无法表示意见	北京中证天通	否定意见
32	000693	华泽钴镍	瑞华	保留意见	瑞华	否定意见
33	600822	上海物贸	立信	带强调事项段的无保留意见	立信	带强调事项段的无保留意见

后　　记

2016年上半年，我在上审计学课程时得知我2011年编写的《新概念审计》教材售罄，于是有了编写第二版的打算。出版社的编辑建议我最好改名字为《新编审计学》。我思考良久忍痛改名。

其实，《新概念审计》出版后我收到不少学校老师讨要课件的来信。从用量分析，社会用量明显高于本校，这很让我欣慰。更让我骄傲的是，近年来我的审计学课程连续获得教学业绩A与本教材直接相关。你想想，即便是再劣质的朗读，一旦读到"国家审计是如何揭露葛兰素史克行贿大案"时，也会让学生精神为之一振！

一堂精彩的课离不开一本好教材！

在这本教材中，我选用了李若山、刘大贤、李晓慧编写的案例，在此特别致谢。

另外，如果选用的资料在书后参考文献中未列示，在此一并谢过。

郭强华

参 考 文 献

1. 郭强华.新概念审计.北京：清华大学出版社，2011.
2. 郭强华.注册会计师审计视野.北京：经济科学出版社，2004.
3. 郭强华.反洗钱审计.杭州：浙江大学出版社，2009.
4. 中国注册会计师协会编.审计.北京：经济科学出版社，2010.
5. 李若山，刘大贤.审计学.北京：经济科学出版社，2000.
6. 王明珠，郑丽、蒋文春、温秀英.审计学教学案例.北京：中国审计出版社，2001.
7. 高压青，李三喜.会计报表审计实质性测试案例分析.北京：中国审计出版社，2001.
8. 朱荣恩，张建军.审计学.北京：高等教育出版社，2000.
9. 李晓慧.审计实验室3—风险审计的技术和方法.北京：经济科学出版社，2003.
10. 刘燕.验资报告的"虚假"与"真实"：法律界与会计界的对立？——兼评最高人民法院法函56号.法学研究，1998(4).